Rolf Berthold **Chinas Weg**

Rolf Berthold

Jahrgang 1938. Studium am Institut für Internationale Beziehungen in Beijing und an der Akademie für Staats- und Rechtswissenschaften der DDR.

1962 – 1990 Mitarbeiter im Ministerium für Auswärtige Angelegenheiten der DDR. Tätigkeit in der Botschaft der DDR in der VR China und in Vietnam, Leiter der Abteilung Ferner Osten.

1982 – 1990 Botschafter der DDR in der VR China.

Danach Begleitung von Reisegruppen, Vortragstätigeit und Mitarbeit an der Zeitschrift »RotFuchs«; Vorsitzender des RotFuchs-Fördervereins.

Rolf Berthold

Chinas Weg

60 Jahre Volksrepublik

2009 • Verlag Wiljo Heinen, Berlin

Inhalt

Vorwort

Die VR China begeht in diesem Jahr den 60. Jahrestag, die Kommunistische Partei Chinas den 88. Jahrestag ihrer Gründung. Zumeist findet man in den zahlreichen Publikationen über China Eindrücke, Meinungen und Reflexionen der Beobachter von außen. Darin widerspiegeln sich insbesondere die persönlichen und politischen Positionen der tatsächlichen oder vermeintlichen Chinakenner.

Der Herausgeber dieses Bandes verschweigt nicht seine eigenen politischen Positionen, aber er hält es für erforderlich, die Positionen der KP Chinas, der führenden Kraft der Entwicklungsprozesse in der VR China, deutlich zu machen. Dies betrifft insbesondere die Darstellung der Geschichte der chinesischen Revolution und der gesellschaftlichen Entwicklung der VR China.

Die hier wiedergegebene offizielle Sicht der KP Chinas von ihrer Geschichte legt Zeugnis ab von dem komplizierten Prozess der Entwicklung der Partei sowie ihrer Strategie und Taktik, des revolutionären Kampfes des Volkes unter schwierigen inneren und äußeren Bedingungen.

Die KP Chinas hat bewiesen, dass prinzipienfeste marxistisch-leninistische Positionen und konsequente Beachtung der konkreten nationalen Bedingungen Voraussetzung für einen erfolgreichen Weg der Revolution sind. Immer dann, wenn das Eine oder das Andere nicht beachtet wurde, führte das zu ernsten Niederlagen. Es ist das Verdienst der KP Chinas, diese Auseinandersetzungen letztendlich mit aller Konsequenz geführt zu haben. Nur so war es möglich, die heute für alle sichtbaren Ergebnisse zu erzielen.

Die direkte und offene Darstellung der Geschichte der KP Chinas in dem in wesentlichen Teilen wiedergegebenem Material des Instituts für Parteigeschichte beim Zentralkomitee der KP Chinas zeigt die komplizierten Auseinandersetzungen innerhalb der Partei und besonders in der Kommunistischen Internationale. Darin sind auch Fragen enthalten, die die Problematik der Ursachen der Niederlage des Sozialismus in der UdSSR und den europäischen sozialistischen Ländern berühren, auch wenn sie im Konkreten die Situation des damals halbfeudalen, halbkolonialen China und den sozialistischen Weg dieses vormals und teilweise noch heute rückständigen und armen Landes betreffen.

Die KP Chinas hat die Ursachen der konterrevolutionären Prozesse in Europa sehr gründlich studiert und eigene Schlussfolgerungen daraus gezogen. Das wird in den politischen Strategien der KP Chinas Ende des XX. und Anfang des XXI. Jahrhunderts deutlich. In einem vorangestellten Beitrag wird über wichtige Ereignisse des ersten Jahrzehnts dieses Jahrhunderts informiert, da das Dokument über die Geschichte der KP Chinas mit der Jahrhundertwende abschließt.

Die erfolgreiche Entwicklung der sozialistischen Gesellschaftsordnung in der VR China sollte nicht nur, aber nicht zuletzt angesichts der gegenwärtigen Systemkrise des Kapitalismus Anlass sein, die Entwicklung in der VR China und die Erfahrungen der KP Chinas zu studieren.

In diesem Buch ist eine Übersetzung des Parteiprogramms der KP Chinas enthalten. Dieses Dokument ist so in deutschen Publikationen noch nicht veröffentlicht. Deshalb gibt es auch mancherorts Verunsicherungen über die Strategie und Taktik der KP Chinas.

Nicht zuletzt sollen einige Materialien über die Kampf-
gemeinschaft deutscher und chinesischer Kommunisten
dokumentiert werden. Es handelt sich hier nur um einen
Ausschnitt. Es wäre gut, wenn alle, die dazu Beiträge leisten können, sich zu Wort melden.

Gedankt sei insbesondere dem Institut für Parteigeschichte
beim Zentralkomitee der KP Chinas für die Zustimmung,
eine gekürzte Fassung der Darstellung der Geschichte der
KP Chinas zu veröffentlichen.

Rolf Berthold

Die VR China im ersten Jahrzehnt des XXI. Jahrhunderts

Die 60 Jahre seit Gründung der Volksrepublik China und die 88 Jahre seit Gründung der Kommunistischen Partei Chinas waren keine Periode einfacher Entwicklung, sondern Jahrzehnte harter und komplizierter Kämpfe gegen Feudalismus, Imperialismus, Kolonialismus, gegen spezifischen chinesischen Kapitalismus sowie Jahre innerer Auseinandersetzungen, die mit vielen Erfolgen, Siegen und Opfern sowie auch selbst verschuldeten Rückschlägen verbunden waren. Die Zeit nach Gründung der VR China war gekennzeichnet durch Beendigung des jahrzehntelangen, große Teile des Landes erfassenden Kriegszustandes, durch historische Erfolge bei der Schaffung der neuen Ordnung, beim Aufbau des Landes, der sichtbaren Verbesserung des Lebens des Volkes, aber auch von Feindschaft und Boykott durch die imperialistischen Staaten, Ungeduld hinsichtlich der eigenen Entwicklung, eigene Fehler, Angriffe der Gegner, große Unterstützung seitens der Verbündeten und auch Konflikte mit ihnen.

Es ist das Verdienst der KP Chinas, die eigenen Fehler erkannt und sich daraus herausgewunden, sich den Angriffen des Gegners gestellt und ihnen Stand gehalten zu haben sowie grundsätzliche Lehren aus der Niederlage des Sozialismus in der UdSSR und den anderen ehemals sozialistischen Ländern Europas gezogen zu haben.

Heute ist die VR China ein Staat mit großer internationaler Autorität, ein bedeutendes Entwicklungsland mit dem mehr und mehr anerkannten Anspruch, ein alternatives Entwicklungsmodell zu dem heutigen krisengeschüttelten

Kapitalismus zu verkörpern. Der Sozialismus chinesischer Prägung wird mehr und mehr zu einer allgemein anerkannten Realität. Sozialismus ist nicht totgesagte Vergangenheit, sondern wird zunehmend als Ausweg aus der aktuellen Krise des Spätkapitalismus begriffen.

Die gesellschaftlichen Entwicklungsprozesse verlaufen in der heutigen Zeit anders, als oft angenommen. Sozialismus existiert und entwickelt sich trotz seiner Zerstörung in der UdSSR und den anderen ehemals sozialistischen Ländern Europas. Dafür steht vor allem die erfolgreiche sozialistische Entwicklung Chinas, die zunehmend beispielgebend für gesellschaftliche Prozesse in den Entwicklungsländern wirkt. Dafür steht das heroische Vietnam und das dem Sozialismus entgegenstrebende Lateinamerika mit dem mutigen, wegbereitenden Kuba Fidel Castros.

Ende Dezember 1978 hat die 3. Tagung des XI. Zentralkomitees der KP Chinas einen grundsätzlichen Beschluss über den weiteren Weg der gesellschaftlichen Entwicklung in China gefasst. Die Formel »Reformen und Öffnung nach außen« beinhaltet vor allem Konzentration auf die Entwicklung der sozialistischen Produktivkräfte, allseitige Gestaltung der sozialistischen Gesellschaft unter strikter Beachtung der konkreten Lage in China, Festhalten am sozialistischen Weg, am sozialistischen Staat, der führenden Rolle der Kommunistischen Partei sowie am Marxismus-Leninismus, den Mao-Zedong-Ideen und der Theorie Deng Xiaopings als strategische Leitideologie. Architekt dieser Politik ist Deng Xiaoping, der den Weg des Sozialismus chinesischer Prägung öffnete. Nach der Jahrhundertwende wurde diese Strategie konsequent fortgesetzt, präzisiert und weiter entwickelt. Auf dem XVII. Parteitag der KP Chinas im Oktober 2007 wurde der Sozialismus chinesischer Prägung als wissenschaftlicher Sozialismus unter strikter Beachtung der konkreten Lage Chinas charakterisiert.

Der XVI. Parteitag der KP Chinas
(8. – 14. November 2002)
Stabilität, Kontinuität und Schöpfertum

Die im Zyklus von 5 Jahren stattfindenden Tagungen des höchsten Organs der KP Chinas sind keine sensationsgefüllten Veranstaltungen, sondern Beratungen zu Grundfragen der Entwicklung Chinas auf dem sozialistischen Weg. Die Entschlossenheit, weiter diesen Weg zu gehen, hat auch dieser Parteitag mit großem Nachdruck demonstriert. Die chinesische Partei weiß sehr wohl um ihre große Verantwortung für die Zukunft des Landes und für das Schicksal des Sozialismus generell. Auf dem Parteitag wurden die von allen objektiven internationalen Beobachtern und sehr konkret vom chinesischen Volk empfundenen großen Fortschritte des Landes gewürdigt und auch die Probleme und zu lösenden Fragen mit großer Offenheit angesprochen sowie Lösungswege aufgezeigt, wenn auch für viele Dinge keine Patentlösungen angeboten werden konnten. Der von der VR China beschrittene Weg des Sozialismus ist unter den gegebenen internationalen Bedingungen, unter den Bedingungen der zwar geringer gewordenen aber immer noch deutlich sichtbaren Rückständigkeit Chinas außerordentlich kompliziert und auch nicht ohne Risiken.

Auf dem Parteitag konnte resümiert werden, dass die wirtschaftliche und gesellschaftliche Entwicklung in den vorangegangenen Jahren weiter erfolgreich verlief. Insgesamt gesehen erreichte das Lebensniveau des Volkes einen, wie es heißt, »bescheidenen Wohlstand«. Das chinesische Volk ist dabei, aus der Lage eines armen Volkes herauszutreten. Es wurde die Aufgabe gestellt, bis zum Jahre 2020 eine Vervierfachung des Bruttoinlandsproduktes im Vergleich zum Jahr 2000 zu erreichen. Die Voraussetzungen dafür sind durchaus gegeben. In diesem Zeitraum wird die Industrialisierung im Wesentlichen verwirklicht sein, das soziale Sicherungssystem wird relativ vollständig und die Vollbeschäftigung im Prinzip erreicht sein. Bis zur Mitte dieses Jahrhunderts soll das Modernisierungsprogramm im Wesentlichen verwirklicht und China zu einem reichen, starken, demokratischen und zivilisierten sozialistischen Staat aufgebaut werden.

Die auf dem Parteitag besonders hervorgehobene Position des »dreifachen Vertreters«[1] wird mitunter missverstanden und auch falsch interpretiert. Zusammenfassend wird diese Position vom Parteitag folgendermaßen formuliert: Die KP Chinas vertritt die Erfordernisse der Entwicklung fortschrittlicher Produktivkräfte, die fortschrittliche Kultur und die grundlegenden Interessen der überwiegenden Mehrheit des chinesischen Volkes. Damit werden die Erfahrungen und Lehren aus der Niederlage des Sozialismus in der UdSSR und in den anderen europäischen ehemals sozialistischen Ländern sowie aus der inneren Krise in China Ende der 1980er Jahre gezogen. Es wird die Position vertreten, an den Grundprinzipien des Marxismus festzuhalten, aber gleichzeitig dogmatisches und falsches Verständnis des Marxismus zu überwinden, sowohl die revolutionären Traditionen fortzuführen, als auch Neues zu

---

1 siehe S. 222

schaffen. Nachdrücklich wird die Forderung nach schöpferischem Handeln gestellt. Die heutige Generation bringt Neues im Vergleich zur vorangegangenen hervor, die nächste Generation wird wiederum Neues schaffen. Viele Fragen sind mit dem »dreifachen Vertreter« verbunden, wie z. B.: die Entwicklung der Produktion und das Wohl des Volkes müssen tatsächlich im Mittelpunkt der Politik stehen, die Partei darf sich nicht vom Volk lösen, die Entwicklung der sozialistischen Demokratie, des sozialistischen Rechtsstaates, muss konsequent erfolgen, es dürfen keine Fehler in der Kulturpolitik zugelassen werden, usw. Es entwickelt sich ein Modell des Sozialismus, das auf den 4 Grundprinzipien der KP Chinas (Festhalten am sozialistischen Weg, am sozialistischen Staat, der demokratischen Diktatur des Volkes an der führenden Rolle der Partei, am Marxismus-Leninismus) basiert, sich aber in Vielem vom Sozialismusmodell der UdSSR und der europäischen sozialistischen Länder unterscheidet. Ausführlich werden in den Dokumenten des Parteitages die Erfahrungen und Ergebnisse auf den verschiedensten Gebieten dargelegt und die nächsten Schritte vorgezeichnet, ohne dass ein in sich geschlossenes Sozialismusmodell formuliert wird. Im Bericht des ZK an den Parteitag heißt es, dass »die größte Gefahr für die Partei nach der Machtergreifung in der Loslösung von den Massen liegt.«

Die in manchen Veröffentlichungen enthaltene verkürzte Formel, die Position des »dreifachen Vertreters« bedeute die Aufnahme von Kapitalisten in die Partei, ist nicht zutreffend. Es handelt sich um Folgendes: Im Zuge der Reformen in China sind neue gesellschaftliche Schichten entstanden, wie Personal in den Unternehmen mit ausländischem Kapital, Freiberufler, selbständige Unternehmer.

Auch sie leisten einen Beitrag zum Aufbau des Sozialismus. Ihnen muss ein gebührender Platz in der Gesellschaft eingeräumt werden. In der veränderten Fassung des Statutes der Partei heißt es: »Jeder chinesische Arbeiter, Bauer, Angehöriger der bewaffneten Kräfte ... *oder Angehöriger anderer sozialer Schichten*[2] ... der das Parteiprogramm und das Statut anerkennt, ... bereit ist, die Parteibeschlüsse zu erfüllen, ... kann um Aufnahme in die KP Chinas bitten.« Eine solche Regelung schafft Bedingungen für einen gesellschaftlichen Zusammenschluss in der gegenwärtigen Entwicklungsphase, die durch die stabile politische Position der Partei und gleichzeitig die Anfangsphase des Sozialismus mit vielen Elementen vorsozialistischer Verhältnisse gekennzeichnet ist.

Ausführlich beschäftigte sich der Parteitag mit den existierenden gesellschaftlichen Problemen. Dazu gehören: Das Einkommen der Bauern und eines Teiles der Stadtbevölkerung steigt nur langsam, die Zahl der Arbeitslosen nimmt zu. An einigen Orten gibt es Probleme mit der öffentlichen Sicherheit. Es gibt Bürokratismus und Korruption.

Besonders hervorgehoben wird auf dem Parteitag, dass die Beschäftigungsmöglichkeiten mit allen Mitteln zu vergrößern sind und die Verbesserung des Lebens des Volkes vorrangige Aufgabe ist. Wenn die Korruption nicht überwunden wird, besteht die Gefahr, dass die Partei ihre Position verliert.

Wesentlicher Bestandteil des Parteitages waren die Entscheidungen über die Zusammensetzung der Führung. Der Generalsekretär des ZK, Jiang Zemin, kandidierte

---

2 diese Formulierung wurde eingefügt

nicht mehr. Er hatte diese Funktion seit 1989 inne und eine sehr erfolgreiche Arbeit geleistet, die durch den Parteitag gewürdigt wurde. Auf dem Parteitag wurde eingeschätzt, dass alle wichtigen Entscheidungen, die das ZK seit dem XV. Parteitag getroffen hat, richtig waren. Neben Jiang Zemin haben andere führende Genossen, wie der Parlamentspräsident Li Peng und Ministerpräsident Zhu Rongji ihre Funktionen in der Parteiführung für jüngere Genossen zur Verfügung gestellt.

Als neuer Generalsekretär des ZK wurde Hu Jintao gewählt, der bereits seit 10 Jahren Mitglied des Ständigen Ausschusses des Politbüros war. Der Übergang zu einer neuen Führungsgeneration war langfristig vorbereitet und ist reibungslos erfolgt. Auch die ausgeschiedenen Spitzenfunktionäre stehen weiterhin mit ihren Erfahrungen zur Verfügung und die neuen führenden Funktionäre werden diese Erfahrungen nutzen. Auch die Zusammensetzung des Politbüros und des Zentralkomitees wurde deutlich verjüngt.

Die neue Führung tritt für eine konsequente Fortsetzung und schöpferische Weiterentwicklung des erfolgreichen Kurses der KP Chinas, für die Gestaltung Chinas zu einem hoch entwickelten, modernen sozialistischen Land und die Lösung der vorhandenen Probleme ein. Der XVI. Parteitag der KP Chinas hat dafür wichtige Voraussetzungen geschaffen.

Der XVII. Parteitag der KP Chinas
(15.–21. Oktober 2007)

Im Bericht des ZK an den XVII. Parteitag wurde festgestellt, dass in den fast 30 Jahren seit Beginn der neuen Politik das »Antlitz des sozialistischen China historische Veränderungen« erfahren hat. Sozialismus und Marxismus haben in China ihre Vitalität entfaltet. Das System des »Sozialismus chinesischer Prägung« entstand und hat sich bewährt. Im Bericht des ZK wird folgende Definition gegeben:

»Der Weg des Sozialismus chinesischer Prägung beinhaltet die Errichtung eines reichen und starken, demokratischen, zivilisierten und harmonischen modernen sozialistischen Landes unter Führung der Kommunistischen Partei Chinas. Er basiert auf den nationalen Bedingungen. Zentrale Aufgabe ist der wirtschaftliche Aufbau. An den 4 Grundprinzipien sowie der Politik der Reformen und der Öffnung nach außen wird festgehalten. Die sozialistische Ordnung wird gefestigt und vervollkommnet. Geschaffen wird eine sozialistische Marktwirtschaft, eine sozialistische demokratische Politik, eine fortgeschrittene sozialistische Kultur, eine sozialistische harmonische Gesellschaft. ... Entscheidend ist, dass wir am wissenschaftlichen Sozialismus festhalten und ihm entsprechend der Situation Chinas und der heutigen Zeit eine deutliche chinesische Prägung geben...«

Neu ist die Aufgabenstellung, der Politik wissenschaftlich fundierte Entwicklungskonzepte zugrunde zu legen. Während in der ersten Phase der Reformen eine expansive Wirtschaftsentwicklung im Mittelpunkt stand, später die Notwendigkeit einer makroökonomischen Steuerung betont und die wirtschaftliche Entwicklung eng mit

Umweltschutz, Energieeffizienz und Ressourcenschonung verbunden wurde, steht jetzt die Aufgabe, wissenschaftlich fundierte Gesamtkonzeptionen der makroökonomischen Steuerung zu erarbeiten. Die Lösung dieser Aufgabenstellung ist nur auf Grundlage des gesellschaftlichen Eigentums an den wichtigsten Produktionsmitteln möglich.

Im Mittelpunkt der Entwicklungspolitik steht der Mensch, die Gestaltung einer harmonischen sozialistischen Gesellschaft, das richtige Verhältnis der Entwicklung von Produktivkräften und Produktionsverhältnissen, von Basis und Überbau. Das erfordert die Lösung der verschiedensten gesellschaftlichen Widersprüche, die Sicherung von Gleichheit und Gerechtigkeit in der Gesellschaft.

Aber man sollte das Streben nach einer harmonischen sozialistischen Gesellschaft nicht mit »Klassenkompromiss« oder Verzicht auf Klassenkampf verwechseln. Seit fast 60 Jahren widersetzt sich die KP Chinas erfolgreich allen Versuchen, die Errungenschaften der chinesischen Revolution zunichte zu machen, sie hat unter Überwindung eigener Fehler den Weg des Volkes in eine sozialistische Zukunft geebnet und erfolgreich verteidigt. Im Programm der KP Chinas heißt es: »In der gegenwärtigen Etappe besteht der Hauptwiderspruch in der Gesellschaft unseres Landes im Widerspruch zwischen den ständig wachsenden materiellen und kulturellen Bedürfnissen des Volkes und der Rückständigkeit der gesellschaftlichen Produktion. Aufgrund innerer Faktoren und des internationalen Einflusses gibt es noch lange Zeit in bestimmtem Maße Klassenkampf, er kann sich unter bestimmten Bedingungen auch zuspitzen, aber er ist bereits nicht mehr der Hauptwiderspruch.«

Sehr offen wurde im Bericht über die vorhandenen Probleme gesprochen. Es heißt:

»Mit dem Blick auf das Erreichte müssen wir erkennen, dass noch ein deutlicher Abstand zwischen unserer Arbeit und den Erwartungen des Volkes besteht. Beim Vorwärtsschreiten bestehen noch zahlreiche Probleme: das wirtschaftliche Wachstum verlangt einen zu großen Aufwand an Rohstoffen und einen zu hohen Preis für die Umwelt; die Entwicklung zwischen Stadt und Land, zwischen einzelnen Regionen ist unausgeglichen; es ist komplizierter geworden, Übereinstimmung zwischen einer stabilen Entwicklung der Landwirtschaft und einem anhaltenden Wachstum des Einkommens der Bauern zu erreichen; bei den die unmittelbaren Lebensinteressen der Massen betreffenden Fragen, wie Bereitstellung von Arbeitsplätzen, Sozialversicherung, Einkommen, Bildung und medizinischer Versorgung, Wohnraumbeschaffung, Produktionssicherheit, Rechtswesen und öffentliche Sicherheit bestehen noch große Probleme. Die ideologische und moralische Erziehung muss verbessert werden. Die Fähigkeit der Partei zur Ausübung der Macht entspricht nicht völlig den Erfordernissen. Wichtige Fragen einer stabilen Entwicklung der Reformen erfordern tiefgründigere Untersuchungen. Es gibt schwache Grundorganisationen der Partei, viel Formalismus und Bürokratie, Verschwendung und Korruption«.

Der Parteitag konkretisierte das Ziel, bis zum Jahr 2020 eine Gesellschaft mit angemessenem Wohlstand zu schaffen. Das pro-Kopf-Inlandsprodukt soll gegenüber 2000 vervierfacht, ein flächendeckendes Sozialsystem geschaffen, die Armut in Stadt und Land vollkommen beseitigt werden. Die sozialen Fragen stehen jetzt deutlicher im

Vordergrund, weil die materiellen Möglichkeiten ihrer Lösung größer geworden sind.

Die Lösung der bis 2020 gestellten Ziele beinhaltet einen weiteren Schritt auf dem Weg der Anfangsphase des Sozialismus, für die mit einem historisch langen Zeitraum gerechnet wird. Auch darin besteht eine Lehre aus der Niederlage in der UdSSR und anderen Ländern, deren Parteien davon ausgingen, dass höhere Phasen der gesellschaftlichen Entwicklung in historisch kurzen Zeiträumen möglich sind.

Auf dem Parteitag wurde der weiteren Ausgestaltung der sozialistischen Demokratie große Bedeutung beigemessen. Volksdemokratie wurde als das Leben des Sozialismus bezeichnet. Aber, so wird im Bericht betont, die Vertiefung der Reform der politischen Strukturen erfordert eine korrekte politische Richtung. Die führende Rolle der Partei, Herrschaft des Volkes und Regierung auf gesetzlicher Basis bilden eine Einheit.

Besondere Bedeutung wurde auf dem Parteitag der Entwicklung der Demokratie an der Basis beigemessen. Die KP Chinas stützt sich auf die Arbeiterklasse. Das seit vielen Jahren bestehende System der Belegschaftsdelegiertenkonferenzen soll als wichtiger Bestandteil der demokratischen Verwaltung der Betriebe weiter vervollkommnet werden. Auf dem Gewerkschaftskongress 2008 wurde beschlossen, bis Ende 2009 in allen chinesisch-ausländischen Unternehmen verbindlich Gewerkschaftsorganisationen zu bilden.

Der Parteitag befasste sich auch mit der Taiwan-Frage. Hier kreuzen sich bedeutende innen- und außenpolitische Probleme. Die Taiwan-Frage entstand, weil sich die Reste des im Volksbefreiungskrieg besiegten Tschiang-Kaischek-Regimes 1949 auf die Insel Taiwan absetzten und dort bis heute als »Republik China« firmieren. Gleichzeitig ist es das sensibelste Problem in den Beziehungen zwischen der VR China und den USA, da die USA immer wieder versuchen, mittels der Taiwan-Frage Druck auf die VR China auszuüben.

Die VR China tritt für eine friedliche Vereinigung nach dem Prinzip »ein Land, zwei Systeme« ein, aber sie ist gegen jede Form einer »Unabhängigkeit« Taiwans. Ergänzend zu den zahlreichen Vorschlägen der VR China, die in der Vergangenheit zur Verbesserung des Verhältnisses zwischen beiden Seiten unterbreitet wurden, gab es im Bericht an den Parteitag eine neue Formulierung: »Lasst uns auf der Basis des Ein-China-Prinzips über ein formelles Ende der Feindseligkeiten beraten, einen Friedensschluss erreichen, einen Rahmen für eine friedliche Entwicklung der Beziehungen zwischen beiden Seiten der Taiwan-Straße schaffen und eine neue Phase der friedlichen Entwicklung einleiten.«

Anfang 2008 fanden auf Taiwan Wahlen statt, bei denen die bis dahin regierende Demokratische Fortschrittspartei wieder von der Guomindang abgelöst wurde. Mit dem neuen »Präsidenten«, Ma Ying-jeu, eröffneten sich Möglichkeiten für bilaterale Gespräche. Im November 2008 besuchte eine Delegation der nichtstaatlichen »Chinesischen Vereinigung für Beziehungen zwischen den beiden Seiten der Taiwan-Straße« Taiwan. Im Ergebnis der Gespräche wurden mehrere Vereinbarungen mit der »Taiwanesischen Stiftung für Austausch zwischen beiden Seiten«, u. a. über Direktflüge, Post- und Schiffsverkehr, sowie Tourismus getroffen. Die Kontakte zwischen »beiden Seiten der Taiwanstraße« werden fortgesetzt, aber eine Lösung des Problems ist noch nicht in Sicht.

Auf außenpolitischem Gebiet hat der XVII. Parteitag das Streben nach Frieden und Entwicklung unverändert in den Mittelpunkt gestellt. China tritt gegen Hegemonie und Gewaltpolitik auf, ist für eine harmonische Welt. Bekräftigt wird der Verteidigungscharakter der Militärpolitik. China beteiligt sich nicht am Wettrüsten, droht keinem Staat mit Waffengewalt, betreibt keine Expansionspolitik. Von Bedeutung ist die 1996 angebahnte und 2001 offiziell gegründete Shanghai Kooperationsorganisation. Ein Verbund von China, Russland, Kasachstan, Kirgistan, Tadschikistan, Usbekistan, dem als Beobachter die Mongolei, Pakistan, Iran und Indien angehören. Diese Staatengruppe orientiert auf Zusammenarbeit im Bereich der Wirtschaft, der Abwehr von Terror und Drogenschmuggel, auf die Entwicklung der Infrastruktur und beinhaltet auch dazu erforderliche militärische Zusammenarbeit. Diese Organisation hat sich seit ihrer Gründung gefestigt und entwickelt. Sie ist die bisher einzige Staatenorganisation, die auf Initiative der VR China geschaffen wurde.

Nachdrücklich unterstrichen hat der Parteitag die Solidarität und Zusammenarbeit mit den Entwicklungsländern, die Vertiefung der Freundschaft und die Hilfeleistung im Rahmen der Möglichkeiten sowie die Verteidigung der gerechten Forderungen und gemeinsamen Interessen der Entwicklungsländer.

Das internationale Gewicht der VR China hat sich deutlich erhöht. Alle Anschuldigungen, China sei eine Gefahr für andere Länder, erweisen sich als böswillige Verleumdungen. Die Politik der VR China ist ein starker Faktor gegen das imperialistische Weltherrschaftsstreben, sie bietet den Staaten der dritten Welt eine gesellschaftliche Alternative.

Intensiv hat sich der Parteitag mit der Entwicklung der Partei beschäftigt. Ausgehend von den Problemen der eigenen Entwicklung und den Lehren aus der Niederlage in der UdSSR und anderen Ländern wurde auf die weitere Stärkung der Partei als marxistische Regierungspartei orientiert. Der sich entwickelnde Marxismus ist Leitlinie der Partei, sie muss die Gesetzmäßigkeiten der Machtausübung, des sozialistischen Aufbaus und der gesellschaftlichen Entwicklung der Menschheit immer besser beherrschen.

Die Kontrolle der Arbeit der Partei muss mit den Mitteln der Partei erfolgen. Deshalb wurde neu in das Statut aufgenommen, dass die Delegierten der Parteitage und Parteidelegiertenkonferenzen aller Ebenen als Institution für die gesamte Wahlperiode fungieren und die Aufgabe haben, die Arbeit der Parteikomitees zu kontrollieren. Den Grundorganisationen werden erweiterte Rechte zugeordnet, die Transparenz der Arbeit der Parteikomitees soll verbessert werden. Auf diesem Weg soll die innerparteiliche Demokratie entwickelt und das Verhältnis zwischen Partei und Volk gefestigt werden.

Die KP Chinas hat über 73 Millionen Mitglieder. Mit der Veränderung des Statutes auf dem XVI. Parteitag 2002 wurde es Beschäftigten im nichtsozialistischen Sektor ermöglicht, Antrag auf Mitgliedschaft in der Partei zu stellen. 2007 sind über 3 Millionen Beschäftigte dieses Sektors Mitglieder der KP Chinas. Die wenigsten davon sind Eigentümer solcher Firmen, obwohl auch diese das Recht haben, aufgenommen zu werden, wenn sie die hohen Anforderungen, die an eine Parteimitgliedschaft gestellt werden, erfüllen.

Der XVII. Parteitag wählte die führenden Gremien. Hu Jintao wurde als Generalsekretär des ZK bestätigt, der

Ständige Ausschuss des Politbüros wurde mit Blick auf den Wechsel der Spitze auf dem nächsten Parteitag 2012 verjüngt. Prinzip ist die Sicherung langfristiger Kontinuität, hoher Qualität und Führungserfahrung.

Zusammengefasst heißt es im Bericht: »für die umfassende Errichtung einer sozialistischen Gesellschaft mit einem angemessenen Lebensstandard sind noch über 10 Jahre erforderlich, für die Festigung und Entwicklung der sozialistischen Ordnung bedarf es noch mehrerer, ja zahlreicher Generationen.«

Ende Oktober 2008 veröffentlichte das Amt für Statistik der VR China Zahlen, die die erfolgreiche Entwicklung der dreißig Jahre seit den zu Recht als Wende bezeichneten Beschlüssen von 1978 dokumentieren. Während das Bruttoinlandsprodukt in der Zeit von 1953 bis 1978 im Jahresdurchschnitt um lediglich 6,1 % stieg, erhöhte es sich im Zeitraum 1979 bis 2007 um 9,8 % im Jahresdurchschnitt. Allein der Zuwachs des BIP 2007 betrug das Zehnfache des gesamten BIP 1978. Heute wird in einer Woche soviel Wert erzeugt, wie vor 30 Jahren in einem ganzen Jahr. 2007 stand China hinsichtlich der Wirtschaftsleistung auf dem 4. Platz in der Welt (das waren 23,7 % der Wirtschaftsleistung der USA, 74,9 % der Japans und 99,5 % der BRD). Der Anteil Chinas an der Weltwirtschaft stieg von 1,8 % 1978 auf 6 % 2007. Das Bruttoinlandsprodukt pro Kopf der Bevölkerung betrug preisbereinigt 2007 das Zehnfache von 1978. Das Nationaleinkommen pro Kopf stieg von 190 US\$ 1978 auf 2360 US\$ 2007.[3]

Das Jahr 2008 war für die VR China in mehrfacher Hinsicht ein kompliziertes Jahr. Im subtropischen Süden kam

---

3 Renmin Ribao 28.10.2008

es zu einem Kälteeinbruch mit viel Schnee und Eis. Im Mai gab es das schwere Erdbeben in der Provinz Sichuan mit einer Stärke von über 8 auf der Richter-Skala. Es war ein Gebiet von über 100 000 km² mit 45 Millionen Bewohnern betroffen. Dem folgten große Überschwemmungen in mehreren Provinzen. Diese Katastrophen führten zu großen Verlusten. Hinzu kam, dass im Vorfeld der Olympiade tibetische separatistische Elemente im Exil, gesteuert und unterstützt von antichinesischen Kräften verschiedener Länder, den Versuch unternahmen, durch Unruhen politische Veränderungen in der VR China zu erzwingen. Durch das konsequente und besonnene Handeln der chinesischen Partei- und Staatsführung konnten diese Versuche zum Scheitern gebracht werden. In der zweiten Jahreshälfte waren dann die ersten Auswirkungen der sich rasch entwickelnden Finanz- und Wirtschaftskrise der kapitalistischen Welt auch in China spürbar. Die chinesische Führung hat frühzeitig entsprechende Maßnahmen dagegen eingeleitet.

Wie jedes Jahr veröffentlichte das Amt für Statistik vor der Tagung des Nationalen Volkkongresses 2009 die Zahlen der wirtschaftlichen und gesellschaftlichen Entwicklung des Vorjahres[4]. Die statistischen Angaben verdeutlichen bereits auch Auswirkungen der kapitalistischen Krise, sie zeigen aber gleichzeitig die fortgesetzte erfolgreiche Entwicklung der chinesischen Wirtschaft.

2008 hat die VR China das BIP der BRD übertroffen, sie nimmt jetzt den 3. Platz im Weltmaßstab ein. Der Zuwachs des BIP betrug im gesamten Jahr 2008 etwa 9 %, er sank aber im IV. Quartal auf 6,8 % ab. Die Getreideproduktion

---

4 Eine Zusammenstellung wichtiger Zahlen der Statistik über das Jahr 2008 befindet sich im Anhang

stieg um 26,9 Mill. t auf 528,5 Mill. t (+5,4 %). Das ist der höchste Getreideertrag in der Geschichte des Landes. Die landwirtschaftliche Produktion hat insgesamt eine gute Entwicklung genommen. Die verstärkten Investitionen in den Landgebieten wirken sich aus[5]. Die Anlageninvestitionen stiegen um 25,5 %, der Einzelhandelsumsatz bei Konsumgütern stieg um 21,6 %. Der Außenhandelsumsatz stieg 2008 insgesamt um 17,8 % auf 2561,6 Mrd. US$, wobei im IV. Quartal ein Absinken zu verzeichnen war. 2007 war der Außenhandelsumsatz um über 23 % gestiegen. Im Export traten spürbare Ausfälle ein, da die Auslandsnachfrage drastisch sank. Das führte auch zu einem Anwachsen der Arbeitslosigkeit. Die Devisenreserven betrugen am Ende des Jahres 1950 Mrd. US$ (+27,3 %). 11,13 Millionen neue Arbeitsplätze wurden geschaffen, Die Arbeitslosenrate in den Städten und Gemeinden betrug 4,2 %. Das pro-Kopf Geldeinkommen in den Städten und Gemeinden stieg um 14,5 % auf 15 781 Yuan[6], auf dem Land um 15 % auf 4761 Yuan. Die Gesamtsumme der Fonds für Renten-, Kranken-, Arbeitslosen-, Arbeitsunfall- und Geburtenversicherung stieg um 27,7 %. China hat 700 bis 800 Millionen Arbeitskräfte und ein privates Sparguthaben von über 20 000 Mrd. Yuan.

Nach einer Schätzung des Internationalen Währungsfonds betrug 2008 das Wachstumstempo der Weltwirtschaft 3,7 %, der Anteil der chinesischen Wirtschaft an diesem Weltwirtschaftswachstum machte 20 % aus. Chinesische Wirtschaftsexperten erwarten, dass in den ersten beiden Quartalen 2009 das Wachstum der Wirtschaft

---

5 Bei der Betrachtung der Landwirtschaft ist immer zu beachten, dass pro Einwohner der VR China eine Ackerfläche von lediglich 930 m² zur Verfügung steht.
6 Kurs Ende 2008: 1 US$ = 6,8346 Yuan

zurückgehen, aber mit Greifen der Regulierungsmaß-
nahmen in der zweiten Jahreshälfte wieder ansteigen wird.
Angesichts der kapitalistischen Finanz- und Wirtschaftskrise hat die chinesische Regierung bereits im November
2008 Maßnahmen zur Anpassung der Wirtschafts- und Fi-
nanzpolitik ergriffen. Das beinhaltet erhöhte Investitionen
des Staates und Steuersenkungen. Für die zwei folgenden
Jahre werden 2 Billionen Yuan zusätzlich für Investitionen
in kommunale Projekte, die Infrastruktur, Umweltpro-
jekte und den Wiederaufbau nach dem Erdbeben in der
Provinz Sichuan sowie für die Verbesserung der Situation
von Menschen mit niedrigem Einkommen bereitgestellt.
Die makroökonomische Steuerung der Wirtschaft durch
den Staat zielt insbesondere auf die Erhöhung der Inlandsnachfrage.

Ende Dezember 2008 verabschiedete die Regierung ein
seit langem beratenes Programm einer Gesundheitsreform.
Dieses beinhaltet den Ausbau des Krankenversicherungs-
systems für 90 % der Bevölkerung, die Erhöhung der staatlichen Leistungen für die medizinische Betreuung. Es werden neue Krankenhäuser errichtet, die medizinische Versorgung auf dem Land und in abgelegenen Gebieten verbessert.
Bis 2011 sollen dafür 850 Mrd. Yuan bereitgestellt werden.

Auf der zentralen Wirtschaftskonferenz Ende 2008
wurde festgestellt, dass die rasante Entwicklung in den
letzten 30 Jahren auch zu hohem Material- und Energie-
verbrauch und starker Umweltbelastung führte. Der Ener-
gieverbrauch pro Einheit Bruttoinlandsprodukt beträgt in
China gegenwärtig noch das Doppelte des Verbrauches
der USA, das Vierfache der EU-Staaten und das Achtfa-
che von Japan. Es wurde darauf orientiert, jetzt das bisher
erfolgreiche Entwicklungsmodell zu verändern. Es muss

auf einer wissenschaftlichen Entwicklungskonzeption, die auf dem XVII. Parteitag der KP Chinas eine große Rolle spielte, beruhen, es muss den Menschen in den Mittelpunkt stellen, eine umfassende, koordinierte und nachhaltige Entwicklung sichern. Es zielt auf die Erhöhung der wirtschaftlichen Effizienz, die Erhöhung des Lebensstandards der Menschen und den Umweltschutz. Orientiert wird auf Ressourcenschonung, eigene Innovation und nicht nur Anwendung bereits vorhandener Technik. Vorrangig soll die Inlandsnachfrage erhöht werden, vor allem durch die Förderung des Konsums der Bürger, nicht in erster Linie die Auslandsnachfrage. Die bisherige Konzentration auf Investitionen und Export sowie die Unterschätzung von Konsum und Inlandsnachfrage haben zu Unausgewogenheiten in der Wirtschaft geführt. Die Stärkung der Binnennachfrage soll auch als starke Triebkraft für die Entwicklung der Wirtschaft wirken. Die Anstrengungen im sozialen Bereich, bei der sozialen Absicherung und zur Erhöhung des Lebensniveaus sind Schwerpunktaufgaben.

Am 18. Dezember 2008 wurde in Beijing eine Konferenz zum 30. Jahrestag der 3. Tagung des XI. ZK im Dezember 1978 durchgeführt. Generalsekretär Hu Jintao hat die Ergebnisse dieser Periode gewürdigt und die Erfahrungen zusammengefasst. Es wurde betont, dass mit den Beschlüssen von 1978 und ihrer Umsetzung die marxistische ideologische, politische und organisatorische Linie der KP Chinas wiederhergestellt wurde. Partei und Staat beschritten voller Hoffnung und Lebenskraft wieder den Weg der sozialistischen Modernisierung.

In dem Bericht von Hu Jintao wurde hervorgehoben, dass trotz der erzielten Erfolge keine Selbstzufriedenheit zugelassen werden darf, da bis zu dem langfristigen Ziel, einem guten und schönen Leben der Volksmassen des Landes, noch ein weiter Weg ist. China wird sich noch lange Zeit in der Anfangsetappe des Sozialismus befinden. Heute bedeutet das Festhalten Chinas am Weg des Sozialismus chinesischer Prägung, tatsächlich am Sozialismus festzuhalten. Am theoretischen System des Sozialismus chinesischer Prägung festzuhalten bedeutet, tatsächlich am Marxismus festzuhalten.

Auf der Tagung des Nationalen Volkskongresses im März 2009 wurden für das laufende Jahr folgende Hauptaufgaben beschlossen:

Wachstum des BIP: 8 %, Anwachsen der Zahl der Beschäftigten in Städten und Gemeinden: 9 Millionen, Rate der in Städten und Gemeinden registrierten Arbeitslosen: unter 4,6 %, Begrenzung des Anstiegs des Einzelhandelspreisindex auf etwa 4 %.

Staatliche Mittel für die Landwirtschaft, die Landgebiete und die Bauern: 716,1 Mrd. Yuan (120,6 Mrd. Yuan mehr als 2008).

Staatliche Mittel für die Bereiche Wissenschaft und Technik: 146,1 Mrd. Yuan (25,6 % mehr als 2008).

Staatliche Mittel für das Netz der sozialen Absicherung: 293 Mrd. Yuan (17,6 % mehr als 2008). Für Beschäftigungsförderung werden von der Regierung 42 Mrd. Yuan bereitgestellt.

Das Hauptaugenmerk der Regierung ist auf eine weitere stabile Entwicklung der chinesischen Volkswirtschaft und die Eindämmung negativer Einflüsse der kapitalistischen Finanz- und Wirtschaftskrise gerichtet. Dem Jahr 2009 kommt eine Schlüsselrolle bei der Erfüllung des 11. Fünfjahrplanes (2006–2010) zu.

In seinem Bericht wurde vom Vorsitzenden des Ständigen Ausschusses des Nationalen Volkskongresses, Wu Bangguo betont, dass China niemals das politische System der westlichen Länder kopieren wird. Er verwies auf die Wesensunterschiede zwischen dem System der Volkskongresse, dem grundlegenden politischen System Chinas und dem politischen System der westlichen kapitalistischen Staaten. Der Volkkongress übt die Staatsmacht insgesamt aus. Die Regierung, die Volksgerichte und die Volksstaatsanwaltschaften sind dem Volkskongress gegenüber verantwortlich und unterliegen seiner Aufsicht. Das westliche parlamentarische Modell hat eine Gewaltenteilung.

Deputierte der Volkskongresse werden von jeder Region, jeder Nationalität und jedem gesellschaftlichen Sektor des Landes gewählt. Jede Nationalität, unabhängig von ihrer Größe, hat mindestens einen Deputierten. Sie vertreten die Volksmassen statt eine Partei oder eine Gruppe, wie das in westlichen Parlamenten üblich ist.

China hält an seinem System der Mehrparteienzusammenarbeit und der politischen Konsultationen unter Führung der Kommunistischen Partei fest, es übernimmt nicht das westliche Mehrparteiensystem.

Kurze Geschichte der KP Chinas

Institut für Parteigeschichte beim Zentralkomitee der KP Chinas

Verlag für Geschichte der KP Chinas, 2001 Beijing
(gekürzte Übertragung aus dem Chinesischen)

中国共产党简史

中共中央党史研究室 著

中共党史出版社

Umschlag der chinesischen Ausgabe

Inhalt

Vorwort

Seit ihrer Gründung 1921 hat die KP Chinas einen harten und ruhmreichen Weg für die Erlangung der nationalen Unabhängigkeit und die Befreiung des Volkes, für das Erblühen und Erstarken des Landes und den Wohlstand des Volkes zurückgelegt.

Die KP Chinas ist eine große, ruhmreiche Partei. Von ihrer Gründung bis zur Geburt des neuen China 1949 verlief die Neudemokratische Revolution unter Führung der Partei. Von der Gründung der VR China bis zur 3. Tagung des Zentralkomitees des XI. Parteitages (Dezember 1978) ist die von der Partei geführte Periode des Überganges von der Neuen Demokratie zum Sozialismus und zum Aufbau des Sozialismus. Mit der 3. Tagung des XI. Zentralkomitees wurde die neue Etappe des sozialistischen Aufbaus, der Reformen, der Öffnung und der Modernisierung unter Führung der Partei eingeleitet.

Die chinesische Revolution fand in dem halbkolonialen, halbfeudalen großen Land des Ostens statt. Dadurch mussten die chinesische Revolution und der Aufbau nach dem Sieg der Revolution auf einem spezifisch chinesischen Weg erfolgen. Seit dem Tag ihrer Gründung hat die KP Chinas den Marxismus-Leninismus zu ihrer Leitideologie gemacht. Im Prozess der Verbindung des Marxismus-Leninismus mit der chinesischen Realität wurden nach zahlreichen Schwierigkeiten und Windungen, durch Erfolge und Niederlagen zwei bedeutende theoretische Ergebnisse hervorgebracht.

Erstens, die richtigen theoretischen Prinzipien und verallgemeinerten Erfahrungen der chinesischen Revolution und des Aufbaus, die Mao-Zedong-Ideen; zweitens die Theorie der Errichtung des Sozialismus chinesischer Prägung, die Theorie Deng Xiaopings. Geleitet von diesen beiden Theorien wurde der Sieg in der Neudemokratischen Revolution errungen, das neue China und die Grundlagen der sozialistischen Ordnung geschaffen, der Weg der Reformen und der Öffnung, sowie des modernen sozialistischen Aufbaus eröffnet.

前　言

中国共产党从 1921 年成立以来,为了求得民族独立和人民解放,实现国家的繁荣富强和人民的共同富裕,已经走过了八十年艰辛而辉煌的历程。

中国共产党是伟大的光荣的正确的党。从党的成立到新中国的诞生,是党领导的新民主主义革命阶段。从新中国成立到党的十一届三中全会以前,是党领导的从新民主主义转变为社会主义和建设社会主义的阶段。党的十一届三中全会以来,是党领导的改革开放和社会主义现代化建设的新时期。党和人民八十年的奋斗、求索,开拓出今天的局面,的确来之不易。

中国的革命是在半殖民地半封建的东方大国进行的。这一国情,决定了中国的革命和革命胜利后的建设都要走有中国特色的道路。中国共产党从诞生之日起,就把马克思列宁主义确立为自己的指导思想。在把马列主义同中国的实际相结合的过程中,经过多次的艰难曲折和对胜利与失败的反复比较,终于实现两次历史性的飞跃,产生了两大理论成果。第一次飞跃的理论成果是被实践证明了的关于中国革命和建设的正确的理论原则和经验总结,即毛泽东思想;第二次飞跃的理论成果是建设有中国特色的社会主义理论,即邓小平理论。正是在这两大理论成果的

I. Die Gründung der KP Chinas und die Teilnahme am Strom der Großen Revolution

1. Die historische Aufgabe der chinesischen Nation in der Neuzeit und die Xinhai-Revolution (1911)

Nach dem Opiumkrieg 1840 wurde China von einem unabhängigen Feudalstaat in einen halbkolonialen, halbfeudalen Staat umgewandelt. Die Chinesen gingen mit der nationalen Demütigung der Besetzung ihrer Hauptstadt Beijing durch die vereinten Truppen Großbritanniens, der USA, Deutschlands, Frankreichs, Russlands, Japans, Italiens und Österreichs in das XX. Jahrhundert.

Der erste Führer der Revolution in China im XX. Jahrhundert war die neu entstandene nationale Bourgeoisie.

Im Oktober 1911 brach die Xinhai-Revolution aus. Am 1. Januar 1912 wurde die Republik China ausgerufen. Die Xinhaï-Revolution hat die Qing-Dynastie[1] gestürzt und die feudalistische Diktatur, die mehrere Jahrtausende über China herrschte, beendet. Der Begriff einer demokratischen Republik wurde populär.

Aber die Xinhai-Revolution hatte kein konsequentes antiimperialistisches, antifeudalistisches Programm, der Führer dieser Revolution, die nationale Bourgeoisie, war politisch und ökonomisch sehr schwach.

---

1 Mandschu-Dynastie, 1644-1911

2. Die 4.-Mai-Bewegung und die Verbreitung des Marxismus

Im September 1915 hat Chen Duxiu[2] in Shanghai die Zeitschrift »Qingnian« (Jugend) gegründet, diese wurde später in »Xin Qingnian« (Neue Jugend) umbenannt. Es entstand die Bewegung »Neue Kultur«. Der I. Weltkrieg führte dazu, dass die Linken dieser Bewegung an den Werten der westlichen Zivilisation zu zweifeln begannen und sie kritisierten.

Die von Lenin geführte russische Oktoberrevolution 1917 eröffnete ein neues Zeitalter der Menschheitsgeschichte. Die Oktoberrevolution hat den Sozialismus erstmals aus einer Theorie in eine lebendige Realität verwandelt. Ihr historischer Sieg hat nicht nur das Proletariat des Westens, sondern auch die unterdrückten Völker des Ostens aufgeweckt. Diese Revolution unter dem Banner des Sozialismus war von epochalem Einfluss auf die chinesische Revolution. Die Oktoberrevolution hatte für das chinesische Volk besondere Anziehungskraft, weil sie im nördlichen Nachbarland mit einer gleichen (schwere feudalistische Unterdrückung) oder ähnlichen (wirtschaftliche und kulturelle Rückständigkeit) Lage stattgefunden hat.

In China bildete sich eine Gruppe Intellektueller mit anfänglichen kommunistischen Ideen, die die Oktoberrevolution begrüßten.

Als erster in China begrüßte Li Dazhao[3] die Oktoberrevolution. Er sagte voraus: »Ein Blick auf den Globus der Zukunft zeigt eine Welt unter der roten Fahne.«

---

2 1879-1942, Mitbegründer der KPCh
3 1889-1927, Mitbegründer der KPCh

Die Wirtschaft der chinesischen nationalen Bourgeoisie entwickelte sich schnell. Vor der 4.-Mai-Bewegung 1919 erreichte die Zahl der Industriearbeiter bereits etwa 2 Millionen. Das Erstarken der chinesischen Arbeiterklasse und das Anwachsen der Zahl progressiver Intellektueller schufen die objektive gesellschaftliche Basis für die Aufnahme des Marxismus.

Der unmittelbare Auslöser der 4.-Mai-Bewegung war die diplomatische Niederlage Chinas auf der Pariser Friedenskonferenz 1919. Unter Missachtung der Rechte Chinas, das zu den Siegermächten gehörte, bestimmte die Konferenz, dass alle Vorrechte des besiegten Deutschland in China an Japan gehen. Die 4.-Mai-Bewegung begann als Aufruhr der Studenten. Sie entwickelte sich zu einer landesweiten revolutionären Massenbewegung der Arbeiterklasse, der Kleinbourgeoisie und der nationalen Bourgeoisie. Unter dem Druck dieser Bewegung nahm der chinesische Vertreter nicht an der Unterzeichnung des Versailler Vertrages am 28. 6. 1919 teil.

Die 4.-Mai-Bewegung ist der Beginn der Neudemokratischen Revolution in China. Im Unterschied zur Xinhai-Revolution zeichnete sich die 4.-Mai-Bewegung durch Konsequenz und Kompromisslosigkeit gegenüber dem Imperialismus und Feudalismus aus.

Die 4.-Mai-Bewegung beschleunigte die Verbreitung des Marxismus. Die Erforschung und Propagierung des Sozialismus wurde nach und nach die Hauptströmung der progressiven Ideologen.

3. Die Gründung der KP Chinas und die Ausarbeitung des Programms der demokratischen Revolution

Die KP Chinas ist das Ergebnis der Vereinigung des Marxismus-Leninismus mit der chinesischen Arbeiterbewegung. Die KP Chinas wurde von der von Lenin geführten III. Internationale unterstützt. Im April 1920 entsandte das Fernostbüro der KP Russlands nach Bestätigung durch die Kommunistische Internationale zwei Vertreter (Gregor Woitinski und Yang Mingchai) nach China. Sie trafen in Beijing und Shanghai mit Li Dazhao und Chen Duxiu zusammen und berieten über Fragen der Gründung der kommunistischen Partei.

Die erste Organisation der KP Chinas wurde in Shanghai gegründet (von Chen Duxiu, August 1920). Im Oktober folgte die Gründung in Beijing (von Li Dazhao). 1920 und 1921 folgten weitere Gründungen in Wuhan, Changsha, Jinan, Guangzhou usw., in Europa und Japan gründeten chinesische Studenten und Auslandschinesen kommunistische Organisationen.

Am 23. 7. 1921 wurde der I. Parteitag der KP Chinas in Shanghai eröffnet (das Gründungsdatum der KP Chinas wurde 1941 durch Beschluss des ZK auf den 1. 7. 1921 festgelegt). 13 Delegierte vertraten über 50 Mitglieder der Partei. Als Vertreter der Kommunistischen Internationale nahmen Marlin und Nikolski teil. Der Parteitag beschloss den Namen »Kommunistische Partei Chinas«, und folgende programmatische Festlegungen: »Die revolutionäre Armee muss gemeinsam mit dem Proletariat die Macht der Kapitalistenklasse stürzen«, »Anerkennung der Diktatur des Proletariats bis zur Beendigung des Klassenkampfes«,

»Beseitigung des kapitalistischen Privateigentums«, Anschluss an die Kommunistische Internationale. Es wurde das Leitungsorgan, das Zentralbüro, mit Chen Duxiu als Sekretär, Li Da[4] und Zhang Guotao[5] als Verantwortliche für Propaganda bzw. Organisation gewählt.

Die KP Chinas musste ihre Arbeit in dem riesigen, bevölkerungsreichen alten halbkolonialen, halbfeudalen China mit komplizierten Bedingungen und wirtschaftlicher und kultureller Rückständigkeit entfalten. Für die Erarbeitung eines Programms der demokratischen Revolution, das der Situation des Landes entsprach, war ein Prozess des Suchens erforderlich.

Die Partei hat schrittweise erkannt, dass die größte Last des chinesischen Volkes noch nicht die allgemeine kapitalistische Ausbeutung ist, sondern die imperialistische Unterjochung und die Herrschaft der feudalen Militärmachthaber. Im Januar 1922 entsandte die KP Chinas Vertreter zur Teilnahme an der 1. Konferenz der kommunistischen Parteien und nationalrevolutionären Bewegungen der Länder des Fernen Ostens nach Moskau. In Übereinstimmung mit der Theorie Lenins über die nationale und koloniale Frage wurde auf der Tagung erklärt, das die erste Frage, vor der China gegenwärtig steht, die »Befreiung aus dem Joch des Auslandes und die Niederschlagung der Militärgouverneure«, die Gründung einer demokratischen Republik ist.

Der II. Parteitag der KP Chinas fand vom 16.–23.7.1922 in Shanghai statt. 12 Delegierte vertraten 195 Mitglieder. Als Maximalprogramm der Partei beschloss der Parteitag die

4 1890-1966,Teilnehmer am Gründungskongress der KPCh, bedeutender Gesellschaftswissenschaftler
5 1897-1979, Teilnehmer am Gründungskongress der KPCh, verriet 1938 die Revolution, ging 1949 nach Hongkong und später nach Kanada

Errichtung des Sozialismus und Kommunismus. Als Minimalprogramm der damaligen Periode formulierte er: Niederschlagung der Militärmachthaber, Beseitigung der ausländischen imperialistischen Unterjochung, Vereinigung Chinas zu einer wirklich demokratischen Republik. Es wurde das erste Parteistatut angenommen, in dem die KP Chinas als Vorhut der chinesischen Arbeiterklasse bezeichnet wird.

Die Partei konzentrierte sich auf die Entwicklung der chinesischen Arbeiterbewegung. Mit dem Hongkonger Matrosenstreik im Januar 1922 wurde die erste große Streikwelle eingeleitet. Im Februar 1923 streikten 30 000 Eisenbahner der Strecke Beijing – Wuhan. Der Streik wurde gewaltsam niedergeschlagen, die Streikführer ermordet. Die Streikwelle ebbte danach wieder ab.

Tagungsstätte des I. Parteitags der KP Chinas in Shanghai

4. Die erste Zusammenarbeit zwischen der Guomindang und der KP Chinas, der revolutionäre Aufschwung

1924 bis 1927 erschütterte eine revolutionäre Bewegung gegen die imperialistischen Kräfte in China und gegen die Nordchinesischen Militärmachthaber das Land. Sie wurde als »Große Revolution« oder »Nationale Revolution« bezeichnet.

Die Partei erkannte die Notwendigkeit der Schaffung einer breitestmöglichen Einheitsfront, sie entschied, aktive Schritte für ein Zusammengehen mit der von Sun Yatsen[6] geführten Chinesischen Nationalpartei (Guomindang) einzuleiten. Zu jener Zeit wurde der im Januar 1923 vom Exekutivkomitee der Kommunistischen Internationale auf Vorschlag von Marlin gefasste Beschluss über die Beziehungen zwischen der KP Chinas und der Guomindang in China bekannt. Die Guomindang vertrat damals vor allem die nationale Bourgeoisie und das städtische Kleinbürgertum. Sie war schwach, hatte aber einige Vorzüge: sie wurde von Sun Yatsen geführt und hatte dadurch gesellschaftliches Ansehen; sie verfügte im Süden über Stützpunkte, die für die revolutionären Aktivitäten genutzt werden konnten; sie hatte mehrere 10 000 Mann starke bewaffnete Kräfte; Sun Yatsen begrüßte die Zusammenarbeit der Kommunistischen Partei mit ihm sowie die Unterstützung der Sowjetunion für die chinesische Revolution.

Vom 12. bis 20. Juni 1923 fand der III. Parteitag der KP Chinas in Guangzhou (Kanton) statt. 30 Delegierte vertraten 420 Mitglieder der Partei. Der Parteitag fasste den

---

6 Sun Zhongshan, Sun Wen, 1866-1925, Gründer und Führer der Guomindang (Nationalpartei), erster Präsident der chinesischen Republik

Beschluss, dass die Mitglieder der KP Chinas als Einzelpersonen der Guomindang beitreten können. Es wurde festgelegt, dass die KP Chinas ihre politische, ideologische und organisatorische Selbständigkeit beibehält.

Chen Duxiu wurde als Vorsitzender wiedergewählt, Mao Zedong[7] wurde Mitglied des Zentralbüros.

Im Oktober 1923 traf der sowjetische Vertreter Borodin[8] in Guangzhou ein, er wurde politischer Berater der Guomindang. Vom 20. bis 30. Januar 1924 führte die Guomindang ihren 1. Parteitag unter Vorsitz von Sun Yatsen in Guangzhou durch.

An der Eröffnung nahmen 165 Delegierte teil, darunter 20 Mitglieder der KP Chinas. Li Dazhao wurde Mitglied des Präsidiums. Die drei Volksprinzipien Sun Yatsens wurden neu definiert: Nationalismus wurde deutlicher antiimperialistisch, Volksrecht als Demokratie für die einfachen Menschen, Volkswohl als gleiches Bodenrecht und Zügelung des Kapitals definiert. Diese drei neuen Volksprinzipien wurden die politische Grundlage der ersten Zusammenarbeit zwischen der KP Chinas mit der Guomindang. Der Parteitag der Guomindang begründete drei Prinzipien: Zusammenschluss mit Russland, mit der KP Chinas, den Bauern und den Arbeitern beistehen. Li Dazhao, Mao Zedong und weitere Mitglieder der KP Chinas wurden als Mitglieder des Zentralen Exekutivkomitees der Guomindang gewählt. Die Guomindang begann, ein Bündnis der Arbeiter, Bauern, des städtischen Kleinbürgertums und der nationalen Bourgeoisie in der demokratischen Revolution zu werden. Die Bildung der Einheitsfront führte dazu, dass

7 26.12.1883 – 9.9.1976
8 1884–1951, leitender Mitarbeiter der Kommunistischen Internationale

Sun Yatsen und Song Qingling; 1923 in Guangzhou

eine neue Situation des Kampfes gegen Imperialismus und Feudalismus entstand. Guangzhou war das Zentrum der Sammlung der revolutionären Kräfte.

Die Arbeiter- und Bauernbewegung entwickelte sich erneut. Im Mai 1925 wurde in Guangzhou der Chinesische Gewerkschaftsbund gegründet. Dort wurde auch die Bauernschule zur Ausbildung von Kadern der Bauernbewegung geschaffen. Auf Vorschlag der KP Chinas beschloss der Parteitag der Guomindang die Gründung einer Offiziersschule der Landstreitkräfte, die Huangpu Militärschule in der Nähe von Guangzhou. Sie nahm im Mai 1925 ihre Tätigkeit auf. Sun Yatsen wurde Präsident, Tschiang Kaischek[9] Kommandeur und Zhou Enlai[10] Politischer Leiter. Die KP Chinas hat zahlreiche Militärkader an dieser Schule ausgebildet.

Unter dem Einfluss des sich schnell verbreitenden fortschrittlichen Gedankenguts hat General Feng Yuxiang[11] im Oktober 1924 durch einen Putsch die von den Militärmachthabern beherrschte Regierung in Beijing gestürzt, übernahm die Macht im Raum Beijing, Tianjin und machte die Truppen zu einem Teil der Nationalarmee. Auf Einladung von General Feng reiste Sun Yatsen im November 1924 nach Norden mit dem Ziel, eine Nationalversammlung einzuberufen und die ungleichen Verträge aufzukündigen. Gleichzeitig verstärkten die konterrevolutionären Kräfte ihre Aktivitäten. In der Guomindang vertiefte sich die Kluft zwischen rechten und linken Kräften.

---

9 Jiang Jieshi, 1887–1975, Führer der Guomindang , Präsident der chinesischen Republik, »Präsident« der Behörden von Taiwan
10 1898–1976, ab 1927 führende politische und militärische Funktionen in der KPCh und ihren Streitkräften, Ministerpräsident der VR China
11 1882–1948, Guomindang-General, 1948 Führer des Revolutionären Komitees der Guomindang (demokratische Partei in der VR China, Opposition zu Tschiang Kaischek)

Vom 11. bis 23. Januar 1925 fand der IV. Parteitag der KP Chinas in Shanghai statt. 20 Delegierte vertraten 994 Mitglieder.

Der Parteitag fasste die Erfahrungen und Lehren der Zusammenarbeit der Kommunistischen Partei mit der Guomindang zusammen, formulierte die führende Rolle des Proletariats und das Bündnis zwischen Arbeitern und Bauern in der demokratischen Revolution. Der Inhalt der demokratischen Revolution wurde relativ umfassend definiert: gleichzeitig mit dem Kampf gegen den Imperialismus müssen die politischen und wirtschaftlichen Verhältnisse der feudalen Militärmachthaber bekämpft werden. Der Parteitag hat aber keine konkrete Antwort für eine richtige Lösung der komplizierten Fragen im Kampf mit der Bourgeoisie um die führende Rolle gegeben. Auch fehlte es am Verständnis für die Bedeutung der Errichtung von Machtorganen und bewaffneter Kräfte.

Chen Duxiu wurde zum Generalsekretär gewählt.

Nur zwei Monate nach dem Parteitag verstarb Sun Yatsen am 12.3.1925 in Beijing.

Nach der Ermordung eines Shanghaier Textilarbeiters durch einen japanischen Kapitalisten entwickelte sich eine breite Protestbewegung (die Bewegung des 30. Mai), an der etwa 17 Millionen Menschen teilnahmen. Zu den Losungen gehörten auch: »Nieder mit dem Imperialismus«, »Weg mit den ungleichen Verträgen«. Die Kommunistische Partei Chinas spielte in der Bewegung des 30. Mai die führende Rolle. Die Mitgliederzahl der KP erreichte 1925 10 000.

Am 1.7.1925 wurde in Guangzhou die Nationalregierung gebildet, Ministerpräsident wurde Wang Jingwei[12],

---

12 1881–1944, führender Funktionär der Guomindang, 1938 Übertritt auf die Seite der japanischen Aggressoren, Führer einer Marionettenregierung

Borodin wurde hoher Berater. Die Truppen wurden zur Nationalrevolutionären Armee umgebildet, sie hatte eine Truppenstärke von 85 000. Der Vertreter der KP, Zhou Enlai, war für die politische Arbeit zuständig. In erfolgreichen militärischen Aktionen wurde der Stützpunkt in der Provinz Guangdong vereinheitlicht. In diesem Prozess hat aber Tschiang Kaischek seinen Einfluss und seine Position gefestigt. Er intensivierte sein Vorgehen gegen die Kommunistische Partei.

In dieser Situation der Verstärkung antikommunistischer Aktivitäten der neuen und alten Rechten in der Guomindang hat die Kommunistische Internationale die KP Chinas instruiert: wenn die Kommunistische Partei mit den neuen und alten Rechten der Guomindang den Kampf aufnimmt, wird das zum Bruch zwischen beiden Parteien führen, deshalb sollten Kompromissbereitschaft gezeigt und Zugeständnisse gemacht werden. Auch der Vertreter der Kommunistischen Internationale in China beharrte auf dieser Meinung. Das ZK der KP Chinas konnte nicht umhin, der Instruktion der Kommunistischen Internationale zu folgen, das führte dazu, dass die Bereitschaft zu Kompromissen und Zugeständnissen in der KP Chinas die Oberhand gewann.

Im Januar 1926 fand der 2. Parteitag der Guomindang in Guangzhou statt. Der rechte Flügel erhielt in den Führungsorganen der Partei die Mehrheit. Am 18. 3. 1926 entsandte der amtierende Flottenkommandeur der Nationalregierung, der Vertreter der KP, Li Zhilong[13], auf Befehl das Kriegsschiff »Zhongshan« nach Huangpu. Sofort wurde das Gerücht verbreitet, Tschiang Kaischek solle

---

13 1899–1928, Marineoffizier der Koalitionsstreitkräfte der KPCh und Guomindang, von Guomindang-Soldaten hingerichtet.

entführt werden. Tschiang Kaischek nahm dies zum Anlass, am 20.3. in Guangzhou den Ausnahmezustand auszurufen. Kommunisten wurden unter Beobachtung und Hausarrest gestellt. Das Streikkomitee für die Provinz Guangdong und Hongkong sowie das sowjetische Beraterbüro wurden umstellt. Am 15.5. traten alle von der KP Chinas entsandten Funktionäre der Guomindang-Zentrale von ihren Funktionen zurück. Tschiang Kaischek wurde Vorsitzender des Ständigen Ausschusses der Zentrale der Guomindang und Generalstabschef der Nationalen Revolutionsarmee.

Tschiang Kaischek stellte sich immer stärker auf die Positionen der Großgrundbesitzer und Großkapitalisten. Noch aber benötigte er die Unterstützung der KP Chinas und der Sowjetunion. Deshalb hat er nicht unmittelbar mit der Kommunistischen Partei gebrochen.

5. Der erfolgreiche Vormarsch auf dem Nordfeldzug und die Niederlage der Großen Revolution

Der Nordfeldzug richtete sich gegen die Kräfte der nordchinesischen Militärmachthaber unter Wu Peifu, Sun Chuanfang und Zhang Zuolin, die vom Imperialismus unterstützt wurden und eine Truppenstärke von 700 000 Mann hatten.

Die Nationalrevolutionäre Armee verfügte über 100 000 Mann.

Im Juli 1926 begann der umfassende Nordfeldzug. Trotz der Widersprüche zwischen der KP und der Guomindang kämpften sie gemeinsam gegen den Feind. Das vom Mitglied der KP Chinas, Ye Ting[14], geführte selbständige Regiment erhielt den Ehrennamen »Eiserne Armee«. Die Unterstützung durch die sowjetischen Militärberater und die von der Sowjetunion gegebene materielle Hilfe spielten eine wichtige Rolle für den Sieg des Nordfeldzuges.

Im Verlaufe des Nordfeldzuges entwickelte sich die revolutionäre Bewegung der Bauern und Arbeiter. Die Bauern bildeten ihre eigenen Machtorgane und bewaffneten Kräfte. Sie handelten nach der Losung: »Alle Macht den Bauernverbänden«. In den großen Städten kam es zu Streiks und Aufständen.

Die imperialistischen Großmächte erkannten den antikommunistischen Charakter der Kräfte von Tschiang Kaischek. Zahlreiche Truppen der Militärmachthaber gingen zu Tschiang Kaischek über, ebenfalls Politiker und Beamte. Es kam zunehmend zu Morden an Kommunisten, die Gewerkschaftszentrale und das von den Linken beherrschte Parteibüro der Guomindang wurden zerstört. Die Spaltung des revolutionären Lagers des Südens wurde immer offensichtlicher. Der offene Verrat des rechten Blockes von Tschiang Kaischek war nur noch eine Frage der Zeit.

In dieser Situation hätten die Kommunisten eigentlich noch mehr Truppen und örtliche Machtorgane übernehmen sollen, um bei plötzlichen Ereignissen gewappnet zu sein, sie hätten auch die Möglichkeit dazu gehabt. Aber das ZK der Partei hat die Übernahme von Truppen außer Acht gelassen und sich einseitig auf die Volksbewegung orientiert. Im Ergebnis dessen war in dem Augenblick, als Tschiang Kaischek den überraschenden Angriff führte, das ZK der

---

14 1896–1946, Mitbegründer der Befreiungsstreitkräfte, legendärer Militärführer der Truppen der KPCh

Partei nicht nur geistig nicht vorbereitet, auch hinsicht-lich des tatsächlichen Kräfteverhältnisses konnte es schwer einen kraftvollen Gegenschlag organisieren. Die Ten-denz zur Niederlage der Revolution wurde offensichtlich.

Am 13.12.1926 führte das ZK der Partei eine außeror-dentliche Sitzung durch. Chen Duxiu forderte zu verhin-dern, dass die »Militärmacht nach rechts« und die Massen-bewegung »nach links« gehen. Diese Beratung war nicht zur Klärung der Frage in der Lage, wie die Partei weiter existieren und weiter kämpfen kann. Die falsche rechtsop-portunistische Linie begann, sich in der praktischen Arbeit durchzusetzen. Einige Genossen widersetzten sich den rechten Fehlern. Mao Zedong schrieb 1927 den Bericht über die Untersuchung der Bauernbewegung in Hunan. Er legte die große Bedeutung der revolutionären Bewegung auf dem Land dar, scharf kritisierte er die verschiedenar-tigen Vorwürfe von innerhalb und außerhalb der Partei gegen die Bauernbewegung.

Als am 21.3.1927 die Truppen des Nordfeldzuges vor Shanghai standen traten die Shanghaier Arbeiter unter Führung des Sonderausschusses mit Chen Duxiu, Zhou Enlai u.a. in den Generalstreik, der in einen bewaffneten Aufstand mit Zhou Enlai als Oberbefehlshaber überging. Die Aufständischen besetzten ganz Shanghai, mit Aus-nahme der ausländischen Konzessionen, und bildeten eine provisorische Stadtregierung.

Anfang April hat Tschiang Kaischek eine geheime Bera-tung durchgeführt, auf der die gewaltsame Niederschla-gung des Aufstandes beschlossen wurde. Das ZK der KP erfuhr davon, aber die Kommunistische Internationale setzte noch Hoffnungen auf Tschiang Kaischek und war mit einem Bruch mit ihm nicht einverstanden. So hat Chen

Duxiu am 5. 4. mit Wang Jingwei, der gerade aus dem Ausland zurück war, ein Gemeinsames Manifest herausgegeben, in dem es hieß, es sei ein Gerücht, dass die Führer der Guomindang die Kommunistische Partei verjagen, die Gewerkschaft und ihre Ordnungsgruppen unterdrücken werden, man solle nicht auf Gerüchte hören. Einige Mitglieder der KP Chinas ließen sich täuschen und glaubten, die Lage habe sich bereits beruhigt.

Am 12. 4. 1927 hat Tschiang Kaischek in Shanghai plötzlich das Schwert gegen die revolutionären Massen erhoben und einen konterrevolutionären Putsch durchgeführt. Darauf folgend wurden an vielen anderen Orten Kommunisten ermordet, allein in der Provinz Guangdong 2000. Am 28. 4. 1927 wurde Li Dazhao in Beijing hingerichtet.

In dieser kritischen Zeit fand vom 27. 4. bis 9. 5. 1927 in Wuhan der V. Parteitag der KP Chinas statt. 80 Delegierte vertraten 57 967 Mitglieder der Partei. Chen Duxiu wurde zum Generalsekretär der Partei gewählt. Der Parteitag war nicht in der Lage, die weitere Linie der Partei zu bestimmen.

Nach dem Parteitag versuchten Chen Duxiu und Borodin weiterhin, durch Zugeständnisse Wang Jingwei und seine Clique zu gewinnen. In der Partei wuchs die Unzufriedenheit mit den rechten Fehlern von Chen Duxiu. Auf Weisung des Exekutivkomitees der Kommunistischen Internationale wurde Mitte Juli 1927 das ZK der KP Chinas umorganisiert. Es wurde ein provisorischer Ständiger Ausschuss des Politbüros gebildet (u.a. Zhou Enlai). Am 15. Juli führte Wang Jingwei eine erweiterte Tagung des Ständigen Ausschusses der Zentrale der Guomindang durch. Dort wurde der Bruch mit der KP Chinas offiziell erklärt. Die erste Zusammenarbeit zwischen der

Guomindang und der Kommunistischen Partei war zerbrochen. Die mehr als dreijährige Große Revolution hatte eine Niederlage erlitten.

Ursachen der Niederlage waren: 1. Die vereinten Kräfte des Imperialismus und des Feudalismus waren weit stärker und sie hatten mehr politische Erfahrungen als die Kräfte des revolutionären Lagers. 2. Die Guomindang hat einen hinterhältigen und plötzlichen Angriff gegen die Kommunistische Partei und die von ihr geführten Arbeiter- und Bauernmassen geführt. 3. In der späteren Phase haben Chen Duxiu u. a. Funktionäre der Partei rechtsopportunistische Fehler begangen.

In der Anfangs- und der mittleren Phase der Großen Revolution war die Linie der Partei im Wesentlichen richtig. Aber in dieser Zeit befand sich die Partei noch in den Kinderjahren. Sie war eine Partei, der es an Erfahrungen in Fragen der Einheitsfront, des bewaffneten Kampfes, des Parteiaufbaus mangelte. Sie war eine Partei mit ungenügendem Verständnis für die historische und gesellschaftliche Lage Chinas, für die Besonderheiten und Gesetzmäßigkeiten der chinesischen Revolution. Eine Partei die die Theorie des Marxismus-Leninismus und die Praxis der chinesischen Revolution noch nicht tiefgehend verstand.

Die KP Chinas als Bestandteil der Kommunistischen Internationale stand unter ihrer direkten Leitung. Die Kommunistische Internationale und ihre Vertreter haben eine aktive Rolle in der Großen Revolution gespielt, aber, da sie nicht wirklich die Lage Chinas verstanden, kam es zu vielen fehlerhaften Anweisungen. Die in ihren Kinderjahren befindliche KP Chinas konnte sich schwerlich der falschen Anleitung entziehen.

II. Im revolutionären Krieg um Grund und Boden eröffnet sich der Weg der Umzingelung der Städte durch das Dorf

1. Vom Nanchang-Aufstand zur Gründung des revolutionären Stützpunktes Jinggang Shan[15]

Nachdem Tschiang Kaischek die Macht in Nanjing errichtet hatte, dehnte er seine Herrschaft auf das ganze Land aus. Nach außen führte das Regime eine antisowjetische, proimperialistische Politik, nach innen schützte es die Interessen der bürokratischen Kompradorenbourgeoisie und der feudalen Klasse der Großgrundbesitzer, schränkte die nationale Bourgeoisie ein und unterdrückte sie. Die Kommunisten und die revolutionären Massen wurden grausam unterdrückt und ermordet. Es handelte sich also um ein diktatorisches Regime, um den Interessenvertreter der Großgrundbesitzer und der Großbourgeoisie.

Unter der Herrschaft eines derartigen Regimes war die Kommunistische Partei Chinas gezwungen, die antiimperialistische, antifeudalistische demokratische Revolution fortzusetzen und vor allem direkten Widerstand gegen die reaktionäre Herrschaft der Guomindang zu leisten.

Die Partei stand vor großen Schwierigkeiten. Nach unvollständigen Angaben wurden in der Zeit vom März 1927 bis Mitte 1928 über 310 000 Mitglieder der Kommunistischen Partei und Revolutionäre ermordet, darunter 26 000 Mitglieder der Partei. Aufgrund der gefährlichen

---

15 Bergregion an der Grenze zwischen den Provinzen Hunan und Jiangxi

Lage und ideologischer Wirren hat eine Anzahl Mitglieder die Partei verlassen. Die Mitgliederzahl der Partei fiel auf 10 000. Die chinesische Revolution war auf einem Tiefstand.

Im Juli 1927 traf das provisorische Politbüro der Partei drei Entscheidungen: Die von der Partei geleiteten und beeinflussten Truppen wurden in Nanchang konzentriert und ein Aufstand vorbereitet; Organisation der Bauern in vier Provinzen zur Vorbereitung eines Aufstandes zur Zeit der Herbsternte; Vorbereitung einer Tagung des Zentralkomitees. Diese Tagung fand illegal am 7. 8. 1927 in Hankou (Wuhan) statt. Es wurden die rechtsopportunistischen Fehler von Chen Duxiu verurteilt und auf die Bodenrevolution sowie bewaffnete Aufstände orientiert. Ein neues provisorisches Politbüro unter Leitung von Qu Qiubai[16] wurde gewählt.

Unter Führung von Zhou Enlai, Zhu De[17] u.a. fand am 1. 8. 1927 in Nanchang ein Aufstand statt. Anfang Oktober wurden die aufständischen Truppen auf ihrem Weg nach Süden geschlagen. Der Aufstand war der Beginn des von der Kommunistischen Partei geleiteten bewaffneten Widerstandes gegen die Guomindang, die Geburtsstunde der chinesischen Volksbefreiungsarmee.

Unter Leitung von Mao Zedong begann am 9. 9. 1927 der Herbsternteaufstand und Anfang Oktober wurde die Bildung des revolutionären Stützpunktes im Jinggang Shan in Angriff genommen.

---

16 1899–1935; seit 1925 führende Funktionen in der KPCh und ihren staatlichen Organen; vom Guomindang-Militär hingerichtet

17 1. 12. 1886–6. 7. 1976; nach seinem Studium in Deutschland und der UdSSR übernahm er ab 1926 zentrale politische und militärische Funktionen der KPCh und der Volksrepublik China

Am 11.12.1927 begann unter Leitung des Parteikomitees der KP der Provinz Guangdong der Aufstand von Guangzhou (Kanton). Große Teile der Stadt wurden besetzt, eine »Sowjetregierung« wurde gebildet. Der Aufstand wurde von den Truppen Tschiang Kaischeks blutig niedergeschlagen.

Bis Anfang 1928 fanden unter Leitung der Partei im ganzen Land fast einhundert bewaffnete Aufstände statt.

Die Niederlage dieser Aufstände bewies: Unter den Bedingungen Chinas ist der Sieg der Revolution nicht durch bewaffnete Aufstände in den Städten oder gewaltsame Besetzung großer Städte zu erringen. Einige der geschlagenen Truppen zogen sich in entlegene Gebiete und Grenzgebiete zwischen den Provinzen zurück. Daraus ergaben sich erste Grundlagen für die spätere Bildung revolutionärer Stützpunkte.

Noch auf einer Tagung des provisorischen Politbüros im November 1927 wurde auf landesweite bewaffnete Aufstände mit den Städten als Zentrum orientiert. Das führte zu schweren Niederlagen. Im April 1928 gab das provisorische Politbüro eine Erklärung gegen »linken« Putschismus ab. Während sich die Führung der KP Chinas weiterhin in Shanghai aufhielt, vereinigten sich die Truppen Mao Zedongs mit Einheiten aus dem Nanchang-Aufstand unter Führung von Zhu De und Chen Yi[18] im Jinggang-Shan-Gebiet. Im Juli 1928 kamen noch Einheiten unter Führung von Peng Dehuai[19] dazu. Die Truppen der Roten

18 1901–1972; Mitbegründer der Befreiungsstreitkräfte der KPCh, bedeutender militärischer Führer, Kommandeur der Truppen, die 1949 Shanghai befreit haben, langjähriger Außenminister der VR China, in der »Kulturrevolution« gemaßregelt
19 1898–1974; führender Kommandeur der Befreiungsstreitkräfte, Befehlshaber der chinesischen Volksfreiwilligen im Koreakrieg, Verteidigungsminister der VR China; 1965 abgesetzt, Lin Biao wurde Verteidigungsminister, Peng nach Sichuan geschickt., in der »Kulturrevolution« verfolgt

Armee nahmen an Stärke zu. In dem Gebiet wurde Land an die Bauern verteilt, die örtlichen Despoten und Wucherer wurden in die Schranken gewiesen, die Strukturen des revolutionären Stützpunktes entwickelt. Der von Mao Zedong und Zhu De geführte Kampf im Jinggang Shan repräsentiert den richtigen Weg der Entwicklung der chinesischen Revolution.

2. Das Wiederaufleben der revolutionären Bewegung und der Sieg der Roten Armee gegen »Einkreisung und Ausrottung«

Der VI. Parteitag der KP Chinas tagte vom 18.6. bis 11.7.1928 in Moskau. Es nahmen 84 stimmberechtigte Delegierte und weitere 58 Personen teil. Unterstützt von der Kommunistischen Internationale hat der Parteitag hauptsächlich richtige Antworten auf eine Reihe von Grundfragen der chinesischen Revolution gegeben. Die Konferenz betonte: China ist nach wie vor ein halbkoloniales, halbfeudales Land. China befindet sich in der Etappe der bürgerlich demokratischen Revolution. Der erste revolutionäre Aufschwung ist aufgrund der zahlreichen Niederlagen beendet, der neue Aufschwung ist noch nicht eingetreten, die generelle Linie der Partei ist die Gewinnung der Massen. Die wichtigsten aktuellen gefährlichen Tendenzen sind Putschismus und Kommandiererei. Auf dem VI. Parteitag fehlte eine richtige Einschätzung des Doppelcharakters der Mittelschichten und der inneren Widersprüche der reaktionären Kräfte und eine sich daraus ableitende Politik. Es mangelte an dem Verständnis für den nach der Niederlage der Großen Revolution erforderlichen

taktischen, geordneten Rückzug der Partei und über die
Bedeutung der Stützpunkte auf dem Lande sowie für die
Langwierigkeit der demokratischen Revolution. Ungeachtet dieser und anderer Mängel des Parteitages haben seine
Beschlüsse dazu geführt, die Partei ideologisch zusammenzuschließen. Das spielte eine aktive Rolle bei der Entwicklung der revolutionären Bewegung.

Es wurde eine neue Parteiführung gewählt. Vorsitzender
des Politbüros wurde Xiang Zhongfa[20] (mit der Begründung der Herkunft aus der Arbeiterklasse), er konnte aber
nicht die erforderliche Rolle spielen.

In den folgenden zwei Jahren lebte die revolutionäre Bewegung wieder auf. Nach dem Parteitag legte das Zentralkomitee großen Wert auf den Parteiaufbau. Bis Mai 1930
stieg die Mitgliederzahl wieder auf 100 000. In den Herr-
schaftsgebieten der Guomindang sammelte die Partei rei-
che Erfahrungen der illegalen Arbeit. Die Tätigkeit der
roten Gewerkschaften wurde aktiviert. Das ZK der Partei
verstärkte die Führung in den Einheiten der Roten Armee
und gegenüber den Stützpunkten auf dem Land.

Die chinesischen Kommunisten begannen zu verstehen,
dass die Stützpunkte auf dem Land die wichtigsten strategischen Basen für die Stählung der revolutionären Kräfte
des Volkes geworden sind. Im Oktober 1930 begann die
Tschiang-Kaischek-Clique gegen die Rote Armee in den
ländlichen Stützpunkten im Süden groß angelegte Operationen der »Einkreisung und Ausrottung«. Die Siege
im Kampf gegen die ersten drei derartigen Operationen

---

20 1880–1931; Leitungsfunktionen in der KPCh ab 1927, wurde 1931 von der
Guomindang festgenommen, übte Verrat und wurde von der Guomindang ermordet

führten zur Bildung eines einheitlichen Gebietes von 50 000 km² mit 2,5 Millionen Einwohnern. Das wurde der Zentrale Revolutionäre Stützpunkt.

Vom 7. bis 20. 11. 1931 fand in Ruijin[21] der erste gesamtnationale Sowjetkongress statt. Er bildete die Provisorische Zentralregierung der chinesischen Sowjetrepublik. Zum Vorsitzenden der Provisorischen Zentralregierung wurde Mao Zedong gewählt.

Die Öffnung des Weges der Umzingelung der Städte durch das Dorf, der Ergreifung der Macht durch Waffengewalt und die beginnende theoretische Begründung dieser Strategie ist das Ergebnis der Auseinandersetzung mit der fehlerhaften Tendenz der damals weit verbreiteten Dogmatisierung des Marxismus, der Kanonisierung der Erfahrungen der Kommunistischen Internationale und der Sowjetunion. Mao Zedong hat diese Lehren verallgemeinert. Er erklärte in seinem Artikel »Gegen die Scholastik«: »Der Sieg im revolutionären Kampf Chinas muss sich auf das Verständnis der chinesischen Genossen für die Situation Chinas stützen.«

---

21 Stadt in der Provinz Jiangxi

3. Die »links«-abweichlerischen Fehler von Wang Ming[22] und der Rückschlag für die revolutionäre Bewegung

Infolge der Verbesserung der Situation sowie der fehlerhaften Anleitung durch die Kommunistischen Internationale brach die immanente »linke« Krankheit in der KP Chinas wieder aus. Auf der Tagung des Politbüros am 11.6.1930 wurde der von Li Lisan[23] ausgearbeitete abenteuerliche Plan für einen Aufstand in allen zentralen Städten des Landes und der Konzentration aller Truppen der Roten Armee zum Angriff auf die zentralen Städte bestätigt. Das bedeutet, dass das »linke« Abenteurertum in der Parteizentrale vorherrschte. Obwohl diese »linke« Abweichung nicht lange andauerte, musste die Partei dafür einen hohen Preis entrichten. Ende September korrigierte die 3. Tagung des ZK in Shanghai unter Leitung der gerade aus Moskau zurückgekehrten Zhou Enlai und Qu Qiubai die Einschätzung von Li Lisan als »linkes« Abenteurertum.

Aber durch Eingriff der Kommunistischen Internationale veränderten sich die Dinge. Im Oktober 1930 schrieb die Kommunistische Internationale einen Brief an die KP Chinas, in dem es hieß, die Linie von Li Lisan sei gegen die politische Linie der KI gerichtet. Sie sei eine rechte Abweichung unter linken Phrasen. Kurz nach ihrer Rückkehr aus Moskau haben die vom stellvertretenden Leiter des Ostbüros der Kommunistischen Internationale, Mif,

---

22 Wang Ming, Chen Shaoyu, 1904–1974, ab 1931 Mitglied des ZK und des Politbüros der KPCh, ab 1966 in der UdSSR

23 1899–1967, seit 1927 Mitglied des ZK der KPCh, 1931–1946 in der UdSSR, 1938–1940 in der UdSSR inhaftiert, später rehabilitiert, wichtige Funktionen in der Regierung der VR Chinas, Suizid in der »Kulturrevolution«; 1980 rehabilitiert.

hoch geschätzten Studenten sowjetischer Ausbildungsstätten, Wang Ming und Bo Gu[24] über unnormale Kanäle den Inhalt dieses Briefes vor dem ZK erfahren. Sie erhoben sofort das Banner des »Kampfes gegen Versöhnlertum«, griffen scharf das ZK an und stifteten in der Partei ernste ideologische Verwirrung.

Am 7.1.1931 trat das ZK in Shanghai zu seiner 4. Tagung zusammen. Sie kritisierte die Festlegungen der 3. Tagung, betonte, dass die Hauptgefahr in der Partei gegenwärtig von der rechten Abweichung ausgeht und beschloss die Umorganisierung der Parteiorgane. Qu Qiubai und Zhou Enlai wurden ernste Vorwürfe gemacht. Mit Unterstützung von Mif wurde Wang Ming in das ZK kooptiert, er wurde auch Mitglied des Politbüros. Diese Tagung des ZK hat in Wirklichkeit das »linke« abenteuerliche Programm von Wang Ming gebilligt. Von da an begann die 4-jährige Vorherrschaft der von Dogmatismus geprägten »linken« Abweichung von Wang Ming im ZK.

Nach der 4. Tagung des ZK kam es zu großen Problemen in den Parteiorganisationen der von der Guomindang besetzten Gebiete. Wang Ming reiste nach Moskau, Zhou Enlai begab sich in den zentralen Stützpunkt. In Shanghai verblieb nur die Hälfte der führenden Funktionäre. Ende September wurde ein provisorisches Politbüro unter Leitung von Bo Gu eingesetzt.

In dieser Zeit begann der Aggressionskrieg Japans gegen China. Die aufgrund der ungleichen Verträge im Nordosten Chinas stationierte japanische Kuantung-Armee begann

---

24 Qin Bangxian, 1907–1946, ab 1931 Mitglied des Politbüros der KPCh, Studium in der UdSSR; kam 1946 bei einem Flugzeugunglück ums Leben

am 18.9.1931 ihren Angriff. Innerhalb von vier Monaten besetzte sie drei nordchinesische Provinzen. Von dieser Zeit an wurde der chinesisch-japanische Widerspruch
schrittweise zum Hauptwiderspruch. Die provisorische
Parteizentrale stellte die Aufgabe des antijapanischen Widerstandes, formulierte aber die Losung »bewaffnete Verteidigung der Sowjetunion«.

Der unter dem Einfluss der falschen Linie stark ausge-
dehnte Kampf zur Ausrottung von Konterrevolutionären
führte zur Beseitigung vieler Führungskader und Kämpfer. Rote Armee und Stützpunkte erlitten ernste Verluste.
Im zentralen revolutionären Stützpunkt wurden viele richtige Auffassungen Mao Zedongs als »enger Empirismus«,
»Kulakenlinie«, »ernster Rechtsopportunismus« ange-
prangert. Die »linken« Fehler hatten wachsenden negativen Einfluss auf den Kampf der Roten Armee gegen die
»Einkreisung und Ausrottung«.

Nach Unterzeichnung eines Waffenstillstandes zwischen
den Guomindang-Behörden und Japan im Sommer 1932
hat die Guomindang sofort die Truppen gegen den revolutionären Stützpunkt disloziert, um die 4. »Einkreisung und
Ausrottung« zu beginnen. Ende 1932 begannen die Truppen der Guomindang mit 30 Divisionen den Angriff. Zu
dieser Zeit war Mao Zedong seiner Leitungsfunktion in
der Roten Armee enthoben. Unter dem Kommando von
Zhou Enlai und Zhu De wurde der Sieg gegen die 4. »Einkreisung und Ausrottung« errungen. Während dieses
Kampfes wurde Anfang 1933 die provisorische Parteizentrale in den zentralen Stützpunkt verlegt. Die Partei bildete
in Shanghai ein Zentralbüro zur Leitung der Parteiarbeit
in den von der Guomindang beherrschten Gebieten und

zur Verbindung mit der Kommunistischen Internationale. Das Zentralbüro wurde ständig angegriffen und stellte im Juli 1935 seine Tätigkeit ein. Der Arbeit der Parteiorganisationen in den von der Guomindang beherrschten Gebieten wurde beispielloser Schaden zugefügt.

Nach Verlegung der Parteizentrale führte diese in der Partei, der Roten Armee und im Stützpunkt ihre »links«-abweichlerische Abenteuerpolitik fort. Gegen Kader mit abweichenden Auffassungen wurde ein »erbarmungsloser Kampf« geführt. Dieser Kampf richtete sich u.a. gegen die leitenden Kader Deng Xiaoping[25] und Mao Zetan[26]. In Wirklichkeit handelte es sich um einen Kampf gegen die Auffassungen Mao Zedongs.

Im zweiten Halbjahr 1933 begann Tschiang Kaischek die 5. Operation der »Einkreisung und Ausrottung«. Er bot Truppen mit 1 Million Mann für den Angriff gegen die Rote Armee in allen Landesteilen auf, im September 1933 begannen Truppen in einer Stärke von 500 000 Mann den Angriff gegen den zentralen Stützpunkt. In dieser Zeit hatte der Leiter der provisorischen Parteizentrale, Bo Gu, gestützt auf den von der Kommunistischen Internationale als Militärberater entsandten Deutschen Li De[27] das militärische Kommando. Sie gaben die früher zur Abwehr der »Einkreisung und Ausrottung« praktizierte Linie der aktiven Verteidigung auf, vertraten die Auffassung »dem Feind durch Ausweichen in das Landesinnere« Widerstand zu leisten. So geriet die Rote Armee in eine Situation der Passivität. Die Lage für die Rote Armee wurde ständig ungünstiger.

---

25 1904–1997, ab 1927 leitende Parteifunktionen, zentrale Funktionen in der VR China
26 Bruder von Mao Zedong
27 Otto Braun, 1900–1974

Im November 1933 hat der Kommandierende General der 19. Feldarmee der Streitkräfte der Guomindang in der Provinz Fujian eine »Revolutionäre Regierung der Republik China« ausgerufen und den Widerstand gegen Japan und Kampf gegen Tschiang proklamiert. Er schickte Vertreter zu Verhandlungen über die Zusammenarbeit mit der Roten Armee. Das war eine gute Gelegenheit für die Zerschlagung der 5. »Einkreisung und Ausrottung«. Aber die Führung der »Linken« sah in den Vertretern eines Mittelweges den Hauptfeind und war nicht zu einer Koordination auf militärischem Gebiet mit der 19. Feldarmee bereit. Nachdem Tschiang Kaischek die 19. Feldarmee zerschlagen hatte, vollendete er die Umzingelung des Stützpunktes.

Im Januar 1934 führte das ZK des VI. Parteitages in Ruijin die 5. Tagung durch. Ungeachtet des ungünstigen Kräfteverhältnisses verkündete die Tagung, dass die chinesische Revolution in die Etappe des »vollständigen Sieges im Kampf für ein Sowjetchina« eingetreten ist. Die Fehler des »linken« Abenteurertums erreichten den Höhepunkt. Bo Gu blieb der wichtigste Vertreter der Parteizentrale.

Ergebnis der weiteren Entwicklung der »linken« Fehler war die Niederlage im Kampf gegen die 5. »Einkreisung und Ausrottung«. Im April 1934 begann der Angriff auf den Stützpunkt. Mitte Oktober mussten die Organe des ZK der KP Chinas und die zentrale Rote Armee, 86 000 Mann, den Stützpunkt verlassen.

Nach dem VI. Parteitag lebte die revolutionäre Bewegung wieder auf. Da die zentrale Leitung der KP Chinas in die Hände von »linken« Dogmatikern gefallen war, die das Vertrauen der Kommunistischen Internationale hatten, gingen alle Stützpunkte außer dem von Shaanbei[28] verloren, die Parteiorganisationen in den von der Guomindang beherrschten Gebieten wurden erheblich geschwächt. Partei und Rote Armee erlitten große Verluste.

4. Die Wende der Zunyi[29]-Konferenz und der Sieg der Roten Armee im Langen Marsch

Nach Beginn des Langen Marsches der Roten Armee verfielen die Führer der »linken« Abweichung in panische Flucht. Beim Durchbrechen der Umzingelung durch die Guomindang-Truppen verringerte sich die Zahl der Angehörigen der Roten Armee und der Organe des ZK auf 30 000 Personen. Die Forderungen nach Veränderung wurden stärker, einige leitende Persönlichkeiten, die die »linken« Fehler unterstützt hatten, korrigierten ihre Haltung.

Auf ihrem Marsch veränderte die Rote Armee auf Vorschlag von Mao Zedong ihre eingeschlagene Richtung, da Tschiang Kaischek erneut Truppen zusammengezogen hatte, um sie zu zerschlagen. Am 7. 1. 1935 besetzte die Rote Armee die Stadt Zunyi. Vom 15. bis 17. 1. führte das Politbüro in Zunyi eine erweiterte Tagung durch. Auf der Tagung hielt Bo Gu den Hauptbericht über den Kampf gegen die 5. »Einkreisung und Ausrottung«, Zhou Enlai den Ergänzungsbericht, Zhang Wentian[30] den Gegenbericht. Mao Zedong

---

28 Nordteil der Provinz Shaanxi
29 Stadt in der Provinz Guizhou
30 1900–1976; Studium in den USA und der UdSSR, ab 1931 Mitglied des Politbüros der KPCh., Teilnehmer am Langen Marsch; nach Gründung der VR China 1. Stellv. Außenminister; wurde in der »Kulturrevolution« gemaßregelt

und Wang Jiaxiang[31] hielten Grundsatzreden. Sie kritisierten scharf Bo Gu und Li De für ihre lediglich auf Verteidigung ausgerichtete Strategie gegen die 5.»Einkreisung und Ausrottung« sowie die panische Flucht bei der strategischen Verlegung. Nach harten Auseinandersetzungen stimmte die Mehrheit den Berichten und Meinungen von Zhang Wentian und Mao Zedong zu. Der Bericht von Bo Gu wurde als falsch abgelehnt. Mao Zedong wurde in den Ständigen Ausschuss des Politbüros kooptiert. Kurz nach der Tagung entschied der Ständige Ausschuss des Politbüros dass Zhang Wentian an die Stelle von Bo Gu als Hauptverantwortlicher tritt. Es wurde eine Gruppe für die Leitung der gesamten militärischen Aktionen gebildet, bestehend aus Mao Zedong, Zhou Enlai und Wang Jiaxiang.

Alle Beschlüsse der Tagung wurden in einer Situation gefasst, in der es keinen Kontakt zwischen der KP Chinas und der Kommunistischen Internationale gab. Die Zunyi-Konferenz ist ein lebenswichtiger Wendepunkt in der Geschichte der KP Chinas. Es begann sich eine richtige Führung der Partei mit Mao Zedong als Kern herauszubilden. Die KP Chinas befand sich auf dem Weg zur politischen Reife.

In opferreichen Kämpfen und auf schwierigsten Wegen erreichten die Truppen der Roten Armee im Herbst 1936 Nordchina. Sie vereinigten sich auf diesem Weg mit anderen Einheiten der Roten Armee und bildeten schließlich in Nordshaanxi das befreite Gebiet, das mit dem Namen Yanan verbunden ist. Der Lange Marsch wurde im Oktober 1936 erfolgreich beendet. Außerdem existierte eine Partisanengruppierung am Yangzi, die über drei Jahre ohne

---

[31] 1906–1974; Studium in der UdSSR, ab 1930 leitende Funktionen in der KPCh und den Streitkräften; nach Gründung der VR China Leiter der Abteilung Internationale Verbindungen des ZK; in der »Kulturrevolution« gemaßregelt

Verbindung zu den revolutionären Hauptkräften unter besonders schwierigen Bedingungen gekämpft hat. Sie wurde u. a. von Chen Yi geführt. Im Nordosten Chinas, im japanisch besetzten Gebiet, kämpfte eine große Partisaneneinheit unter Führung der Partei gegen die japanischen Okkupanten. Sie wurde später zum Kern der Nordostchinesischen Vereinigten Armee gegen die Japanischen Aggressoren.

5. Der Kampf für die antijapanische nationale Einheitsfront

In der gleichen Zeit, in der das ZK der KP Chinas und die Rote Armee im Gebiet von Shaanxi und Gansu eintrafen, nutzten die japanischen Aggressoren die Passivität der Guomindang-Herrscher im Widerstand gegen Japan aus und intensivierten ihre aggressiven Handlungen in Nordchina.

Unter Leitung der illegalen Organisation der KP Chinas führten Beijinger Studenten am 9. 12. 1935 eine große antijapanische Demonstration durch, die von Polizei und Truppen Tschiang Kaischeks unterdrückt wurde. Aber daraus entwickelte sich eine breite Bewegung mit der Forderung nach einer antijapanischen nationalen Einheitsfront und gemeinsamen Widerstand gegen den äußeren Feind.

Davor, im Juli 1935 fand der VII. Kongress der Kommunistischen Internationale statt.

Am 1. August hat die Delegation der KP Chinas bei der Kommunistischen Internationale im Namen der Provisorischen Zentralregierung der Chinesischen Sowjetrepublik und des ZK der KP Chinas den »Aufruf an alle Landsleute zum Widerstand gegen Japan und zur Rettung des Vaterlandes« veröffentlicht.

Vom 17. bis 25.12.1935 fand eine erweiterte Tagung des Politbüros des ZK statt.

Im »Beschluss über die aktuelle politische Lage und die Aufgaben der Partei« wurde auf die Bildung einer breiten antijapanischen nationalen Einheitsfront orientiert. Am 27.12. hielt Mao Zedong auf einer Parteiaktivtagung die Rede »Über die Taktik im Kampf gegen den japanischen Imperialismus«.

Ende 1935 entsandte die Parteiführung Liu Shaoqi[32] nach Huabei (Raum Beijing) zur Entwicklung der Parteiarbeit. Im ersten Halbjahr 1936 haben das ZK und die Delegation des ZK der KP Chinas bei der Kommunistischen Internationale Vertreter nach Shanghai geschickt, um die Kontakte zur dortigen Parteiorganisation wiederherzustellen und die Einheitsfront zu entwickeln. Im Nordosten gelang es bereits 1936, die bewaffneten Kämpfe zwischen Einheiten der Roten Armee und Guomindang-Truppen einzustellen.

Das ZK der KP Chinas hat auf verschiedenen Kanälen der Guomindang die Auffassung wissen lassen, den Bürgerkrieg einzustellen und gemeinsam gegen Japan zu kämpfen. Die Propaganda gegen Tschiang Kaischek wurde eingestellt. Eine neue Zusammenarbeit zwischen beiden Parteien wurde vorgeschlagen. Am 1.9.1936 gab das ZK eine parteiinterne Weisung heraus, nach der die generelle Richtung darin besteht, Tschiang zu zwingen, Widerstand gegen Japan zu leisten. Von »Widerstand gegen Japan,

---

32 1898–1969; ab 1927 Mitglied des ZK und ab 1931 Mitglied des Politbüros der KPCh; Vorsitzender des Allchinesischen Gewerkschaftsbundes; 1959 - 1966 Vorsitzender der VR China; in der »Kulturrevolution« eingekerkert, in der Haft verstorben.

gegen Tschiang« zu »Tschiang zu zwingen, Widerstand gegen Japan zu leisten« ist eine gewichtige politische Veränderung durch die Partei angesichts der gewachsenen Rolle des chinesisch-japanischen nationalen Widerspruchs und der sich daraus ergebenden Veränderung der inneren Klassenbeziehungen.

Aber Tschiang Kaischek bereitete unverändert einen Vernichtungsschlag gegen den Stützpunkt in Nordshaanxi vor. Nachdem er am 4.12.1936 in Xian eingetroffen war, befahl er den Generalen Zhang Xueliang[33] und Yang Hucheng[34], mit ihren Truppen nach Nordshaanxi zu gehen und »die Kommunisten auszulöschen«. In dieser Situation entschlossen sich Zhang und Yang zu militärischem Ungehorsam. Am 12.12.1936 haben ihre Truppen Tschiang Kaischek festgenommen. Zhang und Yang riefen das ganze Land dazu auf, den Bürgerkrieg einzustellen und gemeinsam Japan Widerstand zu leisten. Das ist unter dem Namen Xian-Zwischenfall im In- und Ausland bekannt geworden.

Zhang Xueliang hat sofort das ZK der KP Chinas informiert. Zhou Enlai traf am 17.12. in Xian ein. Es wurde entschieden, den Zwischenfall friedlich zu lösen. In gemeinsamen Bestrebungen von Zhou Enlai, Zhang Xueliang und Yang Hucheng wurde Tschiang Kaischek gezwungen, »die Vernichtung der Kommunisten einzustellen, gemeinsam mit den Roten gegen Japan zu kämpfen« und weitere Verpflichtungen zu übernehmen. Danach wurde der Bürgerkrieg im Wesentlichen eingestellt, die Beziehungen zwischen der Guomindang und der KP Chinas verbesserten sich.

---

33 1901–2001; ranghoher patriotischer Guomindang-General; nach dem Xian-Zwischenfall von Tschiang Kaischek verhaftet, bis 1991 inhaftiert
34 1893–1949; ranghoher patriotischer Guomindang-General; nach seiner Emigration kam er 1937 nach China zurück, wurde nach 12 Jahren Kerkerhaft ermordet.

Zur Förderung der Zusammenarbeit zwischen beiden Parteien hat das ZK der KP Chinas am 10. 2. 1937 in einem Telegramm an die 3. ZK-Tagung der 5. Tagungsperiode der Guomindang folgende 5 Forderungen gestellt: Einstellung des Bürgerkrieges, gemeinsam gegen den äußeren Feind; Gewährleistung der Rede-, Versammlungs- und Organisationsfreiheit, Freilassung aller politischen Gefangenen; schnelle Vollendung aller Vorbereitungen für den anti-japanischen Krieg; Verbesserung des Lebens des Volkes. Weiter wurde erklärt: wenn die Guomindang diese 5 Forderungen zur Staatspolitik erklärt, ist die KP bereit, folgende 4 Garantien zu geben: Beendigung der Linie des Sturzes der Guomindang-Regierung mit bewaffneten Mitteln; die Sowjetregierung benennt sich um in Regierung des Sondergebietes der Republik China, die Rote Armee benennt sich um in Nationale Revolutionsarmee; das Sondergebiet realisiert eine konsequente demokratische Ordnung; sie stellt die Politik der Enteignung des Bodens der Großgrundbesitzer ein.

Im Januar 1937 wurden die Leitungsorgane der KP Chinas nach Yanan verlegt. Yanan wurde der rote Stern, der die Richtung der chinesischen Revolution anzeigt. Die KP Chinas intensivierte ihren ideologischen, theoretischen und organisatorischen Aufbau. Im Mai 1937 führte das ZK in Yanan die Delegiertenkonferenz der Sowjetgebiete durch, auf der die Linie seit der Zunyi-Konferenz bestätigt wurde. Danach fand eine Konferenz von Vertretern aus den weißen Gebieten statt. Im Juli und August hielt Mao Zedong seine Vorträge zu den Themen »Über die Praxis« und »Über den Widerspruch«. Das diente der ideologischen Vorbereitung des herannahenden antijapanischen Aufschwunges.

Das ZK entsandte Zhou Enlai, Ye Jianying[35], Lin Boqu[36] und andere Genossen mehrfach zu Gesprächen mit führenden Vertretern der Guomindang.

Die vergangenen 10 Jahre bewiesen: Der praxisferne, ausländische Erfahrungen kopierende Dogmatismus bzw. die Leitung der chinesischen Revolution durch ein weit von China entferntes internationales Führungszentrum erwiesen sich als falsch. In diesen 10 Jahren hat die Partei auf dem Gebiet der Leitideologie mehrfach »linke« Fehler begangen, diese aber schließlich aus eigener Kraft korrigiert. Sie hat die Lehren gezogen und eine richtige politische Linie eingeschlagen, den Übergang von der Bodenrevolution zum antijapanischen nationalen Krieg vollzogen und eine neue Etappe der Revolution eingeleitet.

---

35 1897–1986; bedeutender politischer und militärischer Führer der KPCh; Marschall der VR China; spielte bei der Zerschlagung der Vierer-Bande um Jiang Qing 1976 eine entscheidende Rolle; Vorsitzender des Nationalen Volkskongresses der VR China
36 1886-1960; unterstützte als Mitglied der KPCh seit 1921 Sun Yatsen bei der Entwicklung der drei neuen Volksprinzipien, Teilnehmer am Nanchang-Aufstand, am Langen Marsch; leitende stattliche Funktionen nach Gründung der VR China

III. Erstarken in den Flammen des antijapanischen Krieges

1. Die Bildung der antijapanischen nationalen Einheitsfront, die Festlegung der Linie des umfassenden Widerstandskrieges

Der 1937 beginnende gesamtnationale Widerstandskrieg gegen Japan ist ein für das Fortbestehen der chinesischen Nation entscheidender Abschnitt. Es ist auch eine wichtige Periode der Entwicklung und des Erstarkens der Kommunistischen Partei Chinas.

Nach dem I. Weltkrieg beschritten Deutschland, Italien und Japan in den dreißiger Jahren den Weg des Faschismus, sie versuchten, die Welt neu aufzuteilen, sie bildeten den Antikominternpakt und wurden zur Brutstätte des Krieges in Europa und Asien. Nach langen Vorbereitungen entfachte Japan im Juli 1937 einen groß angelegten allumfassenden Angriffskrieg gegen China.

Am 7.7.1937 griffen die japanischen Truppen im Südosten von Beiping[37] bei der Brücke Luguoqiao[38] die chinesischen Truppen an. Diese leisteten Widerstand. Das war der Beginn des umfassenden Widerstandskrieges der chinesischen Nation.

Um die Zusammenarbeit zwischen der Guomindang und der KPCh voranzubringen, entsandte das ZK der KP Chinas Zhou Enlai erneut nach Lushan[39] zu Gesprächen mit

---

37 ab 1949 Beijing (Peking)
38 Marco Polo Brücke
39 Berg in der Provinz Jiangxi, Aufenthaltsort von Tschiang Kaischek

Tschiang Kaischek. Am 17.7. erklärte Tschiang Kaischek in Lushan, er sei zum Widerstandskrieg bereit. Aber den Versuch, mit Japan einen Separatfrieden zu schließen, hatte er noch nicht vollständig aufgegeben. Die japanischen Truppen weiteten ihre Angriffe aus. Im August vereinbarten die Guomindang und die KPCh, die Hauptkräfte der Roten Armee als 8. Feldarmee in die Nationalrevolutionäre Armee einzugliedern. Zhu De wurde Oberkommandierender der 8. Feldarmee (im September in 18. Armeecorps umbenannt). Die Armee war 45 000 Mann stark. Anschließend wurde aus den Partisaneneinheiten im Süden die Neue 4. Armee der Landstreitkräfte der Nationalrevolutionären Armee gebildet, mit Ye Ting als Oberkommandierenden. Diese Armee war 10 300 Mann stark. Diese Truppen wurden schnell an die Front des Widerstandskrieges geführt. Im September 1937 wurde der revolutionäre Stützpunkt Shaanganning[40] in »Grenzgebiet Shaanganning« umbenannt. Es hatte eine Bevölkerung von 1,5 Millionen, es war der Sitz des ZK der KPCh.

Am 22.9. veröffentlichte die Nachrichtenagentur der Guomindang das »Manifest des ZK der KPCh über die Bekanntgabe der Zusammenarbeit zwischen der Guomindang und der KP Chinas«. Am 23.9. hat Tschiang Kaischek in einer Erklärung faktisch den legalen Status der KPCh anerkannt. Damit wurde offiziell die Bildung der nationalen Einheitsfront im Widerstandskrieg gegen Japan auf der Grundlage der Zusammenarbeit zwischen der Guomindang und der KP Chinas bekundet.

Ende August 1937 fand eine erweiterte Tagung des Politbüros des ZK der KPCh statt. Auf ihr wurde ein 10-Punkte-

---

40 Grenzgebiet zwischen den Provinzen Shaanxi, Gansu und Ningxia

Programm des Widerstandes gegen Japan und der Rettung des Landes angenommen. Es enthält: um den japanischen Imperialismus zu schlagen, ist eine Generalmobilmachung der Streitkräfte und des ganzen Volkes erforderlich, die politischen Strukturen sind zu reformieren, die Ein-Parteien-Diktatur der Guomindang ist abzuschaffen, dem Volk müssen volle demokratische Rechte des Widerstandes gegen Japan gegeben werden, das Leben der Massen der Arbeiter und Bauern muss angemessen verbessert werden, es muss eine antijapanische Außen-, Finanzwirtschafts-, Bildungspolitik und eine Politik des Zusammenschlusses der Nationalitäten durchgeführt werden.

Aber die Guomindang lehnte diese allumfassende Linie des Widerstandes gegen Japan ab. Sie beharrte auf der einseitigen Linie des Widerstandes durch die (Guomindang-) Regierung und ihre Armee.

2. Die Entfaltung des Schlachtfeldes im Rücken des Feindes und das Prinzip der Unabhängigkeit und Selbstbestimmung in der Einheitsfront

Die KP Chinas orientierte darauf, im Rücken des Feindes die Massen zu mobilisieren, unabhängig und selbständig den Partisanenkrieg zu entfalten und antijapanische Stutzpunkte zu schaffen. Die 8. Feldarmee wurde hauptsächlich in militärischen Aktionen gemeinsam mit den Truppen der Guomindang eingesetzt. Nur geringe Kräfte wurden mit der Mobilisierung der Massen für den bewaffneten Kampf beauftragt.

Am 25.9.1937 führte eine Division der 8. Feldarmee einen Angriff gegen die japanischen Truppen, vernichtete über 1 000 Mann und zerstörte über 100 Fahrzeuge. Das war der erste große Sieg chinesischer Truppen im antijapanischen Krieg. Darauf folgten siegreiche militärische Handlungen der Guomindang-Truppen und der Partisaneneinheiten hinter der Front. Der vom japanischen Militär lauthals verkündete Plan, China in drei Monaten zu vernichten, war gescheitert. Trotzdem fielen zahlreiche Städte und wichtige Gebiete in die Hand der Aggressoren. Die japanischen Truppen massakrierten die Bevölkerung in unvorstellbarer Weise. Im Dezember 1937 besetzten die japanischen Truppen die chinesische Hauptstadt Nanjing. Sie ermordeten dort innerhalb von 6 Wochen über 300 000 Bewohner und entwaffnete Soldaten.

Nach der Einnahme der Stadt Taiyuan[41] durch die japanischen Truppen am 8.11.1937 orientierte die KPCh auf den strategischen Kampf hinter der Front, die Bewaffnung der Massen, den Einsatz von Militäreinheiten zur Mobilisierung der Massen, die unabhängige und selbständige Entfaltung des Partisanenkrieges, die Errichtung von Stützpunkten des Widerstandes gegen Japan. Im Januar 1938 wurde in der Grenzregion Shanxi-Chahar-Hebei (in der Stadt Fuping – in der Nähe von Xian) unter Führung der Partei das erste demokratische Machtorgan des Widerstandes gegen Japan gebildet. Es entstand ein Stützpunkt des antijapanischen Widerstandes in Zentralchina.

Bis Oktober 1938 führten die 8. Feldarmee und die neue 4. Armee 1 600 Gefechte gegen die japanischen und deren Marionettentruppen. 54 000 Gegner wurden getötet,

---

41 Provinz Shanxi

verwundet oder gefangen genommen. Es wurden weitere Stützpunkte geschaffen. Das Grenzgebiet Shaanganning mit Yanan als Zentrum wurde das zentrale strategische Hinterland des Schlachtfeldes im Rücken des Feindes. Viele patriotische Jugendliche und Freiwillige des antijapanischen Widerstandes gingen über Yanan, wo sie eine Ausbildung erhielten, an die Front des Widerstandes gegen Japan.

Mit der Entwicklung des Partisanenkrieges bildeten sich im Widerstandskrieg gegen Japan schrittweise zwei zusammenwirkende Fronten heraus: zum einen das hauptsächlich von der Guomindang getragene reguläre Schlachtfeld, zum anderen das Schlachtfeld im Rücken des Feindes, vor allem mit den Truppen der KPCh.

Weit verbreitet waren Unklarheiten, wie die Auffassung »das Land wird untergehen«, oder die Meinung vom »schnellen Sieg«. Zur Klärung dieser falschen Auffassungen

Abteilungen der 8. Feldarmee am Stadttor von Yanan

79

und der Tendenzen des Verlaufes des antijapanischen Widerstandskrieges hielt Mao Zedong im Mai/Juni 1938
Reden »Über den langandauernden Krieg«. Dort prognos-
tizierte er, dass erst nach den Etappen der strategischen
Verteidigung, des strategischen Gleichgewichts und des
strategischen Gegenangriffs der endgültige Sieg errungen
werden kann. »Über den langandauernden Krieg« enthält
die strategische Linie der Partei und den richtigen Weg
zur Erringung des Sieges im antijapanischen Widerstandskrieg. Es ist ein programmatisches Dokument der Partei
für die Führung des antijapanischen Widerstandskrieges.

Nachdem die Zusammenarbeit zwischen der Guomindang
und der KPCh vereinbart war, unternahm die Partei große
Anstrengungen zur Verstärkung der Arbeit in den von der
Guomindang beherrschten Gebieten, um die Guomindang
zu bewegen, einen allseitigen Widerstandskampf zu führen und die nationale Einheitsfront des antijapanischen
Widerstandes zu erweitern. Im Dezember 1937 wurde in
Wuhan, dem damaligen Zentrum des Widerstandskrieges
in den von der Guomindang beherrschten Gebieten, das
Changjiang (Yangzi)-Büro des ZK der KP Chinas gebildet.
Es hatte die Aufgabe der einheitlichen Leitung der Partei im Süden, der Entfaltung des antijapanischen Widerstandes, der schnellen Wiederherstellung und Entwicklung
der Parteiorganisationen im Gebiet des Changjiang und in
den Südprovinzen, der Gewinnung vieler neuer Parteimitglieder, der aktiven Leitung der Massenbewegung zum
Widerstand gegen Japan und zur Rettung des Vaterlandes
mit Wuhan als Zentrum. Gleichzeitig hatte die Delegation
der KP Chinas ihren Sitz in Wuhan. Sie war für die Verbindung und Verhandlungen mit der Guomindang zuständig.

Die 8. Feldarmee und die Neue 4. Armee richteten in Xian, Lanzhou, Wuhan, Chongqing, Guilin usw. Büros ein. Die Presseorgane der KPCh «Xinhua Ribao« und »Qunzhong« wurden in Wuhan herausgegeben. Zhou Enlai wurde stellvertretender Leiter der politischen Hauptverwaltung des Militärkomitees der Nationalregierung, Kommunisten beteiligten sich an der Nationalen Politischen Konferenz.

Aber innerhalb der Einheitsfront existierten unvermeidlich scharfe Widersprüche und Auseinandersetzungen. Die Partei bewahrte ihre ideologische, politische und organisatorische Selbständigkeit. Das Prinzip der Bewahrung der Unabhängigkeit und Selbständigkeit in der Einheitsfront ist ihrem Wesen nach der Führungsanspruch der Kommunistischen Partei im Antijapanischen Widerstandskrieg. Das ist das zentrale Kettenglied für den Sieg im Widerstandskrieg.

Im Dezember 1937 kam der Delegierte der KPCh bei der Kommunistischen Internationale, Wang Ming, aus der Sowjetunion nach Yanan zurück. In Übereinstimmung mit der Instruktion der Kommunistischen Internationale und der sowjetischen Führer, dass sich die chinesische Einheitsfront auf die Guomindang stützen muss, lehnte er das Prinzip der Unabhängigkeit und Selbständigkeit in der Einheitsfront ab und vertrat die Auffassung, »alles ist der Einheitsfront unterzuordnen«. Damit wäre die Aktivität der Kommunistischen Partei und der Volksarmee auf den von der Guomindang zugelassenen Rahmen begrenzt gewesen. Die rechtsopportunistischen Positionen von Wang Ming bildeten eine Gefahr für die Arbeit der Partei.

Das ZK der KPCh führte eine scharfe Auseinandersetzung mit den rechten Fehlern von Wang Ming. Im März

1938 entsandte das ZK der KPCh Ren Bishi[42] in die Sowjetunion, um der Kommunistischen Internationale die tatsächliche Situation des Widerstandskrieges in China, der Beziehungen zwischen der Guomindang und der KPCh sowie die Linie und Politik der Partei zu erläutern. Im August 1938 kehrte der Vertreter der KPCh bei der Kommunistischen Internationale nach China zurück und überbrachte die Instruktion der Kommunistischen Internationale: die politische Linie des ZK der KPCh wird als richtig beurteilt, das ZK soll unter Leitung von Mao Zedong die einheitliche Führung durchsetzen. Damit waren günstige Bedingungen für die Durchführung der 6. Tagung des VI. ZK gegeben.

Von September bis November 1938 tagte in Yanan die erweiterte 6. Tagung des VI. ZK. Auf der Tagung wurden die Erfahrungen und Lehren seit Beginn des Widerstandskrieges zusammengefasst, die Linie der Partei im antijapanischen Widerstandskrieg bestätigt. Die rechten Fehler von Wang Ming wurden korrigiert. Die führende Position Mao Zedongs in der gesamten Partei wurde weiter gefestigt. Die Tagung hielt an dem Prinzip der Verbindung des Marxismus-Leninismus mit der Praxis der chinesischen Revolution fest. Sie rief alle Parteimitglieder auf, den Marxismus und die Situation im Antijapanischen Widerstandskrieg zu studieren.

---

42 1904–1950; Studium in der UdSSR, ab 1927 Mitglied des ZK und seit 1931 Mitglied des Politbüros der KPCh

3. Festhalten am Widerstandskrieg, dem Zusammenschluss, dem Fortschritt; systematische Erarbeitung der Theorie der Neuen Demokratie

Nach dem Fall von Wuhan und Guangzhou im Oktober 1938 trat der Widerstandskrieg in China in eine Pattsituation. Die japanische Aggressionsarmee korrigierte ihre Aggressionsstrategie bei Beibehaltung der generellen Absicht der Vernichtung Chinas. Im Begegnungskrieg führte sie keine strategischen Angriffe mehr durch, sie setzte die Hauptkräfte gegen die 8. Feldarmee und die Neue 4. Armee ein. Gegenüber der Guomindang verfolgte sie vor allem die Linie, diese zur politischen Kapitulation zu veranlassen, die militärischen Schläge wurden sekundärer Natur. In den besetzten Gebieten wurde die Bildung von Marionettenmachtorganen betrieben. Verräterorganisationen wurden gegründet und entwickelt. Das beeinträchtigte den Widerstandskrieg.

Unter der japanischen politischen Verleitung zur Kapitulation, dem Zureden zur Kapitulation durch England, die USA und andere Staaten wurde das Kapitulantentum, Erscheinungen der Spaltung und des Zurückweichens innerhalb der Guomindang immer akuter. Im Dezember 1938 kapitulierte der pro-japanische Flügel in der Guomindang unter Führung von Wang Jingwei, Vizevorsitzender der Guomindang, offen und bildete eine Marionettenzentralregierung.

Der von Tschiang Kaischek repräsentierte pro-angloamerikanische Flügel der Guomindang ging zu einer Politik des passiven Widerstandes gegen Japan und aktivem Antikommunismus über. Auf der 5. Zentraltagung der 5. Tagungsperiode der Guomindang im Januar 1939 wurde eine Linie der »Zulassung der Kommunisten«, des »Schutzes vor den Kommunisten« und der »Eingrenzung der Kommunisten« beschlossen. Überall ereigneten sich Angriffe gegen und Morde an kommunistisch orientierten antijapanischen Kämpfern und andere antikommunistische Zwischenfälle. Die Geschlossenheit Chinas im Widerstandskrieg geriet in eine ernste Krise. Die Verflechtung des nationalen mit dem Klassenwiderspruch führte zu einer nie erlebten komplizierten Lage im Lande.

Ab dem Winter 1938 ging die 8. Feldarmee zu Offensivoperationen gegen die japanischen Truppen in den Ebenen über. Im August 1940 führte die 8. Feldarmee eine große, gegen die Verkehrswege des Feindes gerichtete Vernichtungsschlacht in Huabei[43]. Eingesetzt waren etwa 200 000 Soldaten. In den Kämpfen wurden 25 000 japanische und 18 000 Marionettensoldaten vernichtet, 470 km Eisenbahnstrecke, 1 500 km Straßen und große Mengen feindlichen Kriegsmaterials zerstört.

Gleichzeitig entwickelte die Neue 4. Armee den Partisanenkrieg in Zentralchina, verteidigte vorhandene und schuf neue Stützpunkte, die japanischen Aggressoren sahen sich mit einem zunehmenden Volkskrieg konfrontiert.

Ende 1940 waren die von der Partei geführten Truppen von 50 000 zu Beginn des Widerstandskrieges auf über 500 000 Mann angewachsen. Außerdem kamen zahlreiche Bewaffnete und Volksmilizen auf örtlicher Ebene dazu. Die antijapanischen Stützpunkte erreichte die Zahl von 17 mit fast 100 Millionen Bewohnern.

---

43 Nordchina

Die Arbeit der Partei in den von der Guomindang beherrschten Gebieten machte weitere Fortschritte. Im Januar 1939 wurde das Südbüro des ZK der KPCh in Chongqing[44] gebildet. Unter Leitung von Zhou Enlai und Dong Biwu[45] hat das Südbüro auf den Gebieten Einheitsfront, Parteiaufbau, Propaganda und Kultur, Arbeit mit den Massen usw. eine große und erfolgreiche Arbeit geleistet. Es hat der Beratung mit den Mittelschichten, den demokratischen Parteien, parteilosen Persönlichkeiten, dem demokratischen Flügel der Guomindang, örtlichen Repräsentanten und bedeutenden Intellektuellen zu wichtigen Fragen des Landes große Bedeutung beigemessen. Es hat sich bemüht, ihnen die Politik der KPCh nahe zu bringen und ihr Vertrauen zu gewinnen. Mit Unterstützung von Zhou Enlai und des Südbüros wurde im März 1941 in Chongqing die Demokratische Liga Chinas gegründet.

Im Nordwesten des Landes, einem von der Guomindang beherrschten Gebiet, wurden die geographischen Besonderheiten genutzt, um die Kontakte zu ausländischen Freunden und Auslandschinesen zu entwickeln sowie die Verbindungen zur Kommunistischen Internationale für die Unterstützung des Grenzgebietes Shaanganning und des gesamtnationalen Widerstandskrieges zu nutzen.

Im Winter 1939, Frühjahr 1940 führte die Guomindang eine antikommunistische Offensive durch. Sie wurde von der Partei entschieden abgewehrt.

---

44 Provinz Sichuan
45 1886–1975; Mitbegründer der KP Chinas, 1927-1931 Studium in der UdSSR; Teilnehmer am Langen Marsch, Direktor der Parteihochschule der KP, Teilnehmer an den Verhandlungen mit den Guomindang; nach Gründung der VR China zentrale staatliche Funktionen, amtierender Vorsitzender der VR China

Die Neue 4. Armee mit 9 000 Mann wurde von Guomindang-Truppen mit 80 000 Mann aufgerieben. Ihr Kommandeur, Ye Ting wurde festgenommen und später hingerichtet. Zhou Enlai hat in Chongqing scharfen Protest gegenüber den Guomindang-Behörden erhoben.

Die Militärkommission des ZK der KPCh hat die Neue 4. Armee wieder aufgebaut, Chen Yi wurde ihr Kommandeur, Liu Shaoqi ihr Politkommissar.

Die Partei hat die Erfahrungen des Kampfes mit dem konservativen Flügel der Guomindang zusammengefasst und die Taktik der Einheitsfront weiterentwickelt. Das beinhaltete im Wesentlichen: in der nationalen Einheitsfront des antijapanischen Widerstandes muss die Linie verfolgt werden, die progressiven Kräfte zu entwickeln, die Kräfte der Mitte zu gewinnen und die konservativen Kräfte zu isolieren; im Kampf gegen den konservativen Flügel der Guomindang ist eine Position der Selbstverteidigung zu beziehen und nach den Prinzipien zu handeln, wir greifen nicht an, wenn wir nicht angegriffen werden, wenn wir angegriffen werden, gehen wir zum Gegenangriff über.

Die Partei entfaltete den ideologischen Kampf gegen die Guomindang, die lauthals verbreitete, »der Kommunismus entspricht nicht den Gegebenheiten Chinas«. Dabei wurde betont, dass das kommunistische Minimalprogramm mit den drei Volksprinzipien (nationale Unabhängigkeit, Demokratie, Volkswohlstand) im Wesentlichen übereinstimmt, dass es aber auch Unterschiede gibt. Diese Auseinandersetzung förderte die Herausbildung des Systems der Theorie der Neuen Demokratie. 1939 und 1940 erschienen die Schriften Mao Zedongs »Die chinesische

Revolution und die Kommunistische Partei Chinas« und »Über die Neue Demokratie« in denen die Theorie der Neuen Demokratie dargelegt wurde.

Mao Zedong äußerte, der halbkoloniale, halbfeudale Charakter der Gesellschaft bestimmt, dass die chinesische Revolution in zwei Schritten erfolgen muss. Der erste Schritt ist die demokratische Revolution, der zweite Schritt ist die sozialistische Revolution. Die chinesische demokratische Revolution nach der 4.-Mai-Bewegung[46] ist bereits nicht mehr die von der Bourgeoisie geführte demokratische Revolution, sondern eine Neudemokratische Revolution. Sie ist eine vom Proletariat geführte Revolution der Volksmassen gegen Imperialismus und Feudalismus. Der grundlegende Unterschied zwischen der neuen und der alten demokratischen Revolution besteht in der Führung durch das Proletariat.

Das generelle Programm der Neudemokratischen Revolution beinhaltet: Zerbrechen der imperialistischen und feudalistischen Unterjochung, Errichtung einer demokratischen Republik der gemeinsamen Diktatur aller revolutionären Klassen unter Führung des Proletariats und auf der Grundlage des Bündnisses der Arbeiter und Bauern; Enteignung der Großbanken, Großindustrie, Großhändler, die die Finanzen des Staates und die Lebenshaltung der Bevölkerung beherrschen, Schaffung einer staatlichen Wirtschaft; Enteignung der Großgrundbesitzer und Übergabe des Bodens an die Bauern, Lenkung der Bauern zur Bildung von Genossenschaften; die Entwicklung der Wirtschaft der nationalen Bourgeoisie und die Existenz von Mittelbauern wird zugelassen; Überwindung der feudalen

---

46 1919

und Kompradorenkultur, Entwicklung einer nationalen und wissenschaftlichen Kultur der Massen.

Die Perspektive der Entwicklung der Neuen Demokratie ist zwangsläufig der Sozialismus. Die neudemokratische und die sozialistische Revolution sind zwei sich unterscheidende Etappen der Revolution, aber beide Etappen sind eng miteinander verknüpft, man darf nicht willkürlich eine Diktatur der Bourgeoisie aufpflanzen. Die Realisierung des Minimalprogramms der Partei in der Etappe der demokratischen Revolution ist gerichtet auf die künftige Realisierung des Maximalprogramms. Die Neudemokratische Revolution wird von der kommunistischen Ideologie geleitet.

Einheitsfront, bewaffneter Kampf, Aufbau der Partei, das sind die drei wichtigsten Elemente der Kommunistischen Partei Chinas für den Sieg über den Feind in der chinesischen Revolution.

Die Schaffung der Theorie der Neudemokratischen Revolution durch die chinesischen Kommunisten mit Mao Zedong als ihrem wichtigsten Repräsentanten ist das Produkt der Verbindung des Marxismus-Leninismus mit der Praxis der chinesischen Revolution. Sie spielte eine große Rolle für die siegreiche Entwicklung der chinesischen Revolution.

4. Verstärkter Aufbau der Stützpunkte, Entfaltung der Bewegung zur Verbesserung des Arbeitsstils

1941 und 1942 wüteten die faschistischen Kräfte der Welt. Es war auch die schwierigste Zeit des Kampfes hinter den Linien des Feindes in China.

Nach Ausbruch des II. Weltkrieges haben die deutschen Faschisten viele Länder Europas besetzt. Im Juni 1941 begannen sie einen groß angelegten Angriff auf die Sowjetunion. Im Dezember 1941 griff Japan den Marinestützpunkt Pearl Harbor und gleichzeitig Besitzungen Großbritanniens und der USA im Pazifik an. Das war der Beginn des Pazifikkrieges. Der internationale Faschismus wurde zum gemeinsamen Feind der Völker der Welt. Das ZK der KPCh vertrat die Position der Schaffung einer internationalen antifaschistischen Einheitsfront, verstärkte die Zusammenarbeit mit Großbritannien, den USA und anderen Ländern. Im Januar 1942 unterzeichneten China, die USA, Großbritannien, die UdSSR u. a., insgesamt 26 Staaten das »Manifest der Vereinten Nationen«. Damit wurde offiziell die antifaschistische Einheitsfront gebildet. Der chinesische Kriegsschauplatz wurde im antifaschistischen Weltkrieg zum Hauptkriegsschauplatz im Osten, er trug die Hauptlast des Kampfes gegen die Hauptkräfte der Landstreitkräfte Japans.

Die japanischen Faschisten versuchten, China zum Hinterland für ihren Pazifikkrieg zu machen. Sie raubten die besetzten Gebiete aus, betrieben eine versklavende Erziehung, gingen gegen jeden Widerstand vor, setzten chemische und biologische Waffen ein und schufen menschenleere Gebiete. Sie versuchten, die Existenzbedingungen antijapanischer Kräfte zu zerstören und die von der KPCh geführten antijapanischen bewaffneten Kräfte vollständig zu vernichten.

Die Verluste der revolutionären Kräfte waren groß, die Stützpunkte verkleinerten sich, sie hatten nicht mehr über 100 Millionen Einwohner, sondern nur noch weniger als 50 Millionen, die Volksarmee bestand nur noch aus 400 000 Mann, davor 500 000 Mann.

Die von der Partei geführten bewaffneten Kräfte setzten ihren Kampf mit den verschiedensten Mitteln fort. 1941 und 1942 vernichtete die Volksarmee über 330 000 Mann der feindlichen Kräfte in 42 000 Gefechten. Das war eine wichtige Unterstützung im antifaschistischen Weltkrieg.

Das Shaanganning-Grenzgebiet blieb der Sitz des ZK der KP Chinas, es war auch das Beispiel für die Schaffung von Stützpunkten.

Das Wesentliche des Aufbaus von Stützpunkten war die politische Demokratie. Die demokratische politische Ordnung des antijapanischen Widerstandes in den Stützpunkten ist die von der Partei geleitete demokratische Diktatur der vereinigten revolutionären Klassen gegen die Verräter Chinas, die Reaktionäre. Auf wirtschaftlichem Gebiet rief die Partei dazu auf, mit allen Kräften die Landwirtschaft zu entwickeln, Neuland zu erschließen, Be- und Entwässerungsanlagen zu bauen, die gegenseitige Hilfe zu organisieren. Die Senkung von Pacht und Zins diente der Lösung der Bauernfrage unter den Bedingungen des antijapanischen Widerstandskrieges.

In den Stützpunkten wurde der kulturellen und Bildungsarbeit große Aufmerksamkeit gewidmet, in der politischen Arbeit wurde auf ein gutes Verhältnis zwischen Armee und Bevölkerung, zwischen Armee und Verwaltung orientiert. Die in dieser Zeit in der Partei geführte Bewegung zur Verbesserung des Arbeitsstils war von großer Bedeutung für die Ausprägung einer klaren ideologischen Linie in der Partei und des Parteiaufbaus.

Im Mai 1941 hielt Mao Zedong den Vortrag »Unser Studium verbessern«. Die leitenden Kader begannen mit dem Studium der Geschichte der Partei und die Verallgemeinerung der historischen Erfahrungen. Im Mai 1942 führte das ZK der KPCh in Yanan die Beratung über Fragen von Literatur und Kunst durch. Es wurde die Linie betont, dass die Literatur und Kunst der Revolution, dem Volke dienen muss, vor allem den Arbeitern, Bauern und Soldaten.

Die Hauptaufgabe der Bewegung zur Verbesserung des Arbeitsstils bestand in der Überwindung des Subjektivismus. Die ideologische Wurzel der »linken« und rechten Fehler, die in der Partei auftraten, liegt im Subjektivismus. Subjektivismus äußert sich vor allem in Dogmatismus und Empirismus. Es wurden die Prinzipien, die Wahrheit in den Tatsachen suchen, von der tatsächlichen Lage ausgehen, Verbindung von Theorie und Praxis, betont. Kampf gegen Sektierertum und Schematismus waren Ausdruck des Kampfes gegen Subjektivismus auf organisatorischem Gebiet und im Arbeitsstil. Die Kritik der Fehler von Wang Ming war wichtiger Inhalt der Bewegung zur Verbesserung des Arbeitsstils.

Auf der Grundlage der Bewegung zur Verbesserung des Arbeitsstils fand vom Mai 1944 bis April 1945 die 7. Tagung des VI. ZK statt. Nach gründlicher Diskussion und mehrfacher Überarbeitung wurde am 20.4.1945 der »Beschluss über einige historische Fragen« angenommen. Er beinhaltete ein richtiges Urteil in wichtigen historischen Fragen und führte dazu, dass die gesamte Partei in Grundfragen der demokratischen Revolution in China auf marxistischer Grundlage eine einheitliche Position hatte. Die Bewegung zur Verbesserung des Arbeitsstils wurde erfolgreich abgeschlossen. Sie war eine Bewegung tiefgründiger marxistischer Erziehung, der Befreiung des Denkens. Sie hielt an der Linie der Verbindung des Marxismus mit der Praxis in China fest, sie hat die Dogmatisierung des Marxismus und die Kanonisierung der Erfahrungen der Sowjetunion und der Instruktionen der Kommunistischen Internationale überwunden. Sie hat den Aufbau der Partei verstärkt, ihre Kampfkraft erhöht. Die Bewegung zur Verbesserung des Arbeitsstils hat die Basis für die erfolgreiche Durchführung des VII. Parteitages geschaffen.

5. Der VII. Parteitag erklärte die Mao-Zedong-Ideen zur Leitideologie der ganzen Partei. Der antijapanische Widerstandskrieg wurde zum endgültigen Sieg geführt

Nach 1943 wurden im antifaschistischen Weltkrieg einige wichtige Siege errungen. Die von der Partei geführten antijapanischen Volkskräfte hatten die ernsten Schwierigkeiten überwunden. Anfang 1944 entfalteten die Truppen und die Bevölkerung aller Stützpunkte partielle Gegenangriffe gegen die japanischen und die Marionettentruppen und haben die ehemals vorhandenen Stützpunkte wiederhergestellt und vergrößert.

Im Laufe eines Jahres wurden in ca. 20 000 Gefechten 200 000 Feinde vernichtet, über 20 Kreisstädte eingenommen, 17 Millionen Einwohner befreit.

Die Guomindang verfolgte nach wie vor ihre Haltung der Vermeidung von Kämpfen mit japanischen Truppen und ihre Politik des Kampfes gegen die Kommunisten. 1944 verlor die Guomindang allein 146 Städte und 200 000 km² Territorium an die japanische Armee. In den von der Guomindang beherrschten Gebieten verstärkten sich die Unzufriedenheit sowie eine demokratische Bewegung.

Im September 1944 hat der Vertreter der KPCh, Lin Boqu auf der 3. Tagung des Politischen Volksrates in Chongqing (dort befand sich zu dieser Zeit die Regierung der Guomindang) offiziell die Position vertreten, die Ein-Parteien-Diktatur aufzuheben und eine demokratische Koalitionsregierung zu bilden. In Yanan hat Zhou Enlai die konkreten Schritte dahin formuliert. Diese Position hat im In- und Ausland große Resonanz gefunden. Die KPCh begann mit der Guomindang und dem persönlichen Vertreter des USA-Präsidenten, Hurley, später Botschafter der USA in China, Verhandlungen.

Am Vorabend der Vernichtung des faschistischen Deutschland und des herannahenden Sieges im chinesischen Widerstandskrieg fand vom 23. 4. bis 11. 6. 1945 in Yanan der VII. Parteitag der KP Chinas statt. Es nahmen 544 ordentliche und 208 Nachfolgedelegierte teil, die 1,21 Millionen Parteimitglieder vertraten. Mao Zedong hielt den politischen Bericht »Über die Koalitionsregierung«, Liu Shaoqi gab den Bericht »Über die Veränderung des Statutes der Partei«, Zhu De erstattete den militärischen Bericht »Über das Kampfgebiet der befreiten Gebiete«, Zhou Enlai hielt eine Rede »Über die Einheitsfront«.

Der VII. Parteitag bestimmte die Linie in der neuen Situation: »kühn die Massen mobilisieren, die Kräfte des Volkes stärken, die japanischen Aggressoren besiegen, die Bevölkerung des ganzen Landes befreien, ein neudemokratisches China errichten«. Um ein neues China zu errichten, ist die Bildung einer Koalitionsregierung eine dringende Aufgabe.

Im vom VII. Parteitag beschlossenen Statut heißt es: Die Mao-Zedong-Ideen sind die einheitliche Ideologie der Theorie des Marxismus-Leninismus und der Praxis der chinesischen Revolution, sie sind der chinesische Marxismus. Die Mao-Zedong-Ideen sind der Kompass für alle Aktivitäten der KP Chinas. Die chinesische Revolution benötigt die Führung durch den Marxismus-Leninismus, aber die Durchführung der Revolution in dem halbkolonialen, halbfeudalen großen Land stößt notwendigerweise auf viele besondere und komplizierte Fragen, es geht nicht an, sich auf auswendig gelernte allgemeine Prinzipien des Marxismus-Leninismus und ausländische Erfahrungen zu

Tagungsstätte des VII. Parteitags (Yanan)

verlassen, man muss entsprechend der konkreten Lage der chinesischen Revolution den Marxismus-Leninismus schöpferisch anwenden, den Marxismus-Leninismus voran bringen.

Die Mao-Zedong-Ideen sind die Verallgemeinerung der Erfahrungen der chinesischen Revolution. Sie sind die Kristallisation der kollektiven Weisheit der KP Chinas. Viele hervorragende Führer der Partei haben einen wichtigen Beitrag zu ihrer Herausbildung und Entwicklung geleistet. Die wissenschaftlichen Werke Mao Zedongs sind seine komprimierte Darstellung.

Auf der 1. Tagung des VII. ZK wurde das Politbüro, bestehend aus 13 Personen gewählt. Mitglieder des Sekretariats wurden Mao Zedong, Zhu De, Liu Shaoqi, Zhou Enlai, Ren Bishi. Mao Zedong wurde zum Vorsitzenden des ZK, des Politbüros und des Sekretariats gewählt.

Im 1. Halbjahr 1945 trat der antifaschistische Weltkrieg in die Etappe des endgültigen Sieges ein. Am 2. Mai 1945 besetzte die sowjetische Rote Armee Berlin, am 8. Mai kapitulierte das faschistische Deutschland. Auf dem chinesischen Kriegsschauplatz begannen die von der KPCh geführten Truppen die Sommeroffensive, sie zogen den Ring um die von den japanischen Truppen besetzten Orte und Linien immer enger und schufen Verbindungen zwischen vielen Stützpunkten. Schrittweise wurde der Übergang vom Partisanenkrieg zum Bewegungskrieg vollzogen. Die Parteiorganisationen in den vom Feind besetzten Gebieten untergruben die Aktivitäten der japanischen und der Marionettentruppen, organisierten illegale Kampfverbände, bereiteten bewaffnete Aufstände vor. Die inneren und die äußeren Kräfte koordinierten ihre Aktionen.

Am 26.7.1945 veröffentlichten China, die USA und Großbritannien die Potsdamer Deklaration, die Kapitulation Japans wurde beschleunigt. Am 6. und 9. August warfen die USA über Hiroschima und Nagasaki Atombomben ab. Am 8.8. erklärte die Sowjetunion Japan den Krieg. Am 9.8. marschierte die sowjetische Armee in Nordost-China ein und begann einen Großangriff gegen die japanische Kuantung-Armee. Unter diesen günstigen internationalen Bedingungen trat der antijapanische Widerstandskrieg Chinas in die Etappe des umfassenden Gegenangriffs ein.

Die Truppen der Guomindang waren hauptsächlich im Südwesten und Nordwesten konzentriert. Die japanischen Truppen hatten zahlreiche Städte und Ortschaften in Nordchina, Zentralchina und Südchina besetzt. Die Hauptverkehrsadern waren von den von der KPCh geführten bewaffneten Einheiten hinter den feindlichen Linien umzingelt. So fielen die Hauptaufgaben des Gegenangriffs gegen Japan den bewaffneten Kräften des Volkes in den Stützpunkten im Rücken des Feindes zu. Am 9.8.1945 rief Mao Zedong zur »Letzten Schlacht gegen die japanischen Eindringlinge« auf. Entsprechend den Befehlen und Instruktionen des zentralen Kommandos in Yanan führten die bewaffneten Kräfte aller Stützpunkte mächtige, umfassende Gegenangriffe gegen die japanischen und die Marionettentruppen. In kurzer Zeit wurden über 150 Städte befreit.

Am 15.8.1945 erklärte der japanische Kaiser die bedingungslose Kapitulation. Am 2.9. hat der japanische Vertreter die Urkunde über die Kapitulation gegenüber den Alliierten unterzeichnet. 1 218 000 Angehörige der japanischen Armee haben sich den chinesischen Truppen ergeben. Der antijapanische Widerstandskrieg Chinas war siegreich beendet. Der antifaschistische Weltkrieg war ebenfalls siegreich beendet. Die chinesische Nation hat für den Sieg im antijapanischen Widerstandskrieg große Opfer gebracht. Die Zahl der Opfer der chinesischen bewaffneten Kräfte und der Bevölkerung beträgt 35 Millionen. Die direkten wirtschaftlichen Schäden betrugen 100 Milliarden US$, die indirekten Schäden 500 Milliarden US$. Der Widerstandskrieg gegen Japan war ein gerechter Krieg gegen die Aggression. Er erhielt die Unterstützung der Völker der Welt und der Alliierten des antifaschistischen Weltkrieges. Diese Hilfe war eine wichtige Bedingung dafür, dass China den Widerstandskrieg durchhalten und den Sieg erringen konnte.

Die von der Partei geführten Kräfte des Volkes führten 125 000 Gefechte gegen den Feind, vernichteten 1 714 000 Angehörige der japanischen und der Marionettentruppen. Die Partei entwickelte sich im Widerstandskrieg zu einer großen Partei mit über 1,2 Millionen Mitgliedern, die Volksarmee hatte eine Stärke von 1 200 000 Soldaten, die Volksmilizen 2 600 000 Kämpfer. Die demokratischen Stützpunkte des Widerstandes gegen Japan umfassten eine Million km², ihre Einwohnerzahl betrug 100 Millionen.

Die chinesische Nation hat einen bedeutenden Beitrag für den antifaschistischen Krieg geleistet.

IV. Der Sieg der demokratischen Revolution im ganzen Land

1. Die Verhandlungen von Chongqing und die Bemühungen um Frieden und Demokratie

Nach dem Sieg im antijapanischen Widerstandskrieg stand die chinesische Nation vor der Auseinandersetzung, was für ein Land aufgebaut werden soll.

Die KP Chinas, der Vertreter der grundlegenden Interessen des Volkes, strebte danach, auf friedlichem Weg ein unabhängiges, demokratisches, starkes und wohlhabendes neudemokratisches China zu errichten. Die herrschende Clique der Guomindang, die die Interessen der Großgrundbesitzer und der Großbourgeoisie vertrat, versuchte, sich die Früchte des Sieges im Widerstandskrieg anzueignen, auf dem Weg des Bürgerkrieges die Rechte, die das Volk bereits erhalten hat, zu rauben und die chinesische Gesellschaft in die reaktionäre Herrschaft der Ein-Parteien-Diktatur vor dem Widerstandskrieg zurückzustoßen.

Tschiang Kaischek hat die Linie, einen Bürgerkrieg zu führen, frühzeitig festgelegt. Aber in der damaligen inneren und äußeren Situation hatte er bestimmte Bedenken. Das Volk sehnte sich nach Frieden, die USA, die UdSSR und England waren gegen einen chinesischen Bürgerkrieg. Deshalb hat Tschiang Kaischek gleichzeitig mit aktiven Vorbereitungen für den Bürgerkrieg sich zu Friedensverhandlungen mit der Kommunistischen Partei bereit erklärt. Mitte und Ende August hat er drei Mal Mao Zedong nach Chongqing eingeladen, um gemeinsam über »wichtige internationale und innere Fragen« zu beraten.

Das ZK der KPCh hat drei politische Losungen formuliert: Frieden, Demokratie, Zusammenschluss und die Einladung an Mao Zedong angenommen. Am 28. 8. 1945 begab sich Mao Zedong gemeinsam mit Zhou Enlai und Wang Ruofei[47] nach Chongqing zu Verhandlungen mit den Guomindang-Behörden. Nach 34 Tagen komplizierter Verhandlungen unterzeichneten beide Seiten am 10. 10. das Verhandlungsprotokoll. Die Guomindang erklärte die Anerkennung »der Grundrichtung, das Land friedlich aufzubauen«, die Bereitschaft, »langfristig zusammenzuarbeiten, entschlossen einen Bürgerkrieg zu vermeiden, ein unabhängiges, freies, wohlhabendes und starkes neues China zu errichten« und eine Politische Konsultativkonferenz einzuberufen. Aber beide Seiten kamen zu keiner Übereinkunft hinsichtlich der beiden Grundfragen, der Volksarmee und der Macht in den befreiten Gebieten. Die Vereinbarung vom 10. 10. war gerade unterzeichnet, als Tschiang Kaischek mit 1 100 000 Soldaten in Richtung des befreiten Gebietes Nordchina vorrückte in dem Versuch, den Weg nach Nordost-China aufzubrechen, um den gesamten Nordosten zu besetzen. Die Kräfte der KP verhinderten das Vordringen der Guomindang-Einheiten nach Nord- und Nordost-China.

Am 19. 11. 1945 hat Guo Moruo[48] in Chongqing eine Großkundgebung gegen den Bürgerkrieg organisiert und

---

47 1896–1946; Studium in der UdSSR, ab 1927 leitende Parteifunktionen, Mitglied der Delegation der KPCh beim Exekutivkomitee der Kommunistischen Internationale; kam bei dem Flugzeugunglück auf dem Rückflug von den Verhandlungen in Chongqing ums Leben

48 1892–1978; weltbekannter chinesischer Universalgelehrter (Übersetzte Goethes »Faust«) und patriotischer Politiker; übernahm nach Gründung der VR China führende Regierungsfunktionen, Präsident der Akademie der Wissenschaften der VR China

eine Vereinigung aller Schichten gegen den Bürgerkrieg gegründet. Studenten in Kunming demonstrierten gegen den Bürgerkrieg, es fanden Streiks statt. Die Demokratische Liga Chinas und die nach dem Widerstandskrieg gegründeten Organisationen: Gesellschaft für den Demokratischen Nationalen Aufbau Chinas, Gesellschaft zur Förderung der Demokratie Chinas, Jiusan-Gesellschaft und weitere demokratische Parteien, viele demokratische Persönlichkeiten beteiligten sich aktiv am Kampf gegen einen Bürgerkrieg. Die Guomindang-Behörden gerieten politisch in die Defensive. Durch die Anstrengungen der KPCh und in Anwesenheit des Sonderbeauftragten des USA-Präsidenten, Marshall, musste Tschiang Kaischek dem Vorschlag der KPCh zustimmen und ein Waffenstillstandsabkommen unterzeichnen. Am 10.1.1946 unterzeichneten die Vertreter der KPCh und der Guomindang-Regierung offiziell ein Abkommen über die Beendigung des inneren Konfliktes.

Vom 10. bis 31. Januar 1946 tagte die Politische Konsultativkonferenz in Chongqing. Nach harten Auseinandersetzungen bestätigte die Konferenz Vorlagen über die Organisation der Regierung, die Nationalversammlung, ein Programm des friedlichen Aufbaus, eine Vorlage zu militärischen Fragen und einen Verfassungsentwurf.

Konservative Kräfte der Guomindang bezeichneten die Übereinkommen der Konsultativkonferenz als Niederlage, auch Tschiang Kaischek äußerte sich unzufrieden über die Ergebnisse der Konferenz. Es war nur noch eine Frage der Zeit, dass die Guomindang die Vereinbarungen der Konferenz zerriss.

2. Mit einem Selbstverteidigungskrieg wurde der militärische Angriff der Guomindang zerschlagen; der Kampf um die Eröffnung einer zweiten Frontlinie

Mit großer Unterstützung der USA intensivierte die Guomindang ihre Vorbereitungen auf den Bürgerkrieg. Die USA transportierten mit Flugzeugen und Schiffen 540 000 Guomindang-Soldaten an die Front des Bürgerkrieges und schickten Marineinfanterie zur Unterstützung der Übernahme von Shanghai, Beijing, Tianjin und anderer Städte durch die Guomindang-Truppen. Nach anfänglicher Herstellung der Kontrolle über die großen Städte südlich der Großen Mauer konzentrierte die Guomindang ihren Angriff auf den Nordosten. Bis Mai 1946 hatte die Guomindang das Gebiet südlich des Songhua Jiang[49] im Wesentlichen unter Kontrolle. Die unter Führung der KPCh neu aufgestellte Vereinte Demokratische Armee des Nordostens ging zur Selbstverteidigung über und vereitelte den Plan der Guomindang zur alleinigen Besetzung des Nordostens. Die Guomindang war gezwungen, eine Vereinbarung über die zeitweilige Einstellung der Kampfhandlungen zu unterzeichnen.

Anfang Mai 1946 erklärte die Guomindang-Regierung die Rückverlegung der Hauptstadt nach Nanjing, das Zentrum der Verhandlungen zwischen der Guomindang und der KP Chinas verlagerte sich von Chongqing nach Nanjing. Aber die Aussichten für Fortschritte der Verhandlungen wurden immer geringer.

---

49 Fluss in der Provinz Jilin (Nordostchina)

Am 4. Mai gab das ZK der KPCh die Weisung über die Veränderung der Bodenpolitik in den befreiten Gebieten heraus. Die Orientierung »Senkung von Pacht und Zins«, die während des Widerstandskrieges galt, wurde ersetzt durch »der Boden denen, die ihn bestellen«. Mitte Juni 1946 richtete das ZK der KPCh einen Brief an die Guomindang mit dem Vorschlag, einen langfristigen Waffenstillstand im Nordosten zu verkünden. Aber diese lehnte ab.

Am 26. Juni 1946 griff die Guomindang-Armee mit 220 000 Mann das befreite Gebiet der Zentralebene an, der Bürgerkrieg war ausgebrochen. Unmittelbar danach griffen Guomindang-Truppen zahlreiche weitere befreite Gebiete an. Zu dieser Zeit verfügte die Guomindang über 4,3 Millionen Soldaten, besaß große Mengen moderner Waffen, die die USA zur Verfügung gestellt hatten. Damit hatte sie die Übermacht.

Die Partei mobilisierte die Massen zum Kampf gegen Tschiang Kaischek. Mao Zedong prägte damals das Wort: »Alle Reaktionäre sind Papiertiger«. In den ersten 8 Monaten des Bürgerkrieges vernichtete die Volksarmee über 710 000 Gegner. Der Plan der Guomindang, einen »Blitzkrieg mit einem Blitzsieg« zu führen, war gescheitert.

Im Oktober 1946 zerriss die Guomindang die Vereinbarung über die Einberufung einer Konsultativkonferenz nach der Bildung einer Koalitionsregierung aller Parteien und berief für November eine »Nationalversammlung« nach Nanjing ein. Die KPCh lehnte eine Teilnahme ab. Zhou Enlai beendete die Verhandlungen zwischen der Guomindang und der KPCh und kehrte nach Yanan zurück. Im Januar 1947 erklärten die USA ihren Rückzug als

Beobachter der Verhandlungen zwischen der Guomindang und der KPCh.

Im März erzwang die Guomindang den vollständigen Abzug der Vertreter der KPCh aus Nanjing, Shanghai und Chongqing. Die Beziehungen zwischen der Guomindang und der KPCh waren abgebrochen. Am 19.3.1947 verließ das ZK der KPCh Yanan. Mao Zedong, Zhou Enlai, Ren Bishi und andere Führer, das ZK und das Oberkommando der Volksbefreiungsarmee verlegten ihren Sitz in den Norden von Shaanxi. Das Zentrale Arbeitskomitee unter Leitung von Liu Shaoqi und Zhu De wurde in Nordchina stationiert, das Zentrale Komitee für die Arbeit hinter den Linien stand unter Leitung von Ye Jianying.

In dieser Zeit begannen die Befreiungstruppen mit partiellen Gegenangriffen. Sie eroberten 153 Städte zurück bzw. befreiten sie.

Die USA versuchten, China in ihre Einflusssphäre zu verwandeln und gaben der Guomindang umfangreiche Unterstützung, einschließlich der Entsendung von Militärberatern und dem Einsatz von Marineinfanterie. Die Vergewaltigung einer Studentin durch einen US-Soldaten in Beiping (Beijing) am 24.12.1946 löste eine gewaltige Protestbewegung gegen die Gewalttaten von US-Soldaten in China aus. Das ZK der KPCh organisierte den Kampf mit der Losung »US-Armee raus aus China«. Über 500 000 Studenten nahmen an der Protestbewegung im ganzen Land teil. Sie entwickelte sich zu einer Volksbewegung, die neben dem bewaffneten Kampf zu einer zweiten Front im Kampf gegen die diktatorische Herrschaft der Guomindang wurde. Dieser Kampf unter Führung der Partei richtete sich gegen Vaterlandsverrat, Bürgerkrieg und Diktatur.

Der Bürgerkrieg führte zu einer drastischen Verschlechterung der Lage in den von der Guomindang beherrschten Gebieten. Die Kompradorenbourgeoisie kontrollierte die Hauptschlagadern der Wirtschaft, kleine Händler und Gewerbetreibende gingen bankrott, die Landwirtschaft verfiel, Viele hungerten und verhungerten. Im Mai 1947 kam es im ganzen Land zu einer Bewegung gegen Hunger und Bürgerkrieg.

1947 streikten in über 20 Städten 3,2 Millionen Arbeiter, die Bauern wehrten sich gegen Zwangsrekrutierung, gegen Beschlagnahme von Getreide und Erpressen von Steuern. Am 28.2.1947 gab es auf Taiwan einen bewaffneten Aufstand gegen die Gewaltpolitik der Guomindang.

3. Übergang der Volksbefreiungsarmee zum strategischen Angriff und die Bodenreform

Nach mehr als einem Jahr Krieg haben die Truppen des Volkes dem allseitigen und schwerpunktmäßigen Angriff der Guomindang-Armee eine Niederlage bereitet. Bis Juni 1947 wurden 1 120 000 Feinde vernichtet, die Truppenstärke der Guomindang hatte sich auf 3 730 000 verringert. Die Volksarmee hatte sich auf 1 950 000 Mann vergrößert, ihre Bewaffnung hatte sich stark verbessert. Das ZK der KPCh traf in dieser Situation die strategische Entscheidung, zum Angriff im ganzen Land überzugehen, ohne darauf zu warten, dass der strategische Angriff des Feindes vollständig zurückgeschlagen ist und die Befreiungsarmee das zahlenmäßige Übergewicht erreicht hat. Die militärischen Handlungen wurden gegen die von der Guomindang beherrschten Gebiete gerichtet. Das Oberkommando wählte das Gebiet des Dabieshan[50] in der Zentralregion als Hauptstoßrichtung des strategischen Angriffs. Drei Armeen wurden dafür eingesetzt. Am 30.6.1947 überquerte die Armee unter Führung von Liu Bocheng[51] und Deng Xiaoping den Gelben Fluss. Im Dezember hatten die drei Armeen die Belagerung des Dabieshan durch die Truppen der Guomindang zerschlagen. Das Gebiet der Zentralregion wurde der Vorpostenstützpunkt der Volksbefreiungsarmee für die Befreiung des ganzen Landes. Auch in anderen Landesteilen gingen die Truppen der Befreiungsarmee zum Angriff über. Im Nordosten vernichtete die Vereinte Demokratische Armee unter Führung von Lin Biao[52] 200 000 Mann der Guomindang-Truppen. Damit wurde die Voraussetzung geschaffen, die gesamte Guomindang-Armee im Nordosten zu vernichten.

Die Guomindang kam nicht umhin, vom strategischen Angriff zur »umfassenden Verteidigung« überzugehen. Mao Zedong erklärte dazu: »Das ist der Wendepunkt in der 20jährigen konterrevolutionären Herrschaft Tschiang Kaischeks von seiner Entwicklung zu seiner Vernichtung. Das ist der Wendepunkt von der über 100jährigen Herrschaft des Imperialismus in China von seiner Entwicklung zu seiner Vernichtung.« Am 10.10.1947 gab das Oberkommando der Volksbefreiungsarmee die Losung heraus, »Tschiang Kaischek niederschlagen, ganz China befreien«. Auf der Dezember-Tagung des Zentralkomitees gab Mao Zedong den Bericht: »Die gegenwärtige Lage und unsere Aufgaben«. Im April 1948 präzisierte Mao Zedong die

---

50 Grenzgebiet zwischen den Provinzen Henan und Anhui
51 1892–1986; Mitbegründer der Befreiungsarmee, Marschall der VR China
52 1906–1971; Teilnehmer des Aufstandes von Nanchang, militärischer Kommandeur der Befreiungsstreitkräfte; Putschversuch am Ende der »Kulturrevolution«, Absturz mit dem Flugzeug 1971

Generallinie der Neudemokratischen Revolution als »vom Proletariat geführte Revolution der Volksmassen gegen Imperialismus, Feudalismus und bürokratisches Kapital«.

In den befreiten Gebieten wurde die Bodenreform vorangebracht. Von Juli bis September 1947 führte das Zentrale Arbeitskomitee der Partei unter Leitung von Liu Shaoqi in der Provinz Hebei eine gesamtnationale Bodenkonferenz durch. Dort wurden die »Hauptthesen des Bodengesetzes« festgelegt. Sie beinhalten die Abschaffung des feudalistischen und halbfeudalistischen ausbeuterischen Bodensystems. Die Leitungsorgane der befreiten Gebiete entsandten eine große Zahl von Bodenreform-Arbeitsgruppen auf die Dörfer, sie organisierten Verbände armer Bauern, Bauernverbände, Anklagen gegen Grundbesitzer, Bestrafung von Despoten, gerechte Verteilung des Bodens der Großgrundbesitzer. Die Bodenreform entwickelte sich schnell.

Im Verlauf der Bodenreform gab es in einigen Gebieten »linke« Erscheinungen der Verletzung der Interessen der Mittelbauern und der patriotischen Gewerbetreibenden und Händler, willkürlichen Vorgehens gegen Grundbesitzer und Tötung von Grundbesitzern. Das ZK ist dagegen eingeschritten, als es Kenntnis davon erhielt. Die Politik der Bodenreform wurde wie folgt formuliert: Stützen auf die armen Bauern, Zusammenschluss mit den Mittelbauern, schrittweise und differenziert die feudale Ausbeuterordnung beseitigen, die landwirtschaftliche Produktion entwickeln.

Bis zum Herbst 1948 wurden in einem Gebiet mit 100 Millionen Einwohnern die feudalistischen Produktionsverhältnisse abgeschafft.

Im Oktober 1947 entwickelte sich in Hangzhou, Nanjing, Shanghai und anderen Städten eine große Studentenbewegung gegen gesetzwidrige Verhaftungen, gegen Agenten, gegen die Ermordung von Jugendlichen. 1948 entfaltete sich im ganzen Land eine patriotische Bewegung gegen die USA, die den japanischen Militarismus wieder auf die Beine brachten. Die demokratischen Parteien und parteilose Persönlichkeiten tendierten immer mehr zur Revolution des Volkes und beteiligten sich am Kampf gegen die Tschiang-Kaischek-Diktatur. Die Behörden der Guomindang gingen hart dagegen vor. Führende Persönlichkeiten der Demokratischen Liga wurden ermordet, viele Mitglieder verhaftet. Im Oktober 1947 wurde die Demokratische Liga von den Guomindang-Behörden verboten. Politische Auffassungen über einen »Mittelweg«, die auf einige demokratische Persönlichkeiten und Teile der Mittelschicht Einfluss hatten, erwiesen sich als Illusion.

Die Demokratische Liga führte im Januar 1948 in Hongkong eine Tagung durch, auf der die Leitung neu gebildet und erklärt wurde, mit der KPCh Hand in Hand zu gehen. Die demokratischen Kräfte der Guomindang schlossen sich im Januar 1948 in Hongkong zum Revolutionären Komitee der Chinesischen Guomindang zusammen, Song Qingling[53] wurde zur Ehrenvorsitzenden gewählt. Gleichzeitig haben die Gesellschaft für den Demokratischen Aufbau Chinas, die Gesellschaft für die Förderung der Demokratie Chinas, die Demokratische Partei der Bauern und Arbeiter Chinas, die Zhi Gong Dang Chinas, die Jiusan-Gesellschaft und die Demokratische Selbstbestimmungsliga Chinas ihre Teilnahme an der Neudemokratischen Revolution erklärt.

---

53 1893–1981; Ehefrau von Sun Yatsen, aktive patriotische Tätigkeit, u. a. auch Aufenthalt in Deutschland; zuletzt Ehrenvorsitzende der VR China

Am 30. April 1948 rief das ZK der KP Chinas auf, eine neue Politische Konsultativkonferenz ohne reaktionäre Kräfte zu gründen, die Bildung einer demokratischen Koalitionsregierung vorzubereiten.

Die Entwicklung der Volksdemokratischen Einheitsfront war die Basis der Mehrparteienzusammenarbeit und das System der politischen Konsultation unter Führung der Kommunistischen Partei.

4. Die große strategische Entscheidungsschlacht, der Untergang der reaktionären Herrschaft der Guomindang

Im Herbst 1948 hat sich das Kräfteverhältnis grundlegend geändert. Der Volksbefreiungskrieg ging in die Phase der strategischen Entscheidungsschlacht um den Sieg im ganzen Land.

Die Volksbefreiungsarmee war von 1,27 Millionen zu Beginn des Krieges auf 2,8 Millionen Soldaten angewachsen. Ihre Kampfkraft hatte sich deutlich erhöht. Die befreiten Gebiete hatten eine Ausdehnung von 2,35 Millionen Quadratkilometern mit einer Bevölkerung von 168 Millionen. Die Bodenreform in den alten befreiten Gebieten war im Wesentlichen abgeschlossen, das Hinterland der Befreiungsarmee war stabiler geworden.

Die Mannschaftsstärke der Guomindang-Armee hatte sich auf 3,65 Millionen verringert, für die vorderste Front standen nur 1,74 Millionen Mann zur Verfügung. Ihre Kampfkraft war stark zurückgegangen.

Das ZK der KPCh traf die Festlegung, drei große Schlachten durchzuführen: im Gebiet Liaoning, Shenyang, im Gebiet Huaihai und im Gebiet Beijing, Tianjin. Diese Schlachten wurden vom September 1948 bis Ende Januar 1949 geführt. Beijing wurde am 31.1.1949 friedlich befreit, nachdem der Kommandeur der 200 000 Guomindang-Soldaten, Fu Zuoyi, die Übergabe angenommen hatte.

Nach den drei großen Schlachten waren die Kräfte der Guomindang nördlich des Changjiang völlig zusammengebrochen. Tschiang Kaischek verlangte von den USA zusätzliche Hilfe oder eine Vermittlung durch die USA und die UdSSR. Am Neujahrstag 1949 veröffentlichte er eine »Bitte nach Frieden«. Am 21.1. verkündete er, dass er das Feld räumt und hinter den Vorhang tritt. Der amtierende Präsident der Guomindang, Li Zongren[54], erklärte mündlich, dass er auf der Grundlage der Bedingungen der KPCh zu Friedensverhandlungen bereit sei. In Wahrheit wollte er nur Zeit gewinnen und das Vorrücken der Volksbefreiungsarmee südlich des Changjiang verhindern.

Am 30.12.1948 hat Mao Zedong in seiner Neujahrsrede die Losung ausgegeben, die Revolution zu Ende zu führen. Er erklärte aber die Bereitschaft zu Verhandlungen mit folgenden Bedingungen: Bestrafung der Kriegsverbrecher, Abschaffung der Verfassung und des bestehenden Rechtssystems, die ohne Legitimation sind, Umwandlung aller reaktionären Truppen. Am 13.4.1949 begannen in Beijing Verhandlungen zwischen der KPCh und der Guomindang. Am 20.4. lehnte die Guomindang-Regierung

---

54 1891–1969; langjähriger militärischer und politischer Leiter der Guomindang; noch vor der vollständigen Befreiung des Festlandes ging er in die USA; 1955 äußerte er sich öffentlich gegen die Politik der »Unabhängigkeit Taiwans«; mit Unterstützung von Zhou Enlai kam er 1965 in die VR China

die Unterzeichnung des Friedensvertrages, dem die Delegation dieser Regierung zugestimmt hatte, ab. Die Verhandlungen waren abgebrochen.

Auf Befehl von Mao Zedong und Zhu De vom 21. 4. entfaltete die Volksbefreiungsarmee eine umfassende Offensive gegen die weiten, noch nicht befreiten Gebiete.

In der Nacht von 20. zum 21. 4. 1949 begann der Angriff zum Überschreiten des Changjiang. Am 23. 4. wurde die Hauptstadt der Guomindang-Regierung, Nanjing, besetzt. Die Guomindang-Herrschaft wurde hinweggefegt. Im Mai wurden Hangzhou, Nanchang, Wuhan, Xian und Shanghai befreit. Im August wurden Fuzhou und Lanzhou eingenommen und die Provinz Hunan friedlich befreit. Im September wurde mit der Einnahme von Xining und Yinchuan die Provinz Xinjiang friedlich befreit. Im September und Oktober wurden nach einer Schlacht gegen eine Massierung von Guomindang-Truppen der Weg nach Guangdong und Guangxi geöffnet. Der größte Teil des chinesischen Festlandes war damit befreit. 1,88 Millionen Angehörige der Guomindang-Truppen kapitulierten bzw. nahmen die friedliche Umwandlung an, das sind 22 % der 8,5 Millionen im Befreiungskrieg liquidierten gegnerischen Soldaten. Die Kundschafter lieferten zahlreiche für den siegreichen Kampf wichtige Informationen. Die Parteiorganisationen mobilisierten die Massen, bei Annäherung der Befreiungstruppen die Sicherheit der Fabriken, Verwaltungseinrichtungen, Schulen und das Leben des Volkes zu schützen.

Die gewaltige Kraft des Volksbefreiungskrieges fegte das reaktionäre Regime der Guomindang hinweg, die wichtigste historische Aufgabe der antiimperialistischen, antifeudalistischen demokratischen Revolution in China war im Wesentlichen erfüllt. Für diesen Sieg gaben 260 000 Kämpfer und Kommandeure der Volksbefreiungsarmee ihr Leben, 1,04 Millionen wurden verwundet. Für die zahllosen Helden des Kampfes steht der Name Liu Hulan[55].

5. Die 2. Tagung des VII. ZK und die Einberufung der Konsultativkonferenz des Chinesischen Volkes

Am Vorabend des gesamtnationalen Sieges der Neudemokratischen Revolution in China fand eine erweiterte Tagung des Politbüros des ZK der KP Chinas statt. Im März 1949 wurde in Xibopo, Provinz Hebei, die 2. Tagung des VII. ZK durchgeführt. Die Tagung legte die Linie für die Verwirklichung des gesamtnationalen Sieges der Revolution fest und erarbeitete die Konzeption für den neudemokratischen Aufbau. Sie formulierte die grundlegende politische, wirtschaftliche und außenpolitische Linie nach dem Sieg im ganzen Lande, die Umwandlung Chinas von einem Agrarland in ein Industrieland, die grundlegende Aufgabe und die Hauptwege des Überganges von der neudemokratischen in eine sozialistische Gesellschaft. Sie diskutierte die strategische Verlagerung des Zentrums der Parteiarbeit vom Land in die Städte. Um diese Verlagerung zu erreichen, rief die Tagung die gesamte Partei dazu auf, ihre zentrale Aufgabe in der Wiederherstellung und Entwicklung der Produktion zu sehen, die Verwaltung und den Aufbau der Städte zu erlernen, sich bei der Arbeit

---

55 1932–1947; Märtyrerin der chinesischen Revolution. Sie nahm als junge Kandidatin der KPCh an der Durchführung der Bodenreform teil. Durch Verrat wurde sie mit 6 anderen Funktionären von Guomindang-Soldaten verhaftet. Auch nach der Ermordung ihrer 6 Genossen ergab sie sich nicht und stürzte sich in die Bajonette des Feindes.

in den Städten auf die Arbeiterklasse zu stützen, sich mit den anderen werktätigen Massen zusammenzuschließen, die Intelligenz und alle Menschen, mit denen eine Zusammenarbeit möglich ist, zu gewinnen.

Nach der 2. Tagung des VII. ZK verlegten das ZK der KP Chinas und seine Organe ihren Sitz von Xibopo nach Beiping (Beijing).

Nach dem Sturz des reaktionären Regimes der Guomindang waren die Bedingungen für die Vorbereitung der Errichtung des neuen China gegeben. Am 15. Juni 1949 wurde in Beiping die erste Tagung der Vorbereitungskonferenz der Neuen Politischen Konsultativkonferenz eröffnet. Es wurde der Ständige Ausschuss der Vorbereitungskonferenz mit Mao Zedong als Vorsitzendem gebildet, der die Aufgabe hatte, ein Gemeinsames Programm und ein Regierungsprogramm auszuarbeiten.

Am 30. 6. wurde der Artikel Mao Zedongs »Über die demokratische Diktatur des Volkes« veröffentlicht. Dort wird festgestellt, das Projekt, in China eine bürgerliche Republik zu schaffen ist nicht realisierbar, es kann nur eine demokratische Diktatur des Volkes unter Führung der Arbeiterklassen (über die Kommunistische Partei) und auf der Grundlage des Bündnisses der Arbeiter und Bauern sein. Die Theorie Mao Zedongs über die Neue Demokratie bereicherte die marxistische Staatstheorie und entwickelte sie weiter, sie war die politisch-theoretische Vorbereitung der Gründung des neuen China.

Am 7. 9. 1949 hat Zhou Enlai vor den Delegierten der Konsultativkonferenz die Geschichte und aktuelle Lage der Beziehungen zwischen den Nationalitäten Chinas analysiert, er erläuterte, dass eine der grundlegenden Positionen der KP Chinas in der Frage der Staatsordnung die nationale Gebietsautonomie und nicht ein Bundesstaat ist.

Am 21. 9. wurde die 1. Tagung der Politischen Konsultativkonferenz des Chinesischen Volkes in Beiping eröffnet. In seiner Eröffnungsrede erklärte Mao Zedong: »Das chinesische Volk, ein Viertel der Menschheit, ist aufgestanden«.

Die Politische Konsultativkonferenz des Volkes ist die Organisationsform der demokratischen Einheitsfront des Volkes unter Führung der Kommunistischen Partei auf der Grundlage des Bündnisses der Arbeiter und Bauern. Teilnehmer dieser Konsultativkonferenz waren die KP Chinas, die demokratischen Parteien, parteilose Persönlichkeiten, Massenorganisationen, die Volksbefreiungsarmee, Vertreter aller Regionen, Nationalitäten und der Auslandschinesen, insgesamt 622 Delegierte. Bis zur Einberufung des Nationalen Volkskongresses[56] hatte die Politische Konsultativkonferenz die Funktion des Parlamentes.

Diese Konferenz beschloss das »Gemeinsame Programm der Politischen Konsultativkonferenz des chinesischen Volkes«. Darin ist festgelegt: »Die Volksrepublik China ist ein Staat der Neuen Demokratie und des Volksdemokratismus. Es ist die demokratische Diktatur des Volkes auf der Grundlage des von der Arbeiterklasse geführten Bündnisses der Arbeiter und Bauern, des Zusammenschlusses aller demokratischen Klassen und aller Nationalitäten des Landes«. Als grundlegende Richtung des wirtschaftlichen Aufbaus wurde formuliert: »Gleichzeitige Existenz von Gemein- und Privateigentum, Arbeit und Kapital haben Nutzen, Stadt und Land helfen sich gegenseitig, innerer und

---

56 1954

Denkmal für die Helden des Volkes, Grundsteinlegung 30. 9. 1949,
Fertigstellung 1958; Beijing, Tian-An-Men-Platz

äußerer Austausch mit dem Ziel, die Produktion zu entwickeln, die Wirtschaft erblühen zu lassen«. Der Staat wirkt ausgleichend zwischen der staatlichen Wirtschaft, der individuellen Wirtschaft und der privatkapitalistischen Wirtschaft, »damit alle Bereiche der gesellschaftlichen Wirtschaft unter Führung der staatlichen Wirtschaft arbeitsteilig zusammenarbeiten, jeder seinen Anteil erhält und die Entwicklung der Gesamtwirtschaft der Gesellschaft vorangebracht wird.«

Das »Gemeinsame Programm« legte fest: Im Land sind »alle Nationalitäten gleichberechtigt, sie schließen sich zusammen und unterstützen sich, sie sind antiimperialistisch und gegen alle Feinde des Volkes innerhalb der Nationalitäten und sie gestalten die Volksrepublik China zu einer großen Familie der Brüderlichkeit und Zusammenarbeit der Nationalitäten«. »Alle Gebiete, in denen nationale Minderheiten leben, praktizieren nationale Gebietsautonomie«. Das Prinzip der Außenpolitik des neuen China besteht in der Sicherung »eines dauerhaften internationalen Friedens, freundschaftlicher Zusammenarbeit der Völker aller Länder, gegen imperialistische Aggressions- und Kriegspolitik.«

Das »Gemeinsame Programm« hatte bis zur Annahme der Verfassung durch den Nationalen Volkskongress die Funktion einer provisorischen Verfassung. Auf dieser Tagung der Politischen Konsultativkonferenz wurde Mao Zedong zum Vorsitzenden der Zentralen Volksregierung gewählt, zu stellvertretenden Vorsitzenden wurden u. a. Zhu De, Liu Shaoqi und Song Qingling gewählt. Zhou Enlai wurde zum Mitglied des Zentralen Volksregierungskomitees gewählt. Die Tagung bestimmte als Staatsbezeichnung des neuen China »Volksrepublik China«, als

Hauptstadt Beiping, das in Beijing[57] umbenannt wurde, die Staatsflagge, Nationalhymne und die Einführung des gregorianischen Kalenders.

Die Tagung wurde am 30. 9. beendet. Am Abend dieses Tages wurde der Grundstein für das Denkmal für die Helden des Volkes auf dem Tian-An-Men-Platz in Beijing gelegt.

Der Sieg der Revolution des chinesischen Volkes beendete die über einhundertjährige Ausbeutung und Unterjochung aller Nationalitäten Chinas durch den Imperialismus und die mit ihm verbündeten feudalistischen Herrscher, die ununterbrochenen inneren Kriege, Unruhen und Aggressionen von außen, die Zerrissenheit des Landes. Es wurde die lang ersehnte nationale Befreiung und Unabhängigkeit des Landes verwirklicht.

Der Sieg der Revolution des chinesischen Volkes ist ein Sieg des Marxismus. Seit Gründung der Partei ist die Theorie des Marxismus Kompass ihres Handelns. Die chinesischen Kommunisten mit Mao Zedong als ihrem Repräsentanten haben die Grundprinzipien des Marxismus schöpferisch angewandt, ihn mit der konkreten Situation Chinas verbunden und die Mao-Zedong-Ideen herausgebildet, den richtigen Weg zum Sieg der demokratischen Revolution in China gefunden. Mao Zedong fasste die historischen Erfahrungen der Neudemokratischen Revolution in China zusammen: »Eine Partei mit Disziplin, ausgerüstet mit der Theorie des Marxismus-Leninismus, die selbstkritisch und mit den Volksmassen verbunden ist. Eine Armee, die von einer solchen Partei geführt

---

57 Beiping = nördlicher Frieden; Beijing = nördliche Hauptstadt

wird. Eine Einheitsfront aller revolutionären Klassen und revolutionären Flügel, die von einer solchen Partei geführt wird. Diese drei Dinge sind die wichtigsten Waffen unseres Sieges.«

Der Sieg der Revolution des chinesischen Volkes ist nicht nur der größte Sieg in der chinesischen Geschichte, sondern ist auch von weltweiter Bedeutung, er ist nach der Sozialistischen Oktoberrevolution in Russland und dem Sieg im antifaschistischen Weltkrieg das wichtigste Ereignis der Weltgeschichte. Er hat in einem großen Land mit einem Viertel der Weltbevölkerung die Ostfront des Imperialismus durchbrochen und das Antlitz der Welt verändert. Er hat die Kräfte des Friedens, der Demokratie und des Sozialismus in der Welt gestärkt, die unterjochten Nationen und Völker der Welt im Kampf für ihre Befreiung ermutigt. Deshalb wurde er von den Völkern der Welt begrüßt und unterstützt.

1. Oktober 1949, Tien-An-Men-Platz in Bejing:
Mao Zedong, Vorsitzender des Militärkomitees der Volksrevolution
verliest die Deklaration über die Gründung der VR China

V. Die Gründung der Volksrepublik China und der Übergang von der Neuen Demokratie zum Sozialismus

1. Das neue China entsteht, die Errichtung und Festigung der demokratischen Volksmacht im ganzen Land

Am 1. Oktober 1949 wurde die Volksrepublik China gegründet. Das ist das bedeutendste Ereignis in der bisherigen chinesischen Geschichte, eines der bedeutendsten Ereignisse der Welt im XX. Jahrhundert. Ihre Gründung wurde auf dem Tian-An-Men-Platz von Beijing vor 300 000 Menschen von Mao Zedong proklamiert. Unmittelbar davor wurde die erste Tagung des Regierungskomitees der Zentralen Volksregierung durchgeführt. Zhou Enlai wurde zum Ministerpräsidenten des Staatsverwaltungsrates[58] der Zentralen Volksregierung, Mao Zedong zum Vorsitzenden des Militärkomitees der Volksrevolution und Zhu De zum Oberbefehlshaber der Volksbefreiungsarmee ernannt.

Unmittelbar nach Gründung der VR China wurden diplomatische Beziehungen mit der Sowjetunion und 10 europäischen und asiatischen Volksdemokratien hergestellt. Während des Besuches Mao Zedongs in der Sowjetunion wurde am 14. 2. 1950 der »Vertrag zwischen China und der Sowjetunion über Freundschaft, Bündnis und gegenseitige Hilfe« unterzeichnet. Bis 1951 wurden diplomatische Beziehungen mit Indien und weiteren drei asiatischen national unabhängigen Staaten sowie mit Schweden und

---

58 höchstes Exekutivorgan der Regierung der VR China von 1949-1954

weiteren drei europäischen kapitalistischen Staaten hergestellt.

Nach der Staatsgründung war die Partei mit vielen
Schwierigkeiten konfrontiert. Die Guomindang hatte noch
Truppen mit über einer Million Mann, die ihren Widerstand hartnäckig fortsetzten. Die Wirtschaft war äußerst
rückständig und in einem chaotischen Zustand. International weigerten sich die USA, das neue China anzuerkennen
und hielten andere Länder davon ab. Sie behinderten die
Wiederherstellung des legitimen Platzes der VR China in
der UNO. Sie betrieben eine Politik der politischen Isolie-
rung, der wirtschaftlichen Blockade und der militärischen
Einkreisung Chinas.

Die Volksbefreiungsarmee hat bis Oktober 1950 reguläre
Guomindang-Truppen mit über 1,28 Millionen Mann vernichtet und außer Tibet, Taiwan und einigen Inseln das gesamte Territorium Chinas befreit. 1951 trafen die Zentralregierung und die lokale Regierung von Tibet eine Vereinbarung über die friedliche Befreiung Tibets. In den neu befreiten Gebieten hat die Volksbefreiungsarmee im Kampf
2,6 Millionen Banditen und bewaffnete Agenten vernichtet. Schrittweise wurden neue Machtstrukturen geschaffen.
Bis Ende September 1951 waren die Verwaltungsorgane in
den Regionen, den Provinzen, den der Zentrale bzw. den
Provinzen direkt unterstellten Städten und die örtlichen
Verwaltungsorgane im Wesentlichen geschaffen und haben
ihre Arbeit aufgenommen.

Nach Übernahme der Städte wurde die staatliche Wirtschaft durch Enteignung der Betriebe des bürokratischen
Kapitals[59] schrittweise geschaffen. Bis Anfang 1950 wurden

---

59 diese Betriebe befanden sich im Eigentum von politischem und militärischem
Führungspersonal der Guomindang

über 2 800 Betriebe und Bergwerke sowie über 2 400 Finanz-einrichtungen des bürokratischen Kapitals vom Staat über-nommen. Außerdem hat die Volksregierung die wirtschaft-lichen Privilegien des Imperialismus, die durch ungleiche Verträge entstanden waren, annulliert. Der über viele Jahre vom Imperialismus in Besitz genommene chinesische Zoll wurde zurückgenommen, die Kontrolle über Außenhandel und Devisen hergestellt.

In den Städten unternahm die Partei große Anstren-gungen zur Wiederherstellung und Entwicklung der In-dustrieproduktion. Das Zentrale Komitee für Finanzen und Wirtschaft unter Leitung von Chen Yun[60] führte einen erfolgreichen Kampf für die Stabilisierung der Preise, die einheitliche Kontrolle von Finanzen und Wirtschaft. Die Lage auf dem Gebiet der Finanzen und der Wirtschaft be-gann, sich zu verbessern. Auf der 3. Tagung des VII. ZK im Juni 1950 betonte Mao Zedong, dass die wichtigsten Aufgaben darin bestehen, die Bodenreform durchzuführen, die Überreste der Guomindang und die örtlichen Banden zu beseitigen, die Gutsbesitzerklasse zu stürzen. In diesem komplizierten Kampf müssen die Beziehungen mit der na-tionalen Bourgeoisie, den demokratischen Parteien, der In-telligenz und den nationalen Minderheiten gut gelöst wer-den. Die Tagung wandte sich klar gegen die falschen Vor-stellungen einer vorzeitigen Beseitigung des Kapitalismus und der Einführung des Sozialismus.

Im Juni 1950 brach der Koreakrieg aus. Unter der Flagge der UNO intervenierten die USA in Korea und entsandten

---

60 1905–1995; führender Politiker und Wirtschaftskader der KP Chinas und der VR China; seit 1925 Mitglied der KPCh; wurde auf der 3. Tagung des XI. ZK als Mitglied des Ständigen Ausschusses des Politbüros gewählt; hat großen Anteil an der Korrektur 1978 und der Ausarbeitung der Strategie des sozialistischen Aufbaus

die 7. Flotte in die Taiwanstraße. Die USA-Aggressions-
truppen in Korea überschritten ungeachtet mehrmaliger
Warnungen der chinesischen Regierung den 38. Breiten-
grad, drangen bis an den Jalu-Fluss und den Tumen-Fluss
an der koreanisch-chinesischen Grenze vor, sie bombar-
dierten grenznahe Städte und Ortschaften im Nordosten Chinas. Das neue China war ernst von einer äußeren
Aggression bedroht.

Auf Bitte der koreanischen Partei und Regierung beschlossen das ZK der KPCh und die Zentrale Volksregierung den Widerstand gegen die USA und Hilfe für Korea.
Unter dem Oberkommando von Peng Dehuai rückte die
Armee der chinesischen Volksfreiwilligen am 19.10.1950
in das koreanische Schlachtfeld ein. Gemeinsam mit der
koreanischen Volksarmee wurden die »UNO-Truppen«
unter Führung der USA in acht Monaten vom Ufer des
Jalu-Flusses auf die Höhe des 38. Breitengrades zurückgeschlagen. Der Feind wurde zu Waffenstillstandsverhand-
lungen gezwungen.

Die USA setzten in diesem Krieg ein Drittel ihrer Landstreitkräfte, ein Fünftel ihrer Luftstreitkräfte und fast die
Hälfte der Marine ein. Am 27.7.1953 wurde der Waffenstillstand unterzeichnet.

Nach Ausbruch des Koreakrieges intensivierten die auf
dem Festland verbliebenen konterrevolutionären Kräfte
der Guomindang ihre Aktivitäten. Sie verbreiteten Gerüchte, führten Sabotageakte durch und überfielen Regie-
rungsgebäude. In dieser Situation beschloss das Zentralkomitee eine Bewegung zur Unterdrückung der Konterrevolution.

2. Die neudemokratische Reform und der Beginn des allseitigen Aufbaus, die Wiederherstellung der Volkswirtschaft

Entsprechend dem »Gemeinsamen Programm« von 1949 hat die Partei während des Krieges gegen die USA und zur Unterstützung Koreas von 1950 bis 1953 die Bodenreform und weitere neudemokratische Reformen vorangebracht, den Aufbau entfaltet und die Aufgabe der Wiederherstellung der Volkswirtschaft realisiert. Damit wurden die Bedingungen für den umfassenden planmäßigen wirtschaftlichen Aufbau geschaffen.

Im Juni 1950 wurde das Gesetz über die Bodenreform verkündet. Bis Ende 1952 wurde die Bodenreform bis auf einige Gebiete der nationalen Minderheiten durchgeführt. In Gebieten der nationalen Minderheiten mit ca. 35 Millionen Einwohnern wurde eine etwas längere Zeit vorgesehen. Über Tibet wurde festgelegt, dass die örtlichen Behörden selbst die Reformen durchführen sollten. Weil die herrschende Oberschicht von Tibet 1959 einen bewaffneten Putsch durchführte, hat die Zentrale in Übereinstimmung mit den Forderungen der Leibeigenen und progressiven Kräften der Oberschicht festgelegt, in Tibet demokratische Reformen durchzuführen, die bis Ende Oktober 1960 im wesentlichen realisiert waren. Damit waren in den Gebieten Chinas mit nationalen Minderheiten die demokratischen Reformen mit der Bodenreform als zentraler Frage im Prinzip abgeschlossen.

Die grundsätzliche Realisierung der Bodenreform im ganzen Land hat die wirtschaftliche Grundlage des Feudalismus in China beseitigt, die Klasse der feudalen Großgrundbesitzer war liquidiert.

Eine wichtige Seite der neudemokratischen Reformen war die demokratische Reform. Die staatlichen Betriebe der Industrie, des Bergbaus und des Verkehrswesens wurden von konterrevolutionären Kräften und feudalistischen Überbleibseln gesäubert, bürokratische Verwaltungsorgane der alten Zeit und die verschiedensten Formen der Unterdrückung der Arbeiter wurden abgeschafft. Es wurden Verwaltungskomitees der Fabriken und Delegiertenkonferenzen der Arbeiter und Angestellten geschaffen.

Am 1. Mai 1950 wurde das Ehegesetz verkündet.

Eine wichtige wirtschaftliche Maßnahme nach der 3. Tagung des VII. ZK war die Regulierung von Handel und Gewerbe in den Städten. Es wurde festgelegt, staatliches und privates Eigentum gleichermaßen zu berücksichtigen, die Beziehungen zwischen der Volksregierung mit der staatlichen Wirtschaft und der privatkapitalistischen Wirtschaft so zu gestalten, dass sich privater Handel und Gewerbe im Rahmen der Gesetzlichkeit entwickeln können. Durch die schnelle wirtschaftliche Entwicklung in den Städten wurde auch der Austausch zwischen Stadt und Land intensiviert.

Auf dem Gebiet des Außenhandels hat die chinesische Regierung angesichts der Blockade und Boykottpolitik der USA und weiterer, insgesamt 36 Staaten, beschlossen, den Handel mit der Sowjetunion und den Ländern der Volksdemokratie stark zu entwickeln.

Im Verlauf des demokratischen Aufbaus wurden in den Provinzen, Kreisen und Städten Volkvertretungen gewählt. In die Verwaltungskomitees wurden parteilose Persönlichkeiten einbezogen. In den Gebieten der nationalen Minderheiten wurde die Gebietsautonomie vorangebracht, außer dem bereits bestehenden autonomen Gebiet der Inneren Mongolei wurde die Bildung Autonomer Gebiete in

Xinjiang und Ningxia vorbereitet[61]. Die Ausbildung von Kadern der nationalen Minderheiten wurde entwickelt. Das alte Schulsystem wurde reformiert.

1950 wurde eine Bewegung zur Verbesserung des Arbeitsstils eingeleitet. Sie richtete sich gegen Bürokratismus oberer Leitungsorgane und das Kommandoregime von mittleren und unteren Leitungsorganen. Im Rahmen einer Parteisäuberung 1953 wurden 328 000 Personen aus der Partei entfernt. Gleichzeitig wurden neue Parteimitglieder gewonnen, bis Juni 1953 über 1 Million. Eine weitere Bewegung richtete sich gegen Korruption, Verschwendung und Bürokratismus. Gegen Wirtschaftsverbrechen von Kapitalisten und Wirtschaftsvergehen wurde eine Bewegung »gegen die 5 Übel« durchgeführt.

Nach dreijähriger Anstrengung wurde die Volkswirtschaft wiederhergestellt und mit ihrer Entwicklung begonnen. 1952 übertrafen der Wert der industriellen und landwirtschaftlichen Produktion und die Menge der wichtigsten Erzeugnisse das höchste Niveau vor Gründung der VR China. Das Lebensniveau hatte sich erhöht. 1952 waren die Einkommen der Arbeiter und Angestellten um 70 % und die Einkommen der Bauern um 30 % gegenüber 1949 gestiegen. Alle Wirtschaftsbereiche, die staatliche, die privatkapitalistische, die individuelle, die staatskapitalistische und die genossenschaftliche Wirtschaft entwickelten sich. Das höchste Entwicklungstempo hatte die staatliche Wirtschaft aufzuweisen.

---

61 die Gründung dieser Autonomen Gebiete erfolgte 1955 bzw. 1958

3. Die Formulierung der Generallinie der Partei in der Übergangsperiode und der Beginn des planmäßigen Wirtschaftsaufbaus

Da das alte China eine wirtschaftlich und kulturell äußerst rückständige halbkoloniale und halbfeudale Gesellschaft war, hat die Partei festgelegt, dass der Weg zum Sozialismus in zwei Schritten erfolgen muss. Erst nach Durchlaufen der Neudemokratischen Revolution kann zur sozialistischen Revolution übergegangen werden. Im »Gemeinsamen Programm« der Politischen Konsultativkonferenz, das mit Gründung der VR China die Funktion der provisorischen Verfassung hatte, ist die sozialistische Perspektive Chinas nicht genannt. Das Zentralkomitee der Partei war damals der Auffassung, zunächst muss eine Periode des neudemokratischen Aufbaus durchlaufen sein, erst dann können die Verstaatlichung des kapitalistischen Gewerbes und Handels und die Kollektivierung der Einzelbauernwirtschaft erfolgen. Bis dahin müssten mindestens 10 bis 15 Jahre vergehen, dann sollte darüber entschieden werden.

Durch die im Wesentlichen abgeschlossene Bodenreform und die schnelle Wiederherstellung der Volkswirtschaft sowie das Erstarken der staatlichen Betriebe aufgrund der Enteignung des bürokratischen Kapitals und durch Neubau wurden diese zu einer wichtigen Kraft für die sozialistische Umgestaltung der gesamten Volkswirtschaft. Verstärkt wurden die führende Rolle der Arbeiterklasse im Staat und die Fähigkeit des Staates zur Kontrolle der Wirtschaftsabläufe in der Gesellschaft. Erste Schritte zur sozialistischen Umgestaltung der kapitalistischen Industrie und des kapitalistischen Handels wurden getan.

Nach der Bodenreform legte die Partei das Augenmerk auf die individuelle Wirtschaft der Bauern und sie initiierte eine Bewegung der gegenseitigen Hilfe und Zusammenarbeit. Damit war der schrittweise Übergang zur sozialistischen Kollektivierung der individuellen Landwirtschaft eingeleitet.

Die Perspektive der Neuen Demokratie ist die Entwicklung zum Sozialismus, die Wirtschaft der Neuen Demokratie beinhaltet an sich bereits Faktoren des Sozialismus. Der Sozialismus in der Sowjetunion hatte seine Überlegenheit über den Kapitalismus bereits nachgewiesen, das war von großer Vorbildwirkung für China. Unter diesen Voraussetzungen kam die Partei zur Auffassung, dass die Lösung des Widerspruches zwischen Arbeiterklasse und Bourgeoisie, die schrittweise Einleitung von Maßnahmen zur sozialistischen Umgestaltung auf dem Land und in den Städten erforderlich und real möglich geworden ist. Deshalb wurde die Frage des Überganges zum Sozialismus gestellt.

Im September 1952 erklärte Mao Zedong auf einer Sitzung des Sekretariats des Zentralkomitees: wir werden von jetzt an in zehn bis fünfzehn Jahren den Übergang zum Sozialismus im wesentlichen vollziehen und nicht in zehn Jahren oder nach noch längerer Zeit damit beginnen. Im Juni 1953 beriet und formulierte das Politbüro des ZK der KPCh die Generallinie der Übergangsperiode: »Die Zeit von der Gründung der VR China bis zur Vollendung der sozialistischen Umgestaltung im Wesentlichen ist die Übergangsperiode. Die Generallinie und generelle Aufgabe der Partei in dieser Übergangsperiode besteht darin, in einer relativ langen Periode schrittweise die sozialistische Industrialisierung zu verwirklichen, schrittweise die

sozialistische Umgestaltung der Landwirtschaft, des Handwerks sowie der kapitalistischen Industrie und des kapitalistischen Handels zu verwirklichen.« Das ist eine Linie
der gleichzeitigen Realisierung von sozialistischem Aufbau und sozialistischer Umgestaltung. Im September 1954
fand die Erste Tagung des I. Nationalen Volkskongresses
der VR China[62] statt. Auf der Tagung wurde die Verfassung der VR China angenommen. Sie enthält die Generallinie der Partei für die Übergangsperiode als Hauptaufgabe des Staates für diese Zeit.

Im März 1953 wurde auf der Parteikonferenz der KPCh
der wirtschaftliche Aufbau zur Hauptaufgabe des Landes
erklärt. 1953 wurde der 1. Fünfjahrplan begonnen.

1952 hatte die moderne Industrie in der Gesamtproduktion von Industrie und Landwirtschaft erst einen Anteil
von 26,6 %, der Anteil der Schwerindustrie an der industriellen Gesamtproduktion betrug 35,5 %. Mao Zedong gab
folgende Darstellung: Wir können Tische und Stühle, Tee-
schalen und Teekannen herstellen, Getreide anbauen, aber
kein Mehl mahlen, auch Papier können wir machen, aber
nicht ein einziges Auto, nicht ein Flugzeug, nicht einen
Panzer, nicht einen Traktor können wir produzieren.

Unter diesen historischen Bedingungen orientierte sich
China an den Erfahrungen der Sowjetunion und wählte
den Weg der Industrialisierung bei vorrangiger Entwicklung der Schwerindustrie. 58,2 % der Investitionen für den
1. Fünfjahrplan waren für die Industrie vorgesehen, 88,8 %
davon für die Schwerindustrie. Die sowjetische Regierung gab für die Ausarbeitung und Realisierung des Planes

---

62 Parlament

große Unterstützung. In chinesisch-sowjetischen Verhandlungen wurde vereinbart, dass die UdSSR Unterstützung für die Errichtung von 156 Objekten gibt. Das war der Kern der industriellen Entwicklung im 1. Fünfjahrplan. Aber die Partei orientierte vorrangig auf die Entwicklung aus eigener Kraft. Die Kredite aus dem Ausland betrugen 2,7 % des Etats in der Zeit des 1. Fünfjahrplanes. 1956 formulierte das Zentralkomitee die Aufgabe, ein unabhängiges, vollständiges Industriesystem zu schaffen.

Ende 1957 waren die wichtigsten Aufbauziele des 1. Fünfjahrplanes übererfüllt. Im Dezember 1953 nahm die Produktionslinie für nahtlose Rohre des Eisen- und Stahlkombinates Anshan die Produktion auf, die Eisen- und Stahlkombinate Baotou und Wuhan gingen in Betrieb. 1956 begannen das erste LKW-Werk in Changchun und das erste Flugzeugwerk sowie die erste Röhrenfabrik in Beijing[63] ihre Produktion, 1957 wurde die Yangzi-Brücke in Wuhan für den Verkehr freigegeben, die Straße nach Tibet wurde fertig gestellt. Der Aufbau der Industrie im 1. Fünfjahrplan überstieg bei weitem die davor liegenden einhundert Jahre.

---

63 mit Unterstützung der DDR errichtet

4. Die weitgehende Vollendung der sozialistischen Umgestaltung und die anfängliche Errichtung der sozialistischen Ordnung

1953 fasste die Partei Beschlüsse über die gegenseitige Hilfe und Zusammenarbeit in der Landwirtschaft sowie über die Entwicklung landwirtschaftlicher Genossenschaften. Die genossenschaftlichen Formen in der Landwirtschaft trugen schnell zur Entwicklung der Produktion und zur Verbesserung der Lage der armen Bauern bei. Die Industrialisierung führte zu einer wachsenden Nachfrage nach Getreide. 1954 wurde die Bildung landwirtschaftlicher Genossenschaften beschleunigt. Im Frühjahr 1955 bestanden schon 670 000 LPG. Aber die Bildung von LPG erfolgte zu schnell und musste gebremst werden. Im September 1953 beschloss das Politbüro des ZK der KP Chinas die Umgestaltung der kapitalistischen Industrie und des privaten Handels auf dem Weg des Staatskapitalismus.

In der Zeit vom Sommer 1955 bis Ende 1956 hat der Staat die Schritte zur sozialistischen Umgestaltung der Landwirtschaft, des Handwerks sowie der kapitalistischen Industrie und des kapitalistischen Handels beschleunigt. Die sozialistische Umgestaltung errang den entscheidenden Sieg. Das Gesamtvolkseigentum und das kollektive Eigentum der Werktätigen, diese beiden Formen des sozialistischen Gemeineigentums hatte die absolut dominierende Stellung in der Volkswirtschaft. Gleichzeitig mit der Schaffung der wirtschaftlichen Basis des Sozialismus wurde die Staatsordnung der demokratischen Diktatur des Volkes vervollkommnet. Schrittweise entstand die sozialistische Ordnung. Selbstverständlich war unser Land beim

Übergang von der neudemokratischen zur sozialistischen Ordnung erst in die Anfangsphase des Sozialismus eingetreten.

Im Verlauf des Überganges zum Sozialismus hat unsere Partei einige Übergangsformen hervorgebracht, die den Besonderheiten Chinas entsprachen. Dies betrifft die LPG niederen Typs, verschiedene Formen der Umgestaltung des individuellen Handwerks, des kapitalistischen Handels und Gewerbes, verschiedene Formen des Staatskapitalismus. Diese Erfahrungen bereicherten die marxistische Theorie des wissenschaftlichen Sozialismus. Trotzdem traten in der Endphase der sozialistischen Umgestaltung fehlerhafte Erscheinungen, wie zu drängende Forderungen, mangelndes Feingefühl, zu schnelle Veränderungen, Vereinfachung in den Arbeitsformen usw. auf. Aber angesichts der Wirtschaft, der gesamtgesellschaftlichen Entwicklung Chinas und der komplizierten internationalen Lage in den 50er Jahren, war die Wahl des sozialistischen Weges unvermeidbar und völlig richtig. Die relativ reibungslose Durchführung einer solch komplizierten, schwierigen und tiefgreifenden gesellschaftlichen Umgestaltung in einem großen Land mit mehreren hundert Millionen Einwohnern war die Grundlage für den späteren Fortschritt unseres Landes.

Unter der kollektiven Führung der ersten Führungsgeneration mit Mao Zedong als Zentrum hat die Neudemokratische Revolution einen großen Sieg errungen, das neue China wurde gegründet und die Grundlagen der sozialistischen Ordnung geschaffen. Das ist die zweite große historische Veränderung der chinesischen Gesellschaft im XX. Jahrhundert.

VI. Die Erkundung des eigenen Weges Chinas für den Aufbau des Sozialismus

1. Der VIII. Parteitag und der gute Anfang der Erkundung des Weges für den Aufbau des Sozialismus

Obwohl die Grundlagen der sozialistischen Ordnung in China in Anfängen errichtet waren, war das Entwicklungsniveau der Produktivkräfte noch sehr rückständig. Wie sollten der politische, wirtschaftliche und kulturelle Aufbau und die Entwicklung des Sozialismus in China erfolgen? Das war eine völlig neue Aufgabenstellung, vor der die Partei stand.

Mitte der 50er Jahre hat sich die internationale Lage stark verändert. Die Tendenz der Entspannung in den internationalen Beziehungen, die schnelle wirtschaftliche und wissenschaftlich-technische Entwicklung in der Welt haben für den Start des großangelegten wirtschaftlichen Aufbaus des Sozialismus in China günstige Bedingungen geschaffen. Gleichzeitig gab es einschneidende Ereignisse in der internationalen kommunistischen Bewegung. Im Februar 1956 wurden auf dem XX. Parteitag der KPdSU ernste Fehler Stalins bei der Führung des sozialistischen Aufbaus in der Sowjetunion und die ernsten Folgen seines Personenkultes enthüllt. Das führte zu großen Erschütterungen im sozialistischen Lager. Die KP Chinas war mit der totalen Negierung der Geschichte des Kampfes der sowjetischen Partei und des sowjetischen Volkes unter Führung Stalins für den Sozialismus nicht einverstanden. Sie hat ihren prinzipiellen Standpunkt in zwei Artikeln über die richtige Verallgemeinerung der historischen Erfahrungen der Diktatur des Proletariats zum Ausdruck gebracht. Gleichzeitig war sie der Auffassung, dass die Entfernung des »Deckels« über der Stalin-Frage für die marxistischen Parteien aller Länder, einschließlich der chinesischen Partei, von großer Bedeutung für die Überwindung blinden Glaubens, für die Befreiung des Denkens, für die Erkundung eines Weges der Revolution und des Aufbaus, der den Bedingungen des eigenen Landes entspricht, ist. Mao Zedong sagte: die wichtigste Lehre, die wir vom XX. Parteitag der KPdSU erhielten, bestand darin, den eigenen Kopf anzustrengen, allseitig zu überlegen, wie wir die Dinge entsprechend der Lage Chinas erledigen, uns anstrengen, um den konkreten Weg für den Aufbau des Sozialismus in China zu finden.

Von Februar bis April 1956 hat das Politbüro des ZK der KPCh in Beratungen mit verantwortlichen Genossen aus über 30 Organen der Wirtschaftsleitung Fragen des sozialistischen Aufbaus beraten. Im April hielt Mao Zedong einen Vortrag über »Die 10 großen Beziehungen«. Die dort behandelten 10 Fragen wurden in Verallgemeinerung der Erfahrungen beim Wirtschaftsaufbau in China und auf der Grundlage der Lehren aus den sowjetischen Erfahrungen aufgeworfen. In Anbetracht der Geringschätzung der Landwirtschaft und Leichtindustrie sowie der einseitigen Betonung der Schwerindustrie in der Sowjetunion ergab sich eine unproportionale Entwicklung zwischen Landwirtschaft, Leicht- und Schwerindustrie. Im Vortrag wurde erklärt, dass in der künftigen Wirtschaftsplanung des Landes entsprechende Korrekturen vorzunehmen sind. Stärker müssen die Landwirtschaft und Leichtindustrie entwickelt werden, die Industrie in den Küstengebieten muss stärker genutzt und entwickelt werden, die Ausgaben für das Militär und die Verwaltung sind zu senken. Im Bericht werden auch die Beziehungen zwischen dem Staat, den Produktionseinheiten und den Produzenten, zwischen der Zentrale und den örtlichen Einheitern, zwischen der Nationalität der Han und den nationalen Minderheiten, zwischen der Partei und den Parteilosen, zwischen Revolution und Konterrevolution, zwischen China und dem Ausland behandelt. Hinsichtlich der Beziehungen zwischen China und dem Ausland gab Mao Zedong die Orientierung »vom Ausland lernen«. Er erklärte: »Wir müssen von allen Vorzügen aller Nationen und Länder lernen, im Bereich der Politik, Wirtschaft, Wissenschaft, Technik, Literatur, Kunst; von allen wirklich guten Dingen müssen wir lernen.« Das betrifft auch »die fortgeschrittene Wissenschaft und Technik sowie die Managementmethoden der Betriebe, soweit sie wissenschaftlich fundiert sind.« Auf dieser Tagung des Politbüros wurde auch die Linie für den Bereich Wissenschaft und Kultur »Lasst hundert Blumen blühen, hundert Schulen miteinander streiten« formuliert.

Das Dokument »Die zehn großen Beziehungen« war von großer Bedeutung für die spätere Entwicklung des Landes.

Vom 15.–27. September 1956 fand der VIII. Parteitag der KP Chinas in Beijing statt[64]. Die 1026 Delegierten vertraten 10 730 000 Mitglieder der Partei. Die Eröffnungsrede hielt Mao Zedong, den Politischen Bericht erstattete Liu Shaoqi, Deng Xiaoping berichtete über die Veränderung des Statutes der Partei, Zhou Enlai über den Vorschlag für

---

[64] Am Parteitag nahmen zahlreiche Delegationen kommunistischer und Arbeiterparteien, darunter eine Delegation der SED unter Leitung von Walter Ulbricht, teil.

den 2. Fünfjahrplan. Auf dem Parteitag erfolgte eine korrekte Einschätzung der inneren und internationalen Lage. Klar wurde festgestellt: durch den entscheidenden Sieg der sozialistischen Umgestaltung ist der Widerspruch zwischen Proletariat und Bourgeoisie in China im Prinzip gelöst. Der Hauptwiderspruch im Land besteht im Widerspruch zwischen der Forderung des Volkes nach Errichtung eines fortgeschrittenen Industriestaates und dem Bestehen eines rückschrittlichen Agrarstaates, zwischen dem Erfordernis einer schnellen wirtschaftlichen und kulturellen Entwicklung und der Situation, dass Wirtschaft und Kultur den Anforderungen des Volkes nicht gerecht werden können.

Der Parteitag legte die weitere Linie der Arbeit fest. Auf wirtschaftlichem Gebiet: ausgehend von der tatsächlichen materiellen und finanziellen Situation des Landes ist an der proportionalen, stabilen Entwicklung festzuhalten, ohne in Konservatismus oder Abenteurertum zu verfallen. Auf dem Gebiet der Verwaltung: Erweiterung der Befugnisse der örtlichen Organe. Auf politischem Gebiet: weitere Ausgestaltung des demokratischen Lebens des Staates, Schaffung einer sozialistischen Rechtsordnung, Festhalten an der Einheitsfront und der Mehrparteienzusammenarbeit unter Führung der KPCh. Auf dem Gebiet von Wissenschaft und Kultur: Bestätigung der Linie »Lasst hundert Blumen blühen und hundert Schulen miteinander streiten«, Schaffung einer neuen sozialistischen nationalen Kultur. Auf dem Gebiet der Außenpolitik: Festhalten an den Prinzipien der gegenseitigen Achtung der Souveränität und territorialen Integrität, des gegenseitigen Nichtangriffs, der gegenseitigen Nichteinmischung in die inneren Angelegenheiten, der Gleichberechtigung und des gegenseitigen Vorteils, der friedlichen Koexistenz.

Der Parteitag stellte die Aufgabe der Stärkung der Partei, der stärkeren Beachtung der Verbindung der Partei mit den Massen, Wachsamkeit vor der Loslösung der Partei von den Massen und der Praxis, Festhalten an der kollektiven Führung und der persönlichen Verantwortung, Entwicklung der innerparteilichen Demokratie und Kampf gegen Personenkult.

Das vom Parteitag gewählte Zentralkomitee wählte das Politbüro, Mao Zedong zum Vorsitzenden des ZK, Liu Shaoqi, Zhou Enlai, Zhu De und Chen Yun zu stellvertretenden Vorsitzenden und Deng Xiaoping zum Generalsekretär des ZK. Die von der 1. Tagung des VIII. Parteitages beschlossene Linie erwies sich als richtig.

Anfang 1956 stellten führende Wirtschaftsfunktionäre Tendenzen eines überstürzten Vorgehens beim wirtschaftlichen Aufbau fest. Dieser Tendenz wurde entgegengetreten, aber die Frage wurde nicht gelöst. Bei der Einschätzung der wirtschaftlichen Arbeit 1956 und der Ausarbeitung des Planes 1957 traten unterschiedliche Auffassungen in der Parteiführung auf.

Auf der 2. Tagung des VIII. ZK im November 1956 betonte Zhou Enlai die Notwendigkeit, den Plan für 1957 auf die Schwerpunkte zu konzentrieren und ihn angemessen zu reduzieren. Die Mehrheit der ZK-Mitglieder stimmte dem zu. Die Realisierung dieser Linie führte dazu, dass das Jahr 1957 zu einem der effektivsten Jahre seit Gründung der VR China wurde.

2. Die Theorie über die richtige Lösung der Widersprüche im Volk und die Bewegung zur Verbesserung des Arbeitsstils in der Partei

Nach dem XX. Parteitag der KPdSU entstand in einigen osteuropäischen Ländern eine Atmosphäre der Unruhe. Es kam zu den Ereignissen in Polen und Ungarn. Der Imperialismus entfachte eine antisowjetische, antikommunistische, antisozialistische Kampagne. Die Ereignisse in Polen und Ungarn hatten auch einen gewissen Einfluss auf China. Im Herbst und Winter 1956 kam es in einigen Dörfern, Fabriken und Schulen zu Unruhen. Das hohe Tempo der sozialistischen Umgestaltung und die Tatsache, dass das übereilte Vorgehen bei der wirtschaftlichen Entwicklung nicht völlig überwunden wurde, führten zur Zuspitzung einiger gesellschaftlicher Widersprüche. So wurde es eine wichtige Aufgabe für die Führung der KPCh, ausgehend von den historischen Lehren aus den Fehlern von Stalin und den Ereignissen in Polen und Ungarn, die eigenen Erfahrungen zu verallgemeinern und die Widersprüche in der sozialistischen Gesellschaft Chinas richtig zu erkennen und zu lösen.

Im Februar 1957 hielt Mao Zedong auf der Obersten Staatskonferenz die Rede »Über die richtige Lösung der Widersprüche im Volk«. Er betonte, in der sozialistischen Gesellschaft gibt es antagonistische und nichtantagonistische Widersprüche, Widersprüche im Volk. Erstere sind mit Methoden der Diktatur und letztere mit demokratischen Methoden, durch Überzeugung und Erziehung auf dem Weg »zusammenschließen – kritisieren – zusammenschließen« zu lösen, keinesfalls mit Methoden der Lösung antagonistischer Widersprüche. Zwischen beiden Arten der Widersprüche ist klar zu unterscheiden.

Ende April erging die Weisung des Zentralkomitees über die Bewegung zur Verbesserung des Arbeitsstils. Auf allen Versammlungen wurden mit dem Ziel der richtigen Lösung der Widersprüche im Volk Meinungen entgegengenommen.

Aber im Verlauf der Entfaltung der Bewegung zur Verbesserung des Arbeitsstils traten auch einige komplizierte Dinge zutage. Außer, dass Kritiken und Meinungen zum Arbeitsstil der Partei geäußert wurden, nahm eine kleine Minderheit rechter bürgerlicher Elemente die Gelegenheit wahr und startete einen Angriff gegen die Partei und die neu entstehende sozialistische Ordnung. Sie griffen die führende Rolle der KPCh im politischen Leben des Staates als »Herrschaft der Partei« an, forderten, dass sich die KP aus den Behörden, den Schulen zurückzieht, dass die offiziellen Vertreter aus den staatlich-privaten Betrieben entfernt werden. Sie verunglimpften die Erfolge der sozialistischen Umgestaltung und des Aufbaus, sie negierten die Überlegenheit der sozialistischen Ordnung. Die demokratische Diktatur des Volkes nannten sie die Quelle von Bürokratismus, Sektierertum und Subjektivismus. Am 8. Juni 1957 gab das Zentralkomitee eine parteiinterne Weisung zum Kampf gegen den Angriff der rechten Elemente. Die Renmin Ribao veröffentlichte einen Leitartikel »Was ist das?«. Ein ausgedehnter Kampf gegen die rechten Elemente begann.

Der Kampf gegen die antisozialistische Ideologie und gegen die rechten Elemente war erforderlich und richtig. Aber die sozialismusfeindlichen Kräfte im Inland waren nur eine Minderheit. Zu jener Zeit hat die Partei die Schärfe des Klassenkampfes überschätzt. Das führte zu einer ernsten Ausweitung des Kampfes gegen die rechten

Elemente. Die falsche Zuordnung vieler Intellektueller, patriotischer Personen und Parteikader zu den Rechten hatte unheilvolle Folgen.

Eine der ernstesten Folgen der Ausweitung des Kampfes gegen die Rechten war die Veränderung der Einschätzung der I. Tagung des VIII. Parteitages über den Hauptwiderspruch in der Gesellschaft und der Analyse der gesellschaftlichen Klassenbeziehungen. Das leitete eine »linke« ideologische Abweichung der Partei ein. Mao Zedong hat auf der 2. Tagung des VIII. ZK im September/Oktober 1957 erklärt: »Der Widerspruch zwischen Proletariat und Bourgeoisie, der Widerspruch zwischen dem sozialistischen und dem kapitalistischem Weg ist ohne Zweifel der gegenwärtige Hauptwiderspruch in der Gesellschaft unseres Landes«. Die II. Tagung des VIII. Parteitages im Mai 1958 hat diese Behauptung offiziell bestätigt. Die Tagung vertrat die Auffassung, dass die Gesellschaft Chinas aus zwei Ausbeuterklassen und zwei werktätigen Klassen besteht: die eine Ausbeuterklasse besteht aus den rechten Elementen und den gestürzten Großgrundbesitzern und der Kompradorenbourgeoisie sowie anderer reaktionärer Elemente; die im Prozess der sozialistischen Umgestaltung befindliche nationale Bourgeoisie und ihre Intelligenz wurde als eine weitere Ausbeuterklasse bezeichnet. Die Arbeiter und Bauern sind die beiden werktätigen Klassen. Damit wurde die richtige Analyse der Klassenbeziehungen des VIII. Parteitages verändert. Das wurde die theoretische Grundlage dafür, dass die Partei in der Folgezeit in der Frage des Klassenkampfes wiederholt Fehler beging, indem sie ihn ausweitete.

Die Frage, wie der Sozialismus in China aufgebaut werden kann, ist ein sehr komplizierter Erkenntnisprozess.

Damals standen hauptsächlich zwei Fragen: die Frage des Klassenkampfes unter den Bedingungen des Sozialismus und die Frage des Umfanges und des Tempos des sozialistischen Aufbaus. In beiden Fragen hat die Partei ernste Fehler begangen. Durch die gegenseitige Verquickung beider Aspekte traten im Prozess der Erkundung ernste Komplikationen auf.

3. Der »Große Sprung«, die Bewegung zur Bildung der Volkskommunen und die Windungen im Prozess der Korrektur der »linken« Fehler

Die Bewegung des »Großen Sprunges« wurde Ende 1957 eingeleitet. 1958 wurde sie allseitig entfaltet. Die Ergebnisse der ersten Jahre nach Gründung der VR China machten die Menschen glauben, dass das Ziel eines reichen und starken China in relativ kurzer Zeit erreicht werden kann.

Die 3. Tagung des VIII. ZK[65] veränderte die Orientierung der I. Tagung des VIII. Parteitages, beim Aufbau sowohl Konservatismus als auch Vorprellen zu vermeiden. Die 3. ZK-Tagung beschloss eine große Diskussion über die Beschleunigung der Entwicklung der landwirtschaftlichen Produktion. Damit wurde der »Große Sprung« eingeleitet.

Die II. Tagung des VIII. Parteitages (Mai 1958) gab die Generallinie heraus: »Alle Kräfte anspannen, nach vorn streben, den Sozialismus nach den Prinzipien – viel, schnell, gut, sparsam – aufbauen«. Das widerspiegelte den

---

65 September/Oktober 1957

Wunsch des Volkes nach schneller Entwicklung, orientierte aber einseitig auf das Tempo der wirtschaftlichen Entwicklung, überbewertete die Rolle des subjektiven Willens der Menschen, ignorierte die objektiven Gesetzmäßigkeiten des wirtschaftlichen Aufbaus. Nach der Tagung begann im ganzen Land die Bewegung des »Großen Sprunges«. Im August 1958 legte das Zentralkomitee fest, noch in jenem Jahr die Stahlproduktion zu verdoppeln. Weiterhin wurde der Beschluss über die Gründung von Volkskommunen auf dem Land gefasst. Dieser »kommunistische« Sturm zeugt von einem »linken« Fehler, der zu großen Zerstörungen der Produktivkräfte auf dem Land geführt hat.

Der »Große Sprung« und die Volkskommunen sind ein ernster Fehler der Partei im Prozess der Erkundung des eigenen Weges Chinas beim Aufbau des Sozialismus. Dieser Fehler hat seinen Ursprung. Mao Zedong erklärte beim Entfachen des »Großen Sprunges«: »Die Wirtschaft Chinas ist rückständig, die materielle Grundlage schwach, so sind wir bis heute in einer Situation der Passivität. Wir haben das Gefühl, dass wir noch gefesselt sind, in dieser Hinsicht sind wir noch nicht befreit.« Diese Worte enthalten das gemeinsame Empfinden der ganzen Partei. Aber es gibt objektive Gesetzmäßigkeiten, die beim wirtschaftlichen Aufbau und der Veränderung der Produktionsverhältnisse beachtet werden müssen. Die Entwicklung der Produktivkräfte erfordert auch einen Prozess der Akkumulation. Die Partei hat die Kompliziertheit des Aufbaus des Sozialismus in einem so großen, bevölkerungsreichen, wirtschaftlich und kulturell rückständigem, regional sehr ungleich entwickeltem Land wie China unterschätzt. Die Bedeutung der Beherrschung der Gesetze der Wirtschaft und wissenschaftlicher Kenntnisse wurde ungenügend erkannt.

Der gesamten Partei mangelte es an Erfahrungen für einen wirtschaftlichen Aufbau in großem Maßstab.

Mao Zedong hat frühzeitig ernste Mängel in dieser Bewegung festgestellt. Im November 1958 forderte er die Korrektur »linker« Fehler. Es müsse zwischen kollektivem und gesamtgesellschaftlichem Eigentum, zwischen Sozialismus und Kommunismus, zwischen den beiden Entwicklungsetappen unterschieden werden. Er kritisierte Auffassungen, das Geld und die Warenwirtschaft abzuschaffen. Auf mehreren zentralen Tagungen wurden Fragen von Fehlentwicklungen diskutiert, aber ohne dass eine grundlegende Verbesserung der Situation eingetreten ist.

Im Juli/August 1959 fand in Lushan eine erweiterte Tagung des Politbüros statt. Während der Tagung richtete Verteidigungsminister Peng Dehuai ein Schreiben an Mao Zedong, in dem er seine Meinung über ernste Probleme in der Arbeit seit Beginn des »Großen Sprungs« und deren Ursachen darlegte. Mao Zedong verteilte den Brief an die Teilnehmer der Tagung. In Arbeitsgruppen wurde von mehreren Teilnehmern die Meinung von Peng Dehuai unterstützt. Am 23. Juli hat Mao Zedong auf einer Vollsitzung die Meinung von Peng Dehuai zurückgewiesen und sie als Rechtsabweichung bezeichnet. Damit veränderte sich das Hauptthema der Tagung von der Korrektur »linker« Fehler in einen Kampf gegen Rechts. Vom 2. bis 16.8.1959 fand die 8. Tagung des VIII. ZK statt. Im Beschluss wurden Peng Dehuai, Hoang Kecheng[66], Zhang Wentian[67] und Zhou Xiaozhou[68] angeklagt, parteifeindliche, volksfeindliche, antisozialistische rechtsopportunistische Fehler

---

66 Generalstabschef der Volksbefreiungsarmee (VBA)
67 zu jener Zeit Kandidat des Politbüros und stellv. Außenminister
68 1. Sekretär des Parteikomitees der Provinz Hunan

begangen zu haben. Danach begann in der gesamten Partei ein groß angelegter Kampf gegen die rechte Abweichung.

Der Kampf gegen Rechts hatte ernste Folgen. Das demokratische Leben in der Partei von der Zentrale bis in die Grundeinheiten wurde ernsthaft beschädigt. Der Fortgang der Korrektur »linker« Fehler wurde unterbrochen. Nach der Lushan-Konferenz wurde der Fehler des »Großen Sprungs« fortgesetzt, hinzu kamen Naturkatastrophen und die Nichterfüllung von Verträgen durch die sowjetische Regierung. Partei und Volk standen vor seit Gründung der VR China nicht gekannten wirtschaftlichen Schwierigkeiten.

4. Die Formulierung der Linie »regulieren, stabilisieren, stärken, erhöhen« und die Entwicklung der »linken« Fehler im politischen Bereich

Angesichts der schwierigen Lage wurden überall Diskussionen über notwendige Korrekturen von Fehlern geführt. Im November 1960 forderte das Zentralkomitee die gesamte Partei auf, »linke« Fehler zu korrigieren. Auf der 9. Tagung des VIII. ZK im Januar 1961 wurde der Beschluss über die Linie »regulieren, stabilisieren, stärken, erhöhen« der Volkswirtschaft gefasst. Damit wurde praktisch die dreijährige Periode des »Großen Sprungs«, der ernste Folgen hatte, abgebrochen. Die Volkswirtschaft begann mit der Regulierung. Im Juni und im Herbst 1961 wurden Veränderungen bei der Struktur der Volkskommunen vorgenommen.

Danach folgten auch Veränderungen der Leitung der Industrie, der Politik in den Bereichen Wissenschaft, Bildung und Kultur.

Vom 11. Januar bis 7. Februar 1962 führte das Zentralkomitee in Beijing eine erweiterte Tagung durch, die so genannte Konferenz der 7 000 Delegierten. Im Namen des Zentralkomitees erstattete Liu Shaoqi einen schriftlichen Bericht an die Tagung. Darin wird relativ systematisch eine erste Verallgemeinerung der grundlegenden Erfahrungen und Lehren des wirtschaftlichen Aufbaus seit Beginn des »Großen Sprungs« vermittelt und die Ursachen des Entstehens der Mängel und Fehler dargelegt.

Mao Zedong anerkannte in seiner Rede, dass 100 Jahre für die Errichtung eines starken sozialistischen China erforderlich sind. Deng Xiaoping und Zhou Enlai haben im Namen des Sekretariats des ZK und des Staatsrates Selbstkritik geübt.

Diese Tagung hat die unter den damaligen historischen Bedingungen möglichen positiven Ergebnisse erzielt. Nach der Tagung wurden vor allem die Investitionsvorhaben in der Industrie reduziert und die Unterstützung für die Landwirtschaft verstärkt. Ende 1962 setzte die Verbesserung der wirtschaftlichen Lage ein. Die landwirtschaftliche Produktion begann sich zu erholen. Der Staatshaushalt konnte ausgeglichen werden. Die Warenbereitstellung für den Markt entspannte sich. Das Lebensniveau der Bevölkerung in Stadt und Land begann sich zu verbessern. Das politische Leben des Staates normalisierte sich, die Beziehungen zu den demokratischen Parteien und parteilosen Persönlichkeiten wurde reguliert. Die Rehabilitierung der in der Bewegung gegen Rechts kritisierten und bestraften Parteimitglieder und Funktionäre kam voran.

In den zwei Jahren nach der Konferenz der 7 000 hatte sich die innere Lage schrittweise verbessert. Aber die »linken« Fehler der Partei auf politisch-ideologischem Gebiet waren nicht grundsätzlich geklärt, sondern sie entwickelten sich weiter.

Ende der 50er, Anfang der 60er Jahre kam es zu einer neuen Differenzierung und Umstrukturierung der verschiedenen Kräfte in der Welt. Infolge des Anwachsens der chinesisch-sowjetischen Differenzen und der Verschärfung des Kampfes zwischen China und den USA wurde die internationale Lage im Umfeld von China immer gespannter. Das führte die Partei zu der Auffassung, dass Imperialismus, Revisionismus und die Reaktion aller Länder China umzingeln. Das beeinträchtigte auch die Einschätzung der inneren Lage durch die Partei.

Nach dem XXII. Parteitag der KPdSU weitet sich der Disput in der internationalen kommunistischen Bewegung aus. Die Führer der KPdSU, die sowjetischen Publikationen veröffentlichen Angriffe gegen die chinesische Partei und andere Parteien, außenpolitisch betrieben sie Hegemonismus. In der Zeit von September 1963 bis Juli 1964 veröffentlichte das ZK der KP Chinas unter dem Namen der Redaktionen der Renmin Ribao und der Zeitschrift Hongqi[69] neun Artikel zum offenen Brief des ZK der KPdSU. Darin wird der »Chruschtschow-Revisionismus« kritisiert und die historischen Lehren des friedlichen Wandels und der kapitalistischen Restauration in den sozialistischen Ländern dargelegt. Die KP China hält an dem Prinzip der Unabhängigkeit und Selbstbestimmung fest, ist gegen ungleichberechtigtes Verhalten und Hegemonismus

---

69 »Rote Fahne«

einer großen Partei und eines großen Landes gegenüber anderen Parteien und anderen Ländern, sie hat dem großen Druck, der von der Sowjetunion ausgeübt wurde standgehalten, die staatliche Souveränität, die Würde der Nation und der Partei verteidigt. Aber durch die im wesentlichen auf Grund der eigenen Erfahrungen und Praxis Chinas erfolgte Einschätzung der Veränderungen in der Sowjetunion und der internationalen kommunistischen Bewegung entstanden auch einige Auffassungen, die den Realitäten nicht entsprachen.

Auf der 10. Tagung des VIII. ZK im September 1962 wurde im Zusammenhang mit der Kritik an Chruschtschow und der Betrachtungen zur inneren Lage die Gefahr der Restauration des Kapitalismus betont, den Klassenkampf dürfe man niemals aus dem Auge verlieren. So wurde der in der sozialistischen Gesellschaft noch in bestimmten Umfang vorhandene Klassenkampf weiter ausgedehnt und verabsolutiert. Das belegt, dass der »linke« Fehler der Partei in dieser Frage noch verstärkt wurde. Schlussfolgernd aus der Lehre der Lushan-Konferenz 1959 wurde zum Abschluss der ZK-Tagung betont, dass trotz der Orientierung auf den Klassenkampf die Arbeit auf dem wirtschaftlichen Gebiet nicht vernachlässigt werden darf. So war es möglich, dass die Aufgaben der Regulierung und Wiederherstellung auf wirtschaftlichem Gebiet im Wesentlichen planmäßig fortgesetzt wurden.

Die Verstärkung der »linken« Fehler führte letztendlich zur »Kulturrevolution«.

5. Die Erfüllung der Aufgaben der Regulierung der Volkswirtschaft und die Aufbauerfolge der vorangegangenen 10 Jahre

In den 5 Jahren der Regulierung von 1961 bis 1965 wurden sichtbare Ergebnisse erzielt. Die Proportionen zwischen Landwirtschaft, Leichtindustrie und Schwerindustrie verbesserten sich, der Staatshaushalt war ausgeglichen, der Markt stabilisiert, das Leben der Menschen hatte sich verbessert.

Auf der 1. Tagung des III. Nationalen Volkskongresses Ende 1964/Anfang 1965 wurde von Zhou Enlai der 3. Fünfjahrplan[70] verkündet. Es wurde die Aufgabe formuliert, China zu einem starken sozialistischen Land mit moderner Landwirtschaft, moderner Industrie, moderner Landesverteidigung und moderner Wissenschaft und Technik zu entwickeln. Hier wurden erstmals die 4 Modernisierungen formuliert. Ihre planmäßige Realisierung wurde durch die »Kulturrevolution« verhindert.

In den 10 Jahren von 1956 bis zum Ausbruch der »Kulturrevolution« 1966 wurden trotz der ernsten Rückschläge große Erfolge erzielt.

Der Wert der Industrieanlagen hatte sich verdreifacht. Die Förderung von Rohöl konnte 1965 den Bedarf decken. Schrittweise wurden neue Zweige wie die elektronische Industrie, Petrochemie, Kernenergie, Weltraumtechnik entwickelt.

In diesen 10 Jahren wurden 8 000 km Eisenbahnstrecken gelegt, alle Provinzen und Autonomen Gebiete außer Tibet hatten Eisenbahnanschluss, darunter Ningxia, Qinghai und

---

70 1966–1970

Xinjiang erstmals. Die Produktion von Traktoren und che-
mischem Dünger hatte sich versechsfacht. Der Verbrauch
von Elektroenergie auf dem Lande erreichte das 70-fache.
Die Zahl der Hochschulabsolventen betrug 1,4 Millionen.
Am 16.10.1964 wurde die erste Atombombe Chinas ge-
zündet.

Die materiell-technische Basis, auf die sich China bei der
sozialistischen Modernisierung stützt, wurde zum großen
Teil in dieser Zeit geschaffen. Der Kaderstamm für die gesellschaftliche Entwicklung in allen Bereichen wurde in
dieser Zeit ausgebildet, ihre Erfahrungen haben die Kader
in dieser Zeit gesammelt.

VII. 10 Jahre Chaos der
   »Kulturrevolution«

1. Der Beginn der »Kulturrevolution« und das umfassende innere Chaos

1966, als die Regulierung der Volkswirtschaft im Wesentlichen abgeschlossen war und der 3. Fünfjahrplan in Angriff genommen wurde, entwickelte sich die Kritikbewegung im ideologischen Bereich zu einer politischen Bewegung mit der Spitze gegen die Führungskräfte der Partei. Es brach die »Kulturrevolution« aus, die 10 Jahre dauerte und der Partei und dem Volk großes Unheil brachte.

Der Ausgangspunkt Mao Zedongs bei der Entfachung dieser »großen Revolution« war die Verhinderung der kapitalistischen Restauration, die Bewahrung der Reinheit der Partei und die Suche nach einem eigenen Weg Chinas für den Aufbau des Sozialismus. Aber seine Fehleinschätzung der politischen Lage in Partei und Staat hatte bereits eine äußerst ernste Stufe erreicht. Er meinte, im Zentralkomitee herrscht Revisionismus, Partei und Staat sind mit der realen Gefahr der Restauration des Kapitalismus konfrontiert. Die früheren Bewegungen auf dem Land und in der Stadt, die ideologische Kritik, konnten nach seiner Auffassung das Problem nicht lösen. Nur durch extreme Maßnahmen, offene, allseitige Mobilisierung der Massen von unten nach oben könne man die Kehrseite im Leben der Partei und des Staates aufdecken und die Macht aus der Hand derjenigen, die den kapitalistischen Weg gehen, zurückerobern. Das ist der ideologische Hauptgrund für die Entfachung der »Kulturrevolution«.

Am 10.11.1965 veröffentlichte die Shanghaier Zeitung Wenhui Bao einen Artikel von Yao Wenyuan[71], der die Zündschnur für den Beginn der »Kulturrevolution« war. Dieser Artikel war insgeheim von Jiang Qing[72] inspiriert worden. Im Artikel wird zwar der stellvertretende Oberbürgermeister von Beijing namentlich kritisiert, er enthält aber zu vielen wichtigen politischen Positionen der zentralen Führung abweichende Meinungen.

Fast zur gleichen Zeit wurde der Leiter des Büros des Politbüros, Yang Shangkun[73] verleumdet und abgelöst. Im Mai 1966 fasste das Politbüro einen Beschluss, in dem es heißt: »Die bürgerlichen Vertreter, die sich in die Partei, Regierung, Armee und verschiedene kulturelle Institutionen eingeschlichen haben, sind konterrevolutionäre Revisionisten. Sobald die Situation herangereift ist, wollen sie die Macht übernehmen, die Diktatur des Proletariats in eine Diktatur der Bourgeoisie umwandeln.« Lin Biao hat in einer Rede verbreitet, im Zentralkomitee gäbe es Leute, die einen Putsch beabsichtigen. Nach Kräften propagierte er den Personenkult.

Es wurde eine Zentrale »Arbeitsgruppe Kulturrevolution« gebildet, die nicht dem Politbüro zugeordnet war. Eine erste Gruppe führender Funktionäre wurde abgelöst, darunter der Parteisekretär von Beijing, Peng Zhen[74].

---

71 Aktivist der »Kulturrevolution«, Mitglied der »Viererbande«

72 1914–1991; Schauspielerin in Shanghai, ging 1937 in den revolutionären Stützpunkt Yanan, wurde 1938 die Ehefrau von Mao Zedong; war aktive Betreiberin der »Kulturrevolution«, wurde nach dem Ableben von Mao Zedong als Haupt der konterrevolutionären »Viererbande« verhaftet und 1981 zum Tode verurteilt (nicht vollstreckt), Suizid 1991

73 1907–1998; politische und militärische Führungspersönlichkeit der KP Chinas und der VR China; 1926 Eintritt in die KP Chinas, Studium in der UdSSR, führende Funktionen in der KP Chinas und ihren Streitkräften; in der »Kulturrevolution« gemaßregelt; 1988-1993 Vorsitzender der VR China.

74 Sekretär der Parteiorganisation von Beijing, erstes prominentes Opfer der »Kulturrevolution«; nach der »Kulturrevolution« Vorsitzender des Ständigen Ausschusses des Nationalen Volkskongresses

In den Hoch und Mittelschulen wurde die »Kulturrevolution« gegen die Lehrer, Schulleitungen und Parteiorgane entfacht. Bald wurden die »Roten Garden« gegründet. Unter Leitung von Liu Shaoqi und Deng Xiaoping wurden Arbeitsgruppen in die Schulen entsandt, um die Situation zu beruhigen. Diese Arbeitsgruppen wurden aufgelöst, sie wurden als Gegner der »proletarischen Kulturrevolution« bezeichnet.

Im August 1966 fand die 11. Tagung des VIII. ZK statt. Während der Tagung schrieb Mao Zedong eine Wandzeitung »Bombardiert das Hauptquartier«. Dort heißt es, in der Zentrale gibt es ein Hauptquartier der Bourgeoisie. Die Speerspitze wurde gegen Liu Shaoqi und Deng Xiaoping gerichtet. Auf der Tagung wurden die zentralen Führungsorgane umorganisiert.

Im Oktober 1966 wurde auf einer Konferenz der Zentralen Militärkommission verkündet, dass der Beschluss über die Leitung der »Kulturrevolution« durch die Parteikomitees aufgehoben ist. Die »Arbeitsgruppe Kulturrevolution« mobilisierte die »Rebellen« zum Kampf gegen Partei- und Staatsorgane aller Ebenen. Es wurde die Losung verbreitet »Nieder mit Liu Shaoqi«[75], Deng Xiaoping wurde angegriffen. Die Aktivitäten der Parteigrundorganisationen kamen zum Erliegen. Das Land verfiel in ein noch nie gekanntes Chaos.

Anfang Januar 1967 haben die »Rebellen« in Shanghai unter der Regie von Zhang Chunqiao[76] und Yao Wenyuan die Macht in Partei und Regierung an sich gerissen. Gleiches geschah Mitte und Ende Januar in vielen Landesteilen.

---

75 Liu Shaoqi wurde nach dem Scheitern des »Großen Sprunges« anstelle von Mao Zedong Vorsitzender der VR China; von dieser Funktion wurde er 1966 abgelöst
76 Mitglied der »Viererbande«

Nach Beginn der »Kulturrevolution« regte sich unter den Kadern und den Massen Widerstand in unterschiedlichen Formen und in unterschiedlicher Schärfe. Auf einem Treffen von Mitgliedern der Zentralen Militärkommission am 19. und 20 Januar 1967 haben sich führende Offiziere, u. a. Ye Jianying, empört gegen den Aufruf von Jiang Qing u. a. gewandt, dass sich die Armeeeinheiten an der »Kulturrevolution« beteiligen sollten. Ein zweites Mal leisteten die alten Kader Widerstand, als sie bei einem Treffen im Februar 1967 im Huairentang[77] das unter Leitung von Zhou Enlai stand, Jiang Qing, Chen Boda[78] u. a. scharf verurteilten. Diese würden Partei und Armee ins Chaos stürzen. Beide Widerstandsaktionen der alten Kader wurden scharf zurückgewiesen.

Die Situation wurde zunehmend schlimmer. Die »Arbeitsgruppe Kulturrevolution« rief zu bewaffneten Kämpfen auf. In Beijing wurde das Dienstgebäude des britischen Geschäftsträgers niedergebrannt.

Nach 20 Monaten »Kulturrevolution« waren in allen 29 Provinzen, direkt unterstellten Städten und Autonomen Gebieten Revolutionskomitees gebildet, die eine Einheit von Parteileitung und Staat darstellten.

Vom 13.–31.10.1968 fand in Vorbereitung des IX. Parteitages die 12. Tagung des VIII. ZK statt. In einer äußerst unnormalen Lage in der Partei bestätigte die Tagung den »Untersuchungsbericht« über Liu Shaoqi. Er wurde als »Verräter und Agent einer fremden Macht« betitelt. Ein Jahr später starb Liu Shaoqi im Gefängnis.

---

77 Saal im Sitz der Partei- und Staatsführung Zhongnanhai
78 1904–1989; 1927 Eintritt in die KPCh, Studium in der UdSSR, führende
   Parteifunktionen, Theoretiker der KPCh; Aktivist der »Kulturrevolution«, Leiter der
   »Arbeitsgruppe Kulturrevolution«; 1976 verhaftet und verurteilt

Vom 1.–24.4.1969 tagte der IX. Parteitag, es nahmen 1 512 Delegierte teil, die Partei hatte 22 Millionen Mitglieder. Die Parteikomitees und Grundorganisationen waren noch nicht wiederhergestellt. Der gesamte Parteitag war vom Personenkult beherrscht. Lin Biao hielt den politischen Bericht. Kern war die »Theorie von der Fortsetzung der Revolution unter der Diktatur des Proletariats«. Über den Aufbau der sozialistischen Wirtschaft und die kulturelle Entwicklung wurde nichts gesagt. Im beschlossenen Parteistatut gibt es keine Festlegungen über die Rechte der Mitglieder. In das Statut wurde die Formulierung über Lin Biao als »Nachfolger von Mao Zedong«[79] aufgenommen.

Der IX. Parteitag hat Theorie und Praxis der »Kulturrevolution« legalisiert, die Positionen von Lin Biao und Jiang Qing gestärkt. Die ideologische, politische, organisatorische Linie des Parteitages ist falsch.

2. Der Untergang der Lin-Biao-Clique und Bemühungen zur Korrektur der linksextremistischen Ideologie

Nach dem IX. Parteitag wurde die Bewegung »Kampf, Kritik, Veränderung« im ganzen Land eingeleitet. Mao Zedong wollte damit »Ruhe und Ordnung unter dem Himmel« erreichen. Darin ist auch impliziert, die »Kulturrevolution« zu beenden, in Wirklichkeit aber wurden mit dieser Losung die linken Fehler für jeden Bereich

---

79 Lin Biao wurde nach der Ablösung von Peng Dehuai (8. Tagung des VIII. ZK August 1959) als Verteidigungsminister eingesetzt.

konkretisiert. Im Ergebnis haben sich die Widersprüche in der Partei und der Gesellschaft weiter verschärft.

Nach dem Parteitag erweiterten sich die Machtpositionen der Lin-Biao-Clique aufs Äußerste. Die Widersprüche im Kampf mit der Jiang-Qing-Clique wuchsen an. Lin Biao fürchtete um seine Position als Nachfolger und bemühte sich um eine vorzeitige Entscheidung. Auf der 2. Tagung des IX. ZK im August 1971 brach der Widerspruch zwischen den Cliquen von Lin Biao und Jiang Qing offen aus. Die Intrigen und das Sektierertum der Lin-Biao-Clique wurde offen kritisiert. Mao Zedong traf Maßnahmen zur Schwächung ihrer Machtpositionen. Die wichtigsten Mitglieder der Lin-Biao-Clique entschieden sich zu einer riskanten Aktion. Lin Liguo, Sohn von Lin Biao, stellvertretender Büroleiter des Oberkommandos und Stellvertretender Kommandeur der Kampfabteilung der Luftstreitkräfte, rief seine Geheimorganisation zur Planung eines Staatsstreiches zusammen. Mao Zedong und Zhou Enlai erlangten Kenntnis davon und zerschlugen die Verschwörung. Am 13. 9. 1971 flohen Lin Biao und weitere Personen überstürzt mit einem Flugzeug. Das Flugzeug stürzte in der Mongolei ab.

Die verräterische Flucht von Lin Biao ist das Ergebnis der Verletzung zahlreicher Prinzipien der Partei durch die »Kulturrevolution«. Objektiv zeigt dieses Ereignis die theoretische und praktische Niederlage der »Kulturrevolution« an. Es führte auch dazu, dass noch mehr Menschen aus ihrem fanatischen Personenkult erwachten. Sie begannen, an der Theorie und Praxis der Fortsetzung der Revolution unter der Diktatur des Proletariats zu zweifeln.

Nach diesem Zwischenfall ergriff Mao Zedong mit Unterstützung von Zhou Enlai Maßnahmen zur Klärung damit zusammenhängender Fragen. Die Partei löste die von der Lin-Biao-Clique beherrschte Arbeitsgruppe der Militärkommission auf und bildete eine Arbeitskonferenz der Zentralen Militärkommission unter Leitung von Ye Jianying. Es begann eine Kampagne zur Verurteilung der Verbrechen der Lin-Biao-Clique. Die Anfang 1967 wegen ihres Widerstandes bekämpften alten Kader wurden rehabilitiert. Im März 1973 wurde Deng Xiaoping wieder als stellvertretender Ministerpräsident eingesetzt. Im Dezember 1973 schlug Mao Zedong vor, eine weitere Gruppe hoher Partei-, Staats- und Armeefunktionäre zu rehabilitieren. Er erklärte, er habe einseitig auf Lin Biao gehört und übte Selbstkritik.

Nach Beginn der Kritik an Lin Biao leitete Zhou Enlai, unterstützt von Mao Zedong, die tägliche Arbeit des Zentralkomitees. Zhou Enlai vertrat richtigerweise die Meinung, dass die ultralinken ideologischen Tendenzen kritisiert werden müssen. Er forcierte die Durchsetzung der Kader- und Intelligenzpolitik. Zahlreiche Führungskader der Partei, Regierung und Armee wurden wieder in führende Funktionen eingesetzt. Zhou Enlai wies den Staatsrat an, Maßnahmen zur Konsolidierung der Betriebe zu ergreifen und die Investitionen, die die staatlichen Möglichkeiten überlasteten, zu reduzieren. Außenhandel und internationaler technischer Austausch wurden entwickelt. Aus dem Ausland wurde eine Anzahl moderner kompletter Ausrüstungen und Einzelmaschinen importiert. Es erging eine Anweisung des ZK der Partei, in den Volkskommunen das Prinzip der Verteilung nach der Leistung anzuwenden. Die Nebenwirtschaft der Familien darf nicht als kapitalistisch abgelehnt werden. Zhou Enlai schlug vor, die erste Gesamtnationale Wissenschaftskonferenz nach der

»Kulturrevolution« einzuberufen. Er organisierte die Arbeit der Partei auf den Gebieten der Kultur-, Nationalitäten- und Einheitsfrontpolitik. Die Auffassung von Zhou Enlai, die ultralinken Tendenzen zu kritisieren, korrigierte das »Linke« der »Kulturrevolution«. Aber Mao Zedong war der Auffassung, dass Kritik an ultralinken Tendenzen mit der Negierung der »Kulturrevolution« verbunden ist. Er vertrat die Meinung, die Aufgabe zu jener Zeit bestehe im Kampf gegen »Ultrarechts« und nicht in der Kritik an »Ultralinks«. So wurden die von Zhou Enlai eingeleiteten Anstrengungen zur Korrektur gezwungenermaßen unterbrochen.

Nach dem Lin-Biao-Ereignis mussten einige wichtige organisatorische Fragen der Partei gelöst werden. Am dringendsten waren die Veränderung des Statutes der Partei, das die Nachfolge durch Lin Biao vorsah sowie die Bildung neuer zentraler Führungsorgane. Das ZK beschloss, vorzeitig den X. Parteitag einzuberufen. Dieser fand vom 24.–28.8.1973 statt. 1 249 Delegierte nahmen teil, die Partei hatte 28 Millionen Mitglieder. Der X. Parteitag setzte die falsche »linke« Linie des IX. Parteitages fort, rief nach wie vor die gesamte Partei auf, die »Revolution unter der Diktatur des Proletariats« und die »Kulturrevolution« fortzusetzen. Diese »linke« Orientierung verlängerte die »Kulturrevolution«, ihre zerstörerischen Folgen wurden immer offensichtlicher. Der in Shanghai als »Rebell« aufgestiegene Wang Hongwen[80] wurde stellvertretender Vorsitzender des ZK. Aber auch einige in der »Kulturrevolution« unterdrückte alte Kader wurden in das ZK gewählt.

---

80 1934–1992; Aktivist der »Kulturrevolution«, Mitglied der »Viererbande«; 1981 zu lebenslanger Haft verurteilt

Zhou Enlai, Ye Jianying, wurden als stellvertretende Vorsitzende, Deng Xiaoping als Mitglied des ZK gewählt.

Nach dem X. Parteitag schlossen sich Jiang Qing, Zhang Chunqiao, Yao Wenyuan und Wang Hongwen innerhalb des Politbüros zur »Viererbande« zusammen, die Macht der Jiang-Qing-Clique wurde weiter gestärkt.

3. Der Kampf gegen die »Viererbande« und die allseitige Konsolidierung 1975

Die Menschen wurden der ständigen politischen Kampagnen während der langen Dauer der »Kulturrevolution« zunehmend überdrüssig. Sie sehnten sich nach gesellschaftlicher Ruhe, wirtschaftlicher Entwicklung und Verbesserung des Lebens.

Vor und nach dem X. Parteitag sprach Mao Zedong häufig über die Verbindung der Kritik an Lin Biao mit der Kritik an Konfuzius und der Konfuzianischen Schule. Im Januar 1974 wurde mit Billigung von Mao Zedong eine Bewegung »Kritik an Lin, Kritik an Kong« ins Leben gerufen. Um die »Kulturrevolution« zu verteidigen, wurde die Konfuzianische Schule kritisiert, die gegen jegliche Veränderungen aufgetreten war.

Mittels der Kritik an Lin und Kong richtete die »Viererbande« die Speerspitze gegen Zhou Enlai und andere alte Revolutionäre. Sie bezeichneten Zhou Enlai als den »Konfuzianer von heute«. Sie verurteilten richtige Maßnahmen Zhou Enlais zur Wiederherstellung der Situation von vor der »Kulturrevolution« und die Wiedereinsetzung alter Kader. Die gesellschaftliche Ordnung geriet erneut in Unordnung. Der Volkswirtschaft, die gerade im

Begriff war, sich zu erholen, wurde erneut großer Schaden zugefügt.

Mao Zedong begriff, dass Jiang Qing die Kritik an Lin und Kong benutzte, um Unordnung in der Gesellschaft zu schüren und ordnete Schritte zur Eingrenzung dieser Bewegung an. In der Führung warf er das Problem der Bildung der »Viererbande« auf. Im zweiten Halbjahr 1974 äußerte Mao Zedong: »es ist doch besser, Stabilität und Einheit zu haben«, »die Volkswirtschaft voranbringen«. Damit wurde der »Viererbande« in ihrem Versuch, wiederum das ganze Land ins Chaos zu stürzen, Einhalt geboten.

Im Oktober wurde die Tagung des IV. Nationalen Volkskongresses einberufen. Die »Viererbande« wollte diese Gelegenheit nutzen, eine von ihnen beherrschte Regierung zu bilden. Mao Zedong hatte vorgeschlagen, dass Deng Xiaoping, der 1973 wieder die Funktion des stellvertretenden Ministerpräsidenten erhalten hatte und in das Politbüro und die Zentrale Militärkommission kooptiert wurde, als 1. Stellvertreter des Ministerpräsidenten aufgestellt werden sollte. Die »Viererbande« intrigierte gegen diesen Vorschlag und auch gegen Zhou Enlai. Mao Zedong initiierte die Ernennung von Deng Xiaoping zum Stellvertretenden Vorsitzenden der Zentralen Militärkommission und Generalstabschef der Volksbefreiungsarmee. Das spielte eine wichtige Rolle beim Scheitern des Versuches von Jiang Qing, ein eigenes Kabinett zu bilden.

Vom 13.–17.1.1975 fand die 1. Tagung des IV. Nationalen Volkskongresses statt.

Im Bericht der Regierung bekräftigte Zhou Enlai das Ziel, im XX. Jahrhundert die vier Modernisierungen – Landwirtschaft, Industrie, Landesverteidigung und Wis-

senschaft und Technik – zu verwirklichen. Die Tagung bestätigte Zhou Enlai und Deng Xiaoping als Führungskern
des Staatsrates. Aber die Ergebnisse dieser Tagung, Bericht,
Beschlüsse, Verfassung standen weiter unter dem Einfluss
der »linken« Fehler.

Nach der Tagung des Nationalen Volkskongresses ver-
schlechterte sich der Gesundheitszustand Zhou Enlais zu-
sehends. Deng Xiaoping übernahm die Leitung der täglichen Arbeit des Staatsrates und des Zentralkomitees und
leitete angesichts der kritischen Situation Maßnahmen zur
Konsolidierung ein: zunächst im Bereich der Eisenbahn,
dann in der Eisen- und Stahlproduktion, der Akademie
der Wissenschaften, der wissenschaftlich-technischen Arbeit, der Landesverteidigung und auf den Gebieten Kultur
und Bildung. Ein wichtiges Kettenglied der Konsolidierungsmaßnahmen war die Armee. Umbesetzungen in Führungsfunktionen spielten eine wichtige Rolle bei der Verhinderung der Übernahme der Armeeführung durch die
»Viererbande«. Das Wichtigste war die Konsolidierung
der Partei, die Umbesetzungen in ihren Führungsfunktionen. Die Konsolidierung war ein wichtiger Kampf gegen
die »Viererbande«, traf jedoch noch nicht das Kernpro-
blem der »Kulturrevolution«. Durch die Konsolidierung
begann sich die gesellschaftliche Ordnung in den meisten
Teilen des Landes zu stabilisieren, die Volkswirtschaft er-
holte sich von Stagnation und Rückgang. 1975 war ein Jahr
mit einer relativ guten Entwicklung der Volkswirtschaft.

Mao Zedong unterstützte Deng Xiaoping bei der Leitung der täglichen Arbeit von Partei und Staat, aber er
war nach wie vor der Meinung, dass die »Kulturrevolution« richtig ist. Zwischen Oktober und Dezember 1974
äußerte sich Mao Zedong wiederholt zu theoretischen

Fragen des Sozialismus und der Diktatur des Proletariats. Er erwartete, dass Deng Xiaoping unter der Bedingung, die »Kulturrevolution« zu akzeptieren, Stabilität und Einheit schafft sowie die Volkswirtschaft voran bringt. Die Vertiefung der Konsolidierungsmaßnahmen berührte zwangsweise immer unmittelbarer die »linken« Fehler, sie führte zu einer relativ systematischen Korrektur. Diese Entwicklung stieß auf den erbitterten Widerstand der »Viererbande« und war auch für Mao Zedong nicht tolerierbar. Ende November 1975 wurde die Bewegung »gegen die rechte Revision des Urteils« gestartet, ab Anfang 1976 wurde sie direkt als Bewegung der »Kritik an Deng« bezeichnet. Dies führte erneut zu gesellschaftlichem Chaos und Unzufriedenheit.

4. Der Sieg gegen die Jiang-Qing-Clique

Am 8. Januar 1976 verstarb Zhou Enlai, einer der bedeutendsten Führer von Partei und Staat, der »gute Ministerpräsident des Volkes«[81]. Die Trauer war überwältigend. Die »Viererbande« hat Trauerbekundungen verboten und unterdrückt und gleichzeitig die Verurteilung von Deng Xiaoping intensiviert. Die Massen reagierten mit einer starken Protestbewegung. Ab Ende März kam es zu spontanen Trauerbekundungen in Nanjing, Hangzhou, Zhengzhou und Xian. Am 4. April, dem Feiertag »Helles Licht«[82], bekundeten 2 Millionen Menschen aus Beijing und anderen Teilen des Landes auf dem Tian-An-Men-Platz in Beijing ihre Trauer um Zhou Enlai. An der Stele

---

81 so wurde er im Volk genannt
82 Totengedenktag

für die Helden des Volkes entstand »ein Blumenberg und ein Meer von Gedichten«.

Auf der Sitzung des Politbüros am Abend dieses Tages wurde dies (in Abwesenheit von Ye Jianying und Li Xiannian) als konterrevolutionäres Ereignis bezeichnet. Am 5. April kam es auf dem Tian-An-Men-Platz zu ernsthaften Zusammenstößen zwischen zehntausenden Menschen und Angehörigen der Volksmilizen, der Polizei und Soldaten. So wurde das Gedenken an Zhou Enlai, die Unterstützung der von Deng Xiaoping vertretenen richtigen Politik unterdrückt. Ungeachtet dessen schuf diese gesamtnationale Bewegung die Massenbasis für die spätere Zerschlagung der konterrevolutionären Jiang-Qing-Clique.

Nach dem Tian-An-Men-Ereignis fasste das Politbüro zwei Beschlüsse: 1. Hua Guofeng[83], der nach dem Ableben von Zhou Enlai zum amtierenden Ministerpräsidenten ernannt wurde und die Leitung der täglichen Arbeit des ZK der Partei übernommen hatte, wurde zum 1. Stellvertretenden Vorsitzenden des ZK und Ministerpräsidenten ernannt. 2. Deng Xiaoping wurde aller Funktionen in Partei und Staat enthoben, seine Parteimitgliedschaft wurde nicht berührt.

Am 6. Juli 1976 verstarb Zhu De, ein weiterer bedeutender Führer der Partei, des Staates und Mitbegründer der Volksbefreiungsarmee. Am 28. Juli suchte ein gewaltiges Erdbeben in der Region Tangshan (Provinz Hebei) mit riesigen Verlusten an Menschen und Eigentum die VR China heim. Am 9.9.1976 verstarb Mao Zedong, Mitbegründer der KP Chinas, wichtiger Begründer der Volksrepublik

---

[83] 1921–2008; ab 1938 im revolutionären Kampf; von Mao Zedong nach dem Putschversuch von Lin Biao als sein Nachfolger eingesetzt, 1976–1981 Vorsitzender des ZK der KP Chinas; spielte eine wichtige Rolle bei der Zerschlagung der Jiang-Qing-Clique.

China, einer der bedeutendsten Führer von Partei und Staat. Das Volk war von tiefer Trauer ergriffen. Nach dem Ableben mehrerer wichtiger Führer von Partei und Staat innerhalb kurzer Zeit war die Perspektive von Partei und Staat eine Frage, die die Menschen mit Sorge erfüllte.

Vor und nach dem Ableben Mao Zedongs intensivierte die »Viererbande« ihre Machenschaften zur Erlangung der Führung in Partei und Staat. Sie gaben an ihre zuverlässigen Stoßkräfte in Shanghai Waffen aus, lösten das diensthabende System beim Büro des Zentralkomitees auf und bildeten ein neues diensthabendes System im Zhongnanhai[84], um von dort aus das ganze Land zu steuern. In der Presse verleumdeten und attackierten sie Hua Guofeng und andere Führer. Die aggressiven Angriffe der »Viererbande« ließen auch den 1. Stellvertretenden Vorsitzenden des ZK, Hua Guofeng, erkennen, dass dieses Geschwür aus dem Körper von Partei und Staat zu entfernen war. Am 6. Oktober 1976 wurden Jiang Qing, Zhang Chunqiao, Wang Hongwen, Yao Wenyuan und ihre wichtigsten Anhänger in Beijing durch Hua Guofeng, Ye Jianying u. a. im Namen des Politbüros in Untersuchungshaft genommen. Die konterrevolutionäre Jiang-Qing-Clique war damit zerschlagen. Das ZK ergriff Maßnahmen, um die Lage in Shanghai unter Kontrolle zu nehmen und keinen bewaffneten Putsch des Stoßkräfte der Jiang-Qing-Clique zuzulassen.

Die Zerschlagung der »Viererbande« beendete die Katastrophe der »Kulturrevolution«, die sozialistische Sache Chinas wurde aus größter Gefahr gerettet, für die Partei und das ganze Land waren Voraussetzungen für den Beginn einer neuen historischen Periode geschaffen.

---

84 Sitz der Partei- und Staatsführung in Beijing

10 Jahre »Kulturrevolution« waren ein inneres Chaos, das von führenden Personen fehlerhaft vom Zaun gebrochen und von konterrevolutionären Cliquen missbraucht wurde. Sie brachte der Partei, dem Staat und allen Nationalitäten des chinesischen Volkes großes Unheil. In dieser so genannten »Kulturrevolution« wurden zahllose zentrale Partei-, Staats- und Armeekader, einschließlich Partei- und Staatsführer, Verantwortliche der demokratischen Parteien, bekannte Persönlichkeiten und Menschen verschiedener Schichten fälschlich beschuldigt und Repressalien ausgesetzt. Die Organe von Partei und Regierung, die Organisationen der Volkskongresse und Politischen Konsultativkonferenzen aller Ebenen befanden sich lange Zeit im Zustand der Agonie. Machtorgane, wie öffentliche Sicherheit, Staatsanwaltschaften, Justiz sowie die Organe zur Aufrecherhaltung der gesellschaftlichen Ordnung befanden sich in einem völligen Durcheinander.

Durch das lang andauernde gesellschaftliche Chaos verlangsamte sich die volkswirtschaftliche Entwicklung, die wichtigsten Proportionen wurden nachhaltig gestört. Das Leitungssystem der Wirtschaft erstarrte noch mehr. Das Lebensniveau des Volkes hat sich im Prinzip nicht verbessert, eher verschlechtert.

In den 70er Jahren tendierte die internationale Lage zur Entspannung. Viele Länder nahmen eine schnelle ökonomische und begannen eine Periode der nachhaltigen Entwicklung. Durch die Auswirkungen der »Kulturrevolution« nahm der Abstand Chinas zu den entwickelten Ländern zu.

Besonders zerstörerisch wirkte sich die »Große Revolution« in den Bereichen Bildung, Wissenschaft und Kultur aus. Viele Intellektuelle mussten Repressalien erleiden, Bildungseinrichtungen stellten ihre Tätigkeit ein, Kulturstätten verödeten, viele Forschungseinrichtungen wurden aufgelöst. Nach der Volkszählung 1982 war die Zahl der Analphabeten und Halbanalphabeten auf über 230 Millionen angestiegen.

Die »Kulturrevolution« erzeugte beispiellose ideologische Verwirrung, der Aufbau der Partei und das gesellschaftliche Klima waren nachhaltig beschädigt. Das Vertrauen in den Marxismus und die Zuversicht in den Sozialismus waren ernsthaft geschwächt.

Die Mehrzahl der Kader innerhalb und außerhalb der Partei hat in der Zeit der »Kulturrevolution« Widerstand gegen die »linken« Fehler geleistet und die beiden konterrevolutionären Cliquen von Lin Biao und Jiang Qing bekämpft. Dieser Widerstand war sehr schwierig und verlief nicht geradlinig. Die ernsthafte Prüfung der »Kulturrevolution« hat erwiesen: die Mitglieder des VIII. Zentralkomitees, seines Politbüros, Ständigen Ausschusses des Politbüros und seines Sekretariats haben in der Mehrheit auf der richtigen Seite des Kampfes gestanden. Die Kader unserer Partei, ob sie unrechtmäßig gestürzt wurden, ob sie ihre Arbeit fortgesetzt haben, ob sie ihre Arbeit wieder aufgenommen haben, sie waren in der Mehrheit der Partei und dem Volk treu, hielten an ihrem Vertrauen in den Sozialismus und Kommunismus fest.

In dieser Zeit wurden beim Aufbau der Wirtschaft und im Bereich von Wissenschaft und Technik auch bestimmte Fortschritte erzielt. Dazu gehört der erfolgreiche Start einer Atomrakete, die Explosion der ersten Wasserstoffbombe, der Start des ersten künstlichen Erdsatelliten. Landwirtschaftswissenschaftler züchteten eine neue Reissorte, die für die Erhöhung der Getreideproduktion von besonderer Bedeutung war. Das waren jedoch keine Ergebnisse der »Kulturrevolution«, sondern des Widerstandes gegen sie.

Die Hauptverantwortung für die »Kulturrevolution«, diesen allumfassenden, lang anhaltenden »linken« Fehler, trägt Mao Zedong. Dies waren aber Fehler im Prozess der Erkundung des sozialistischen Weges Chinas. Mao Zedong schenkte der Überwindung von Fehlern und Mängeln in Partei und Staat stets Beachtung, jedoch war er in seinen späten Jahren in zahlreichen Fragen nicht in der Lage, richtige Einschätzungen zu treffen. In der »Kulturrevolution« hat er nicht zwischen Richtigem und Falschem, Freund und Feind unterschieden. Als er ernste Fehler beging, war er stets der Meinung, dass seine Theorie und Praxis marxistisch, dass sie für die Festigung der Diktatur des Proletariats erforderlich sind. Das ist seine Tragik. Mao Zedong hat insgesamt an der falschen »Kulturrevolution« festgehalten, aber er verhinderte bzw. korrigierte einige konkrete Fehler, er schützte einige Führungskader der Partei und einige bekannte parteilose Persönlichkeiten und veranlasste, dass einige verantwortliche Kader wieder in entscheidende Leitungsfunktionen eingesetzt wurden. Er übertrug Lin Biao und anderen wichtige Funktionen und leitete den Kampf gegen die konterrevolutionäre Lin-Biao-Clique. Er betraute Jiang Qing und andere mit wichtigen Funktionen und kritisierte und entlarvte sie, verhinderte, dass sie ihre Ambitionen nach Ergreifen der obersten Machtpositionen durchsetzen konnten. Dies spielte eine wichtige Rolle für die spätere reibungslose Zerschlagung der konterrevolutionären Jiang-Qing-Clique durch die Partei.

In seinen späten Jahren widmete er dem Schutz der Sicherheit des Landes nach wie vor große Aufmerksamkeit.

Er hat sich internationalem Druck von Hegemonismus und Gewaltpolitik widersetzt, den gerechten Kampf der Völker aller Länder entschieden unterstützt. Insbesondere Anfang der 70er Jahre nahm er nach genauer Prüfung aller Faktoren entsprechend der Veränderung der internationalen Lage weitsichtig und rechzeitig eine wichtige strategische Regulierung der diplomatischen Arbeit vor. Für die Diplomatie unseres Landes war eine neue Seite aufgeschlagen. Alle legitimen Rechte unseres Landes in der UNO wurden wiederhergestellt. Die Normalisierung der Beziehungen zwischen China und den USA begann Fortschritte zu machen. Mit Japan wurden diplomatische Beziehungen hergestellt. Nach und nach wurden diplomatische Beziehungen mit entwickelten kapitalistischen Staaten und Staaten Asiens, Afrikas und Lateinamerikas aufgenommen. Damit wurde die Basis für die spätere Öffnungspolitik geschaffen.

In der »Kulturrevolution« wurde die Partei nicht zerschlagen, sie konnte ihre Einheit bewahren. Staatsrat und Volksbefreiungsarmee waren in der Lage, viele wichtige Arbeiten zu leisten. Das Fundament der sozialistischen Ordnung blieb erhalten, der sozialistische Wirtschaftsaufbau wurde fortgesetzt, der Staat bewahrte seine Einheit. All das ist von der Rolle Mao Zedongs nicht zu trennen.

Wenn man das gesamte Leben Mao Zedongs betrachtet, hat er sich des Namens eines großen Marxisten würdig erwiesen, er war ein großer proletarischer Revolutionär, Stratege und Theoretiker. Er leistete einen wichtigen Beitrag für die Gründung und Entwicklung der KP Chinas und der Volksbefreiungsarmee Chinas, für die Befreiung aller Nationalitäten Chinas, für die Errichtung der Volksrepublik China. In der zweiten Hälfte seines Lebens führte er die Partei und das Volk im Widerstand gegen Bedrohung und Druck von außen, bei der Verteidigung der Unabhängigkeit des Landes, bei der Schaffung der Grundlagen des Sozialismus in China und der Erkundung des Weges des sozialistischen Aufbaus in China. Diese bedeutenden historischen Verdienste und der schöpferische Geist sind voll und ganz anzuerkennen. Seine Fehler bei der Suche des Weges, insbesondere der ernste Fehler der »Kulturrevolution« hatten zur Folge, dass China beim Aufbau des Sozialismus große Umwege ging und bittere Lehren ziehen musste. Die Gesamteinschätzung des Lebens Mao Zedongs: seine Verdienste stehen an erster Stelle, sie sind unauslöschlich.

VIII. Die 3. Tagung des XI. ZK eröffnet eine neue Periode der Entwicklung des Sozialismus

1. Vorangehen in Unschlüssigkeit und die Diskussion über das Kriterium der Wahrheit

Die 10-jährige Katastrophe hatte sehr ernste Folgen. Es war sehr schwierig, in kurzer Zeit das politische und ideologische Durcheinander zu überwinden. Das Zentralkomitee konzentrierte sich zunächst auf die Aufdeckung der Strukturen der Clique der »Viererbande« und die Wiederherstellung der regulären Ordnung in Partei und Staat. Falsch beschuldigte und Repressalien unterworfene Kader und andere Personen wurden rehabilitiert. Besonders die Wiederaufnahme der Arbeit Deng Xiaopings und die Wiedergutmachung des Unrechtes bei dem Tian-An-Men-Ereignis 1976 gehörten zu den Forderungen der Kader und der Massen.

Am 7.2.1977 veröffentlichten die Renmin Ribao, die Zeitschrift »Rote Fahne« und die Zeitung der Volksbefreiungsarmee einen gemeinsamen Leitartikel mit der Orientierung »alle vom Vorsitzenden Mao getroffenen Entscheidungen müssen wir entschlossen verteidigen; an alle Weisungen des Vorsitzenden Mao müssen wir uns konsequent halten« (»zwei Pflichten«[85]). Das Auftauchen dieser Position, die jede Analyse der Entscheidungen und Weisungen Mao Zedongs ablehnte, zeugt davon, dass das »linke« Gedankengut noch nicht grundsätzlich korrigiert war. Deng

---

85 es handelt sich um seine sinngemäße Übertragung, wörtlich: Liangge Fanshi – alle beide

Xiaoping, der noch nicht wieder in Funktionen eingesetzt war, kritisierte die Linie der »zwei Pflichten«. Chen Yun, Ye Jianying und weitere alte Genossen verwiesen auf die gute Tradition des »Suchens der Wahrheit in den Tatsachen«.

Im Juli 1977 fand die 3. Tagung des X. ZK statt. Sie beschloss die Wiedereinsetzung Deng Xiaopings in alle Funktionen, derer er 1976 enthoben wurde. Er übernahm auch die Bereiche Bildung und Wissenschaft. Er wies die von Mao Zedong getroffene Einschätzung zurück, die Mehrzahl der Intellektuellen sei bürgerlich. Er betonte, dass die Wissenschaft eine Produktivkraft ist.

Vom 12.–18.8.1977 fand der XI. Parteitag statt. 1510 Delegierte vertraten 35 Millionen Parteimitglieder. Der Parteitag zog die Bilanz des Kampfes gegen die konterrevolutionäre Jiang-Qing-Clique, verkündete das Ende der »Kulturrevolution« und bekräftigte die Grundaufgabe, im XX. Jahrhundert China zu einem modernen, starken sozialistischen Staat aufzubauen. Aber der Parteitag hat nach wie vor die falsche Theorie und Praxis der »Kulturrevolution« bestätigt. Das Zentralkomitee wählte Hua Guofeng zum Vorsitzenden des ZK, Ye Jianying, Deng Xiaoping, Li Xiannian u.a, zu stellvertretenden Vorsitzenden.

Im Februar/März 1978 fand die 1. Tagung des V. Nationalen Volkskongresses statt. Ye Jianying wurde zum Vorsitzenden des Ständigen Ausschusses des NVK gewählt, Hua Guofeng wurde wieder zum Ministerpräsidenten ernannt. Deng Xiaoping wurde stellvertretender Ministerpräsident. Er wurde auch zum Vorsitzenden der Politischen Konsultativkonferenz gewählt. Die Politische Konsultativkonferenz nahm ihre Arbeit, die in der »Kulturrevolution« praktisch geruht hatte, wieder auf. Das war von großer Bedeutung für die Beibehaltung und Entwicklung der Mehrparteien-zusammenarbeit und des Systems der politischen Konsul-tation unter Leitung der Kommunistischen Partei, für die Entwicklung der Einheitsfront.

Die Arbeit wurde weiter von der Linie der »zwei Pflich-ten« behindert, es konnte niemand rehabilitiert werden, dessen Bestrafung von Mao Zedong abgezeichnet war. Korrekturen im Bereich von Wissenschaft, Bildung und Kultur wurden verhindert, weil Dokumente, die von Mao Zedong abgezeichnet waren, auftauchten. Die Volkswirt-schaft entwickelte sich relativ schnell, auch das Lebensni-veau stieg an. Aber es traten wieder Tendenzen der Unge-duld auf, die zu Disproportionen führten.

Da unverändert die theoretische Position der »Kultur-revolution«, »der Klassenkampf ist das Programm« vertre-ten wurde, entstand auf dem Weg nach vorn eine Situation der Unschlüssigkeit.

Der von Mao Zedong kurz vor seinem Ableben be-stimmte Nachfolger, Hua Guofeng, hat Verdienste bei der Zerschlagung der konterrevolutionären Jiang-Qing-Clique, er bemühte sich auch um die Beendigung der von der »Kul-turrevolution« hervorgerufenen Wirren und setzte sich für die Entwicklung der Wirtschaft ein. Aber er war nicht in der Lage, die Gefährlichkeit der »Kulturrevolution« in ihrem Wesen zu erkennen. Insbesondere erkannte er nicht die Fehlerhaftigkeit der von Mao Zedong in seinen späten Jahren vertretenen »Theorie der Fortsetzung der Revolu-tion unter der Diktatur des Proletariats«. Er war nicht in der Lage, folgende komplizierte Frage zu lösen: einerseits den Fehler der »Kulturrevolution« zu korrigieren und an-dererseits den Platz Mao Zedongs in der Geschichte und die Ideen Mao Zedongs als Leitideen unserer Partei zu erhalten. Deshalb war er nicht in der Lage, die schwierige Aufgabe zu übernehmen, das Chaos zu überwinden und Normalität herzustellen sowie die ganze Partei zur Wende zu führen.

Folgende Frage war zu klären: welche Haltung muss letztendlich gegenüber den Weisungen Mao Zedongs eingenommen werden? In mehreren Publikationen erschienen Artikel zur Frage des Kriteriums der Wahrheit. Am 11.5.1978 erschien in der Zeitung »Guangming Ribao« der Artikel »Die Praxis ist das einzige Kriterium der Wahrheit«. Dieser Artikel war vom stellvertretenden Rektor der Parteihochschule, Hu Yaobang[86], bestätigt worden. Es entstand eine scharfe Auseinandersetzung zwischen der Position der »zwei Pflichten«, die unter vielen Kadern noch starken Einfluss hatte, und der Position, »die Wahrheit in den Tatsachen suchen«.

Auf der Konferenz über die politische Arbeit in der Armee am 2.6.1978 hat Deng Xiaoping in seiner Rede die Auffassungen Mao Zedongs, »die Wahrheit in den Tatsachen suchen« dargelegt und den falschen Standpunkt im Herangehen an Mao Zedong und die Mao-Zedong-Ideen, der in der Formel »zwei Pflichten« zum Ausdruck kommt, kritisiert. Er forderte, die schädlichen Auswirkungen von Liu Biao und der »Viererbande« auszumerzen, eine große Befreiung des Denkens zu erreichen. Die Frage des Kriteriums der Wahrheit war zu einer wichtigen politischen Frage für die Perspektive der Partei und des Landes geworden. Der Ruf nach der Befreiung des Denkens wurde lauter, es wurde begonnen, die Fesseln der »zwei Pflichten«

---

86 1915–1989; Mitglied der KP Chinas ab 1933; Teilnehmer am Langen Marsch; Wahl in das ZK der Partei auf dem VIII. Parteitag 1956; gemaßregelt in der »Kulturrevolution«; 1977 stellv. Rektor der Parteihochschule; 1980-1987 Generalsekretär des ZK der KP Chinas.

und des langjährigen Personenkultes zu sprengen. Die Debatte über das Kriterium der Wahrheit führte zur Wiederherstellung der ideologischen Linie, die Wahrheit in den Tatsachen zu suchen, sie korrigierte den lang andauernden »linken« Fehler, schuf die ideologisch-theoretische Basis für die historische Wende.

2. Die große Wende in der Geschichte der Partei und des Landes nach der Gründung der VR China

Es wurde begonnen, die Fesseln der »zwei Pflichten« abzustreifen. Wer rehabilitiert werden musste, wurde rehabilitiert, ohne darauf zu achten, in welcher Situation die Repressalien erfolgten und wer sie bestätigt hat. Einige Industriebereiche bestanden auf dem Leistungsprinzip, in einigen ländlichen Gebieten wurden in bestimmtem Maße die »linken« Methoden der Politik auf dem Lande korrigiert. Auf ideologischem Gebiet entwickelte sich die Kritik an ultralinken Tendenzen. Die Grundprinzipien des Marxismus wurden wiederhergestellt. In der Partei entstand die Debatte über verschiedene sozialistische Strukturreformen.

Die internationale Situation, besonders das Kennenlernen der Situation in den entwickelten Ländern, vertiefte das Empfinden für die Dringlichkeit der Öffnung nach außen. Zur schnellen Erweiterung und Intensivierung der Außenkontakte Chinas fuhren Partei- und Staatsführer ins Ausland. Sie empfanden deutlich den wachsenden Abstand zwischen China und den entwickelten Ländern auf den Gebieten der Wirtschaft, Wissenschaft und Technik sowie der Verwaltung. Im März 1978 erklärte Deng Xiaoping: »Unabhängigkeit und Selbständigkeit bedeutet nicht, sich von der Außenwelt abzukapseln, sich auf die eigenen Kräfte stützen bedeutet nicht, blind alles, was von außen kommt, abzulehnen«. »Jede Nation, jedes Land sollte von den Vorzügen anderer Nationen und Länder lernen, sollte von der fortgeschrittenen Wissenschaft und Technik anderer lernen«.

Vom Juli bis September 1978 fand eine Konferenz des Staatsrates über theoretische Fragen der politischen Linie statt. Viele Genossen schlugen vor, das erstarrte Leitungssystem der Wirtschaft zu reformieren und aus dem Ausland fortgeschrittene Technik und Kapital einzuführen. Li Xiannian betonte, wenn die gegenwärtig rückständigen Produktivkräfte entscheidend verändert werden sollen, müssen die Produktionsverhältnisse und der Überbau in vielen Bereichen verändert werden. Die Ende September 1978 durchgeführte Gesamtstaatliche Planungskonferenz nannte drei notwendige Veränderungen der Wirtschaftspolitik: 1. Der Schwerpunkt muss auf die Erhöhung der Produktion und die technische Revolution gerichtet sein. 2. Die Leitungsstruktur und die Leitungsmethoden müssen auf eine wissenschaftliche Grundlage entsprechend den wirtschaftlichen Gesetzmäßigkeiten orientiert werden. 3. Von der Abkapselung nach außen oder einer halben Abkapselung nach außen muss man übergehen zur Aufnahme fortgeschrittener ausländischer Technik und zur Nutzung ausländischen Kapitals. Man muss mutig den Weg in den internationalen Markt beschreiten.

Deng Xiaoping, dem die dringende Notwendigkeit der Entwicklung des Landes und der schlechte Zustand der wirtschaftlichen und politischen Systeme sehr bewusst war, hat zunächst innerhalb der Führung betont: der Sozialismus erfordert die Beschleunigung der Entwicklung der Produktivkräfte, das Studium und die Übernahme fortgeschrittener Technik und Leitungsmethoden aus dem Ausland, die mutige Reformierung des Systems der Wirtschaftsleitung. Auf einer Inspektionsreise in die drei Provinzen von Nordostchina im September 1978 beriet er diese Fragen vor Ort. Seine Position, den Schwerpunkt der Arbeit von Partei und Staat auf die Modernisierung zu legen, fand die Zustimmung des Ständigen Ausschusses des Politbüros des ZK.

Vom 10.11. bis 15.12.1978 führte das ZK in Beijing eine Arbeitsberatung durch. Ursprünglich sollte auf der Tagung die Arbeit im Bereich der Wirtschaft diskutiert werden. Auf der Tagesordnung waren die bereits begonnene Debatte über das Kriterium der Wahrheit sowie die Frage der Berichtigung der ideologischen Linie der Partei und die Rehabilitierung zu Unrecht Gemaßregelter, über die man sich innerhalb und außerhalb der Partei große Sorgen machte, nicht enthalten. Deshalb waren viele Genossen, die zuerst die Fragen von Richtig und Falsch hinsichtlich der ideologischen Linie sowie der großen historischen Fragen lösen wollten, sehr unzufrieden. Chen Yun hat als erster die Auffassung geäußert, die von der Geschichte hinterlassenen Probleme systematisch zu lösen. Das fand starken Widerhall der Mehrheit der Teilnehmer. Deshalb wurde die Tagesordnung geändert. Durch die entschiedene Forderung der Teilnehmer hat das Politbüro des ZK am 25. November schließlich beschlossen, das Ereignis auf dem Tian-An-Men-Platz von 1976 neu zu bewerten und 61 in der »Kulturrevolution« als Verräter beschuldigte und unrechtmäßig gemaßregelte führende Kader zu rehabilitieren. Damit wurden große Probleme, die die Geschichte hinterlassen hatte, geklärt.

Danach debattierte die Tagung über die Frage des Kriteriums der Wahrheit, es traten Meinungsverschiedenheiten auf, die scharf diskutiert wurden. Im Ergebnis wurde die Forderung noch lauter, den Grundsatz, die Wahrheit in den Tatsachen zu suchen, als ideologische Linie anzuerkennen. Auf der Schlusssitzung der Tagung am 13.12.1978 hielt Deng Xiaoping eine Rede unter dem Titel »Das Denken befreien, die Wahrheit in den Tatsachen suchen, geschlossen nach vorn sehen«. Er erklärte: wenn eine Partei, ein Staat, eine Nation, in allem nur von Schablonen ausgeht, wenn das Denken verknöchert ist, Aberglaube Mode ist, kann es kein Vorwärtsschreiten geben, die Vitalität kommt zum Stillstand. Er stellte zudem die Aufgabe, die Systeme auf wirtschaftlichem Gebiet zu reformieren. »Wenn wiederum keine Reformen durchgeführt werden, wird unsere Sache der Modernisierung, unsere Sache des Sozialismus begraben«. Diese Rede ist das Manifest für den Beginn der neuen Zeit und des neuen Weges an dem historischen Punkt, an dem China vor der Entscheidung stand, welchen Weg es einschlägt. Diese Rede wurde von den Teilnehmern der Tagung lebhaft begrüßt, sie wurde praktisch zum bestimmenden Bericht der danach folgenden 3. Tagung des XI. ZK.

Vom 18.–22.12.1978 fand die 3. Tagung des XI. ZK in Beijing statt. Die Tagung legte fest, die Massenbewegung zur Entlarvung und Kritik von Lin Biao und der »Viererbande« zu beenden und den Schwerpunkt der Arbeit von Partei und Regierung auf den Aufbau des Sozialismus und die Modernisierung zu verlegen. Die Tagung wählte Chen Yun zum Mitglied des Politbüros, seines Ständigen Ausschusses und zum Stellvertretenden Vorsitzenden des ZK, sie wählte Deng Yingchao[87] und Hu Yaobang zu Mitgliedern des Politbüros. Hua Guofeng war zu dieser Zeit noch Vorsitzender des ZK, aber hinsichtlich der Verkörperung der richtigen Linie der Partei und der Entscheidung für den Aufbau und die Modernisierung war Deng Xiaoping in Wirklichkeit bereits zum Kern des Führungskollektivs des ZK geworden.

Die 3. Tagung des XI. ZK ist nach Gründung der VR China in der Geschichte der Partei eine Wende von größter Bedeutung. Die Tagung hat die Position der »zwei Pflichten« prinzipiell verworfen, erneut die ideologische Linie der Befreiung des Denkens und die Wahrheit in den Tatsachen zu suchen, bestätigt, die Verwendung der Losung »Klassenkampf als Programm« beendet, die Verlagerung des Arbeitsschwerpunktes beschlossen, die politische Linie der Beendigung des Chaos und Wiederherstellung der Normalität durchgesetzt. Sie hat das Führungskollektiv des ZK der Partei mit Deng Xiaoping als Kern geschaffen, den demokratischen Zentralismus in der Partei wiederhergestellt, die Aufgabe gestellt, die Demokratie zu einem System zu entwickeln und rechtlich zu sichern. Die Tagung hat sich für ein richtiges Herangehen an den Platz von Mao Zedong in der Geschichte und an das wissenschaftliche System der Mao-Zedong-Ideen ausgesprochen und die Linie für die Korrektur der Fehler Mao Zedongs in seinen späten Jahren bei gleichzeitigem

---

87 1904–1992; Ehefrau von Zhou Enlai, 1925 Mitglied der KP Chinas.; leitende Funktionen in der KP

Festhalten an den Mao-Zedong-Ideen und deren weiterer Entwicklung gewiesen. Die Tagung beschloss die Durchführung der Politik der Reformen und Öffnung, die historische Wende des Überganges Chinas vom »Klassenkampf als Programm« zum Wirtschaftsaufbau als zentrale Aufgabe, von der Verkrustung zur allseitigen Reform, von der Abkapselung zur Öffnung nach außen.

Mit dieser Tagung wurde die sozialistische Reform und Öffnung, der neue Weg der Errichtung des Sozialismus chinesischer Prägung eingeleitet. Die Tagung zeugt davon, dass die KP Chinas sich letztendlich aus ernsten historischen Rückschlägen kraftvoll neu erhoben hat.

Nach der 3. Tagung des XI. ZK wurde innerhalb und außerhalb der Partei die neue Situation intensiv untersucht. Parallel zur Lösung neuer Fragen traten verschiedene zu beachtende Erscheinungen auf. Einerseits unterlagen einige Genossen nach wie vor den Fesseln der »linken« Ideologie. Andererseits hat eine kleine Minderheit die Gelegenheit der Korrektur der »linken« Fehler durch die Partei genutzt, um unter dem Banner von »Demokratie und Freiheit«, »Befreiung des Denkens« Zweifel an der führenden Rolle der Kommunistischen Partei oder deren Ablehnung sowie antisozialistische und gegen die Mao-Zedong-Ideen gerichtete Parolen zu verbreiten und für einen kapitalistischen Weg einzutreten. Auch eine kleine Minderheit in der Partei zeigte ideologische Schwankungen. Sie verkannten nicht nur die Gefährlichkeit dieser Tendenz der bürgerlichen Liberalisierung, sondern sie haben diese auch mehr oder minder direkt bzw. indirekt unterstützt.

Im März 1979 hat Deng Xiaoping auf einer Konferenz zu theoretischen Fragen betont: bei der Realisierung der vier Modernisierungen in China muss man am sozialistischen Weg, an der Diktatur des Proletariats, der demokratischen Diktatur des Volkes, der Führung durch die Kommunistische Partei und am Marxismus-Leninismus, den Mao-Zedong-Ideen festhalten. Diese vier Grundprinzipien sind die grundlegende Vorbedingung für die Verwirklichung der vier Modernisierungen. Dies zeigt, dass die Politik der KP Chinas der Reformen und der Öffnung von Beginn an eine klare sozialistische Richtung hatte. Das war eine klare Absage an die Tendenz der bürgerlichen Liberalisierung. Die vier Grundprinzipien bilden gemeinsam mit der Orientierung, dass der Wirtschaftsaufbau im Zentrum steht und der Politik der Reformen und der Öffnung den grundlegenden Inhalt der Linie der 3. Tagung des XI. ZK.

Im Prozess des sozialistischen Aufbaus und der Modernisierung, des Festhaltens an den vier Grundprinzipien und der Durchsetzung der Reformen und Öffnung bildet sich schrittweise die Theorie Deng Xiaopings, der heutige Marxismus Chinas, heraus und entwickelt sich.

3. Der Beginn der Regulierung der Wirtschaft sowie der Reformen und Öffnung

Nach der 3. Tagung des ZK musste sich das ZK mit ernsthaften wirtschaftlichen Disproportionen und anderen Problemen der Wirtschaft beschäftigen. Im April 1979 begann mit einer Arbeitskonferenz des ZK die Regulierung der Wirtschaft.

Deng Xiaoping betonte, die Modernisierung in China muss zumindest zwei Besonderheiten berücksichtigen:

1. die Basis ist schwach und 2. die große Bevölkerungszahl und das verhältnismäßig geringe Ackerland[88].

Die Regulierung der Wirtschaft begann mit der Landwirtschaft. Die Proportionen zwischen Landwirtschaft und Industrie mussten verbessert werden. Auf Vorschlag des ZK beschloss der Staatsrat die Erhöhung der Aufkaufpreise landwirtschaftlicher Erzeugnisse. Die Wiederherstellung und Entwicklung der landwirtschaftlichen Produktion wurde gefördert.

Die Regulierung hatte zur Folge, dass ab 1981 die größten Disproportionen, insbesondere das Zurückbleiben der Landwirtschaft und der Leichtindustrie überwunden waren.

Es wurde ein neuer Weg eingeschlagen, der auf ein relativ reales Wachstumstempo, wirtschaftliche Effektivität und größeren Nutzen für das Volk orientierte. Gleichzeitig wurden Schritte zur Reformierung der Dörfer und Betriebe eingeleitet. Um die Grundfrage, die Getreideversorgung, zu lösen, wurde bereits 1957, 1959 und 1961 begonnen, Verantwortungssysteme der Produktionsgruppen bzw. der Familien einzuführen[89]. Dabei mussten Auffassungen überwunden werden, dass dies bedeute, den kapitalistischen Weg zu gehen. Im April 1980 schlug ein Dorf in der Provinz Sichuan ein Schild mit der Bezeichnung »Dorfvolksregierung« an, es war der erste Ort, in dem die Volkskommune abgeschafft wurde.

In zwei Beratungen mit verantwortlichen Funktionären der Zentrale hat Deng Xiaoping im April und Mai 1980 erklärt, dass die Übergabe des Bodens in die persönliche Verantwortung der Bauern den sozialistischen Charakter des

---

88 23 % der Weltbevölkerung verfügen über 7 % der Weltackerfläche; das sind pro Einwohner der VR China 930 m²
89 d.h. schrittweise Auflösung der Volkskommunen

Systems im Lande nicht beeinträchtigt. In einem Dokument über die Vervollkommnung der landwirtschaftlichen Verantwortungssysteme vom September 1980 wurde erstmals die Gleichsetzung vom System der Familienbetriebe mit Kapitalismus aufgehoben. Es wurde anerkannt, dass das System der Familienbetriebe unter Leitung der Produktionsbrigade kein Verlassen des sozialistischen Weges ist. 1982 wurde nach langer Zeit wieder eine gute Ernte eingebracht.

In den Städten wurden örtlich versuchsweise Reformen des Wirtschaftssystems durchgeführt. Ein Teil der zentral geleiteten oder von den Provinzen verwalteten Betriebe wurde den Städten übergeben. Im Oktober 1978 wurden in Sichuan Experimente mit der Selbstverwaltung von Betrieben durchgeführt. Dabei wurde die strikte Bindung an den Produktionsplan abgebaut, auf die Bedürfnisse des Marktes orientiert. Die kollektive Wirtschaft wurde unterstützt, individuelle Wirtschaft wurde zugelassen, ein neues System der Beschäftigung entstand.

Bedeutende Veränderungen wurden bei der Öffnung nach außen eingeführt. Auf der Arbeitskonferenz im April 1979 wurde der Vorschlag des Provinzparteikomitees Guangdong behandelt, die an Hongkong bzw. Macao angrenzenden Orte Shenzhen und Zhuhai sowie Shantou zu Exportindustriegebieten zu machen. Die Tagung beschloss, in diesen drei Orten und in Xiamen[90] wirtschaftliche Sonderzonen einzurichten, in denen Auslandschinesen und Personen aus Hongkong und Macao investieren können. Innerhalb von vier Jahren wurden Shenzhen und Zhuhai von armen Dörfern zu modernen Städten.

---

90 Provinz Fuzhou

Von 1978 bis 1982 stieg die industrielle und landwirtschaftliche Bruttoproduktion jährlich im Durchschnitt um 7,3 %. Das Leben des Volkes wurde sichtbar verbessert.

4. Die erfolgreiche Beendigung des Chaos und Wiederherstellung der Ordnung

Nachdem die 3. Tagung des XI. ZK eindeutig entschieden hatte, die Losung »Klassenkampf als Programm« nicht mehr zu verwenden, musste die Frage des Hauptwiderspruches der sozialistischen Gesellschaft geklärt werden. Im März 1979 erklärte Deng Xiaoping: »Das Entwicklungsniveau unserer Produktivkräfte ist sehr niedrig, sie können die Anforderungen des Volkes und der Regierung bei weitem nicht erfüllen. Das ist in der jetzigen Zeit unser Hauptwiderspruch. Die Lösung dieses Widerspruches ist unsere zentrale Aufgabe.« Selbstverständlich ist der Klassenkampf in der sozialistischen Gesellschaft eine objektive Realität. Man darf ihn weder unterschätzen noch überbewerten. Beides führt zu ernsten Fehlern. Die Partei hat den grundlegenden Leitgedanken der »Kulturrevolution«, die Theorie von der »Fortsetzung der Revolution in der Diktatur des Proletariats« als falsch erklärt und ihre weitere Anwendung beendet.

Um die »linken« und rechten Tendenzen mit der Wurzel auszurotten, kam die Partei zur Auffassung, dass es erforderlich ist, den historischen Weg seit Gründung der VR China richtig einzuschätzen, die historischen Erfahrungen und Lehren wissenschaftlich zu verallgemeinern. Dazu gehört die Bewertung des Platzes Mao Zedongs in der Geschichte, und die Frage der Mao-Zedong-Ideen. Auf der

Grundlage des marxistischen Prinzips, die Wahrheit in den Tatsachen zu suchen, müssen die Fesseln des Personenkults und des Dogmatismus gesprengt werden. Es müssen sowohl die Fehler Mao Zedongs in seinen späten Jahren wahrheitsgemäß benannt, als auch der Platz Mao Zedongs in der Geschichte korrekt bewahrt werden, an den Mao-Zedong-Ideen ist festzuhalten.

Auf der 4. Tagung des XI. ZK im September 1979 wurde die von Ye Jianying zu haltende Rede auf der Veranstaltung zum 30. Jahrestag der Gründung der VR China bestätigt, in der eine erste Verallgemeinerung der historischen Erfahrungen seit Gründung der VR China erfolgte. Im November 1979 begann unter Leitung von Deng Xiaoping die Ausarbeitung des Beschlusses »Über einige historische Fragen der Partei seit Gründung der VR China«. Im März 1980 formulierte Deng Xiaoping drei Leitprinzipien für die Ausarbeitung: 1. Die wichtigste Kernfrage ist die Bestimmung des historischen Platzes von Mao Zedong; 2. Die großen historischen Ereignisse seit Gründung der VR China müssen wahrheitsgemäß analysiert werden, einschließlich einer gerechten Beurteilung der Verdienste und Fehler einiger verantwortlicher Genossen; 3. Diese Zusammenfassung muss nicht sehr detailliert sein, die Zusammenfassung der Vergangenheit soll der Geschlossenheit und dem gemeinsamen Blick nach vorn dienen. Die Fahne der Mao-Zedong-Ideen darf nicht verloren gehen. Diese Fahne zu verlieren bedeutet in Wirklichkeit, die ruhmreiche Geschichte unserer Partei zu negieren.

Auf der 6. Tagung des XI. ZK 1981 wurde der »Beschluss über einige historische Fragen der Partei seit Gründung der VR China« gefasst. Im Beschluss heißt es: Mao Zedong ist ein großer Marxist, ein großer proletarischer Revolutionär,

Stratege und Theoretiker, sein ganzes Leben betrachtet, sind seine Verdienste für die chinesische Revolution weit größer als seine Fehler. Der »Beschluss« hat das ursprüngliche Antlitz der Mao-Zedong-Ideen wieder hergestellt, die Fehler in seinen späten Jahren von seinen richtigen Ideen unterschieden. Er sagt aus, dass die Mao-Zedong-Ideen die Anwendung und Entwicklung des Marxismus-Leninismus in China, die durch die Praxis bestätigten richtigen theoretischen Prinzipien und verallgemeinerten Erfahrungen der chinesischen Revolution, dass sie die Kristallisation der kollektiven Weisheit der KP Chinas sind. Der »Beschluss« erklärt: die Mao-Zedong-Ideen sind wertvoller geistiger Reichtum unserer Partei, sie sind für lange Zeit Orientierung für unser Handeln. Der »Beschluss« hat die »Kulturrevolution« prinzipiell verworfen. Er hat deutlich gemacht, dass die Partei bereits in Anfängen einen Weg des sozialistischen Aufbaus und der Modernisierung festgelegt hat, der der Situation unseres Landes entspricht. Seine wichtigsten Punkte sind: der Schwerpunkt der Arbeit von Partei und Staat wird auf den Wirtschaftsaufbau mit Zentrum der Modernisierung verlegt; auf der Grundlage der Entwicklung der Produktivkräfte erfolgt eine schrittweise Verbesserung des materiellen und kulturellen Lebens des Volkes; der Aufbau der Wirtschaft muss von der Lage des Landes ausgehen, die Modernisierung muss in Übereinstimmung mit den verfügbaren Kräften schrittweise und in Etappen erfolgen; die Veränderung der Produktionsverhältnisse muss der Situation der Produktivkräfte entsprechen, sich günstig auf die Entwicklung der Produktion auswirken; die Klassenkämpfe in der sozialistischen Gesellschaft müssen richtig erkannt und gelöst werden; es ist ein politisches System des Sozialismus mit hoher Demokratie zu errichten; der Sozialismus muss sich durch hohe geistige Zivilisation auszeichnen.

Im Prozess der Diskussion des Beschlusses haben viele Genossen die Fehler von Hua Guofeng kritisiert und die Veränderung seiner Funktion gefordert. Hua Guofeng selbst hat um seine Entlastung gebeten. Die 6. Tagung des XI. ZK hat den Rücktritt Hua Guofengs von den Funktionen des Vorsitzenden des ZK und der Zentralen Militärkommission angenommen. Hu Yaobang wurde zum Vorsitzenden des ZK und Deng Xiaoping zum Vorsitzenden der Zentralen Militärkommission gewählt.

Im Verlaufe der Regulierung wurden weitere alte Kader rehabilitiert, u. a. Peng Dehuai und Peng Zhen. Auf der 5. Tagung des XI. ZK im Februar 1980 wurde Liu Shaoqi rehabilitiert. Seine Ehre als großer Marxist, proletarischer Revolutionär, einer der Führer von Partei und Staat wurde wiederhergestellt.

Einige in der »Kulturrevolution« verleumdete frühere Führer, wie Qu Quibai, Li Lisan, Zhang Wentian wurden ebenfalls rehabilitiert. Bis 1982 wurden über 3 Millionen Kader und zahlreiche gemaßregelte demokratische Persönlichkeiten und Intellektuelle rehabilitiert. Bis Ende 1982 war die Rehabilitierung der zu Unrecht Gemaßregelten im Wesentlichen abgeschlossen.

Die Partei hat auch einige von der Geschichte hinterlassenen Fragen gelöst. Im Januar 1979 erklärte die Partei, dass die Großgrundbesitzer, reichen Bauern, und ehemals als Konterrevolutionäre und Saboteure Eingestuften, die über viele Jahre gesetzestreu waren, in ihre Rechte als Bürger eingesetzt werden[91], die Kinder aus Familien der

---

91 ihre »Mützen« wurden abgenommen

Großgrundbesitzer und reichen Bauern wurden als Mitglieder der Kommunen behandelt, ihre Diskriminierung wurde verboten. Mit dieser Entscheidung erhielten mindestens 20 Millionen Menschen ein neues politisches Leben. Im November 1979 erhielten 700 000 Händler und kleine Handwerker ihren Status als Werktätige zurück. Bis Juni 1980 wurde für 540 000 fälschlicherweise als »Rechte« eingestufte Personen diese Bezeichnung gestrichen. »Linke« Fehler in der Arbeit mit nationalen Minderheiten und Gläubigen wurden korrigiert.

Vom 20. 11. 1980 bis 25. 1. 1981 verhandelte ein Sondergericht des Obersten Gerichtes über die zehn Haupttäter der konterrevolutionären Cliquen Lin Biao und Jiang Qing. Die Unverletzlichkeit der sozialistischen Rechtsordnung wurde wiederhergestellt.

Gleichzeitig mit der Beseitigung der »Linken« Fehler wurde der Parteiaufbau verstärkt. Nach der 3. Tagung des XI. ZK wurden bei den Parteileitungen aller Ebenen Parteikontrollkommissionen gebildet. Auf der 5. Tagung des XI. ZK im Februar 1980 wurden »Normen des innerparteilichen Lebens« beschlossen. Das ZK beschloss auch, das Sekretariat des ZK neu zu bilden. Hu Yaobang wurde zum Generalsekretär des Sekretariats des ZK gewählt.

Die Lehren aus dem politischen Leben von Partei und Staat ziehend, begann das ZK die Frage der Reformierung der Leitungsstruktur von Partei und Staat aufzuwerfen. Deng Xiaoping sprach zu dieser Frage auf einer erweiterten Sitzung des Politbüros am 18. 8. 1980. Er benannte Bürokratismus, übermäßige Machtkonzentration, paternalistisches Gebaren, das System lebenslanger Ausübung der Funktion, verschiedenartige Privilegien usw. als hauptsächliche Missstände, Kern ist die übermäßige Konzentration der Macht.

Nach mehrjährigen Anstrengungen zur Beendigung des Chaos und Wiederherstellung der Ordnung haben sich Partei und Staat aus der schwierigen Lage befreit und die historische Wende der Einleitung des Aufbaus des Sozialismus chinesischer Prägung ruhig und stabil vollzogen.

IX. Einen eigenen Weg beschreiten, den Sozialismus chinesischer Prägung aufbauen

1. Der XII. Parteitag und die Bestimmung des Programms der umfassenden Reform

Der XII. Parteitag der KP Chinas tagte vom 1.–11.9.1982, an ihm nahmen 1 545 Delegierte teil. Sie vertraten 39 Millionen Mitglieder der Partei. In der Eröffnungsrede orientierte Deng Xiaoping: »Die allgemeine Wahrheit des Marxismus mit der konkreten Lage unseres Landes verbinden, einen eigenen Weg beschreiten, den Sozialismus chinesischer Prägung errichten.«

Der Parteitag bestätigte den Bericht von Hu Yaobang »Den sozialistischen Modernisierungsaufbau allseitig beginnen«. Als Hauptaufgabe der Partei in der neuen Etappe wurde formuliert: die Nationalitäten des ganzen Landes zusammenschließen, aus eigener Kraft, durch harte Arbeit schrittweise die Modernisierung von Industrie, Landwirtschaft, Landesverteidigung, Wissenschaft und Technik realisieren, unser Land zu einem sozialistischen Land mit hoher Zivilisation und Demokratie aufbauen. Der Parteitag nannte das Ziel, die industrielle und landwirtschaftliche Bruttoproduktion von 1981 bis zum Ende des XX. Jahrhunderts zu vervierfachen, im materiellen und kulturellen Leben des Volkes einen bescheidenen Wohlstand zu erreichen. Der Parteitag beschloss, Landwirtschaft, Energie, Verkehr, Bildung und Wissenschaft zu strategischen Schwerpunkten zu machen und einen Gesamtplan sowie die Maßnahmen der Reform des Wirtschaftssystems beschleunigt auszuarbeiten. Der Parteitag veränderte das ursprüngliche Ziel, bis zum Ende des XX. Jahrhunderts die Modernisierung zu verwirklichen in das Ziel der Erreichung des Niveaus eines bescheidenen Wohlstandes. Das entsprach der tatsächlichen Lage der ökonomischen Rückständigkeit und ungleichmäßigen Entwicklung unseres Landes.

Ein wichtiger Beitrag des Parteitages besteht darin, dass neben dem wirtschaftlichen Aufbau die sozialistische geistige Zivilisation als weiteres wichtiges Merkmal des Sozialismus behandelt wurde. Der Aufbau der materiellen und geistigen Zivilisation des Sozialismus erfordert die Entwicklung der sozialistischen Demokratie. Das ist eine Bereicherung und Entwicklung der Theorie des wissenschaftlichen Sozialismus. Das Verständnis der Partei für den Sozialismus wurde vervollständigt und vertieft.

Der Parteitag nahm ein neues Parteistatut an, die »linken« Fehler des Statutes des XI. Parteitages wurden beseitigt. Das neue Statut bestimmt, dass das ZK keinen Vorsitzenden sondern einen Generalsekretär hat. Auf der 1. Tagung des XII. ZK wurde Hu Yaobang zum Generalsekretär des ZK gewählt. Weitere Mitglieder des Ständigen Ausschusses des Politbüros waren: Ye Jianying, Deng Xiaoping, Zhao Ziyang[92], Li Xiannian, Chen Yun. Deng Xiaoping wurde Vorsitzender der Zentralen Militärkommission und Vorsitzender der Zentralen Beraterkommission, ein neues Organ mit Übergangscharakter für die Übergabe der Führungsfunktionen von den alten an jüngere Kader. Chen Yun erhielt die Aufgabe des Vorsitzenden der Zentralen Parteikontrollkommission.

Im Dezember 1982 fand die 5. Tagung des V. Nationalen Volkskongresses statt. Es wurden relativ große Ver-

---

[92] 1919–2005; 1938 Eintritt in die KP Chinas, 1980–1987 Ministerpräsident der VR China, 1987–1989 Generalsekretär des ZK der KP Chinas

änderungen der Verfassung, die auf der 1. Tagung des
V. NVK (Februar/März 1978) angenommen wurde, beschlossen. Die politische und wirtschaftliche Ordnung
des Staates, die Staatsorgane und die Grundlinie der
Innen- und Außenpolitik wurden definiert. Es wurde das
Amt des Vorsitzenden[93] und des Stellvertretenden Vorsitzenden der VR China eingerichtet und die Zentrale
Staatliche Militärkommission gebildet, die alle bewaffneten Kräfte des Landes führt. Die Amtsperiode der führenden staatlichen Repräsentanten wurde auf zwei Legis-
laturperioden begrenzt. Auf der 1. Tagung des VI. NVK
im Juni 1983 wurde Li Xiannian zum Vorsitzenden der
VR China und Peng Zhen zum Vorsitzenden des Ständigen Ausschusses des NVK gewählt. Zhao Ziyang wurde
als Ministerpräsident bestätigt und Deng Xiaoping zum
Vorsitzenden der Zentralen Staatlichen Militärkommission gewählt.

Nach dem XII. Parteitag wurde die Reform der Wirt-
schaftssysteme umfassend in Angriff genommen. Das System der Familienbetriebe auf dem Dorf setzte sich im
ganzen Land schnell durch. Die landwirtschaftliche Produktion und das Einkommen der Bauern erhöhten sich
rasch. Im Oktober 1983 beschloss das ZK der Partei die
Abschaffung der Volkskommunen. Die Verwaltungsorgane des Dorfes bzw. der Gemeinde wurden die örtlichen
Staatsorgane. Außerdem wurden Dorfbewohnerkomitees
als Selbstverwaltungsorgane geschaffen. Bis zum Frühjahr
1985 war diese Aufgabe in allen Dörfern abgeschlossen. In
den Dörfern und Gemeinden entwickelten sich neuartige
kommunale Betriebe. 1987 waren dort über 88 Millionen

---

93 Präsident

Menschen beschäftigt. Ihr Produktionswert überstieg den Wert der Agrarproduktion.

Die Experimente der wirtschaftlichen Reformen in den Städten weiteten sich aus.

Am 20.10.1984 wurde die 3. Tagung des XII. ZK eröffnet. Sie fasste den »Beschluss über die Reform des Wirtschaftssystems«. Darin heißt es: Die Reform ist eine Vervollkommnung der sozialistischen Ordnung, die grundlegende Aufgabe der Reform ist die Errichtung eines sozialistischen Wirtschaftssystems mit chinesischer Prägung, voller Vitalität und Lebenskraft. Im Beschluss wird gefordert, die Stärkung der Lebenskraft der Betriebe zum Kettenglied der Wirtschaftsreform zu machen, das Wertgesetz bewusst anzuwenden, die sozialistische Warenwirtschaft zu entwickeln, ein rationelles Preissystem zu schaffen, die Rolle der wirtschaftlichen Hebel zu beachten, die Funktionen der Regierung und der Betriebe zu trennen und die wirtschaftsleitende Funktion der Regierungsorgane richtig zu entfalten, viele Formen des Systems der wirtschaftlichen Verantwortlichkeit zu schaffen, das Leistungsprinzip konsequent zu verwirklichen, den wirtschaftlichen und technischen Austausch mit dem Ausland und im Inland aktiv zu entwickeln, eine Generation neuer Leiter einzusetzen, eine große Gruppe Kader für die Leitung der sozialistischen Wirtschaft heranzubilden sowie die Führung durch die Partei zu stärken. Mit dem Beschluss wurde die traditionelle Auffassung überwunden, die Planwirtschaft und die Warenwirtschaft seien Gegensätze, es wurde bekräftigt, dass die sozialistische Wirtschaft unseres Landes eine geplante Warenwirtschaft auf der Grundlage des Gemeineigentums ist. Die umfassende Entwicklung der Warenwirtschaft ist eine Etappe, die bei der Entwicklung der

Deng Xiaoping bei seiner Rede auf der Festkundgebung zum
35. Jahrestag der Gründung der VR China am 1. Oktober 1984

sozialistischen Wirtschaft nicht übersprungen werden kann. Das war eine neue theoretische Erkenntnis.

Danach wurde der Schwerpunkt der Reform des Wirtschaftssystems vom Land in die Stadt verlegt. Der Staat übergab Kompetenzen der Wirtschaftsplanung nach unten, reduzierte die verbindlichen und erweiterte die orientierenden Planvorgaben. Bis 1987 wurden die Direktivplankennziffern bei Industrieprodukten von 120 auf 60 reduziert.

Entsprechend dem Prinzip der Trennung von Regierung und Betrieb, der angemessenen Trennung zwischen Eigentums- und Bewirtschaftungsrechten, veränderten die Staatsbetriebe die traditionelle Methode des einheitlichen Ein- und Verkaufs, die Selbständigkeit in der Wirtschaftstätigkeit wurde ausgebaut. Bis 1987 hatten 80 % der Staatsbetriebe unterschiedliche Formen der Verantwortungssysteme eingeführt.

Unter der Voraussetzung, dass die gemeineigene Wirtschaft unverändert den Platz des Hauptbestandteiles einnimmt, wurde die gemeinsame Entwicklung verschiedener Eigentumsformen gefördert. Die leitende Rolle der staatseigenen Wirtschaft wurde gestärkt, die kollektive Wirtschaft entwickelte sich schnell. Die Teile der Wirtschaft, die nicht Gemeineigentum sind, wie chinesisch-ausländische Joint Ventures, ausländische Alleininvestitionen und die Privatwirtschaft haben mit Unterstützung und Lenkung des Staates eine beachtliche Entwicklung erfahren.

1985 führte der Staat für Getreide, Baumwolle und einige wenige andere wichtige landwirtschaftliche Produkte ein System des geplanten vertragsgebundenen Aufkaufs ein. Die darüber hinaus erzeugten Produkte können selbst vermarktet oder auf der Basis vereinbarter Preise vom Staat aufgekauft werden. Die anderen landwirtschaftlichen Produkte können ohne staatliche Auflagen auf dem Markt verkauft werden.

Im März 1985 fasste das ZK einen Beschluss über die Reform im Bereich von Wissenschaft und Technik, im Mai 1985 über die Reform im Bildungswesen. Im März 1986 wurde von Wissenschaftlern dem ZK ein Vorschlag über die Entwicklung von Hochtechnologien übergeben. Der Anteil des Bildungswesens an den staatlichen Ausgaben stieg von 6,79 % 1978 auf 12,12 % 1986, mit der Einführung der 9jährigen Schulpflicht wurde begonnen.

Mit Blick auf die Entwicklung von Reform, Öffnung und der Warenwirtschaft hat Deng Xiaoping wiederholt die ganze Partei gemahnt, einen kühlen Kopf zu bewahren, an den 4 Grundprinzipien festzuhalten, wachsam gegen die Zersetzung durch die dekadente kapitalistische und feudalistische Ideologie zu sein, bürgerlicher Liberalisierung zu widerstehen. Gleichzeitig mit der Reform des Wirtschaftssystems muss der Aufbau der sozialistischen Demokratie und des sozialistischen Rechtssystems erfolgen. Beim Aufbau der sozialistischen materiellen Zivilisation darf man keinesfalls den Aufbau der sozialistischen geistigen Zivilisation außer Acht lassen.

Im September 1985 wurde auf der Nationalen Parteikonferenz ein Beschluss über die Ausarbeitung des 7. Fünfjahrplanes der volkswirtschaftlichen und gesellschaftlichen Entwicklung gefasst[94]. Es erfolgte die Nachwahl einer Gruppe neuer Mitglieder des ZK, der Beraterkommission und der Parteikontrollkommission. Deng Xiaoping erklärte auf der Konferenz: die neuen und die alten Kader müssen

---

94 1986–1990

das Studium des Marxismus ernst nehmen, mit Blick auf die neue Situation die theoretischen Grundlagen des Marxismus beherrschen und es vermeiden, im komplizierten täglichen Kampf die Richtung zu verlieren. Im September 1986 hat die 6. Tagung des XII. ZK einen Beschluss über den strategischen Platz, die Orientierung und die grundlegenden Aufgaben des Aufbaus der geistigen Zivilisation gefasst. Im Prozess der gleichzeitigen Beachtung beider Zivilisationen[95] traten Inkonsequenzen auf. Hu Yaobang hat die Reformen und die Öffnung sowie die Modernisierung aktiv vorangetrieben, aber dem Kampf gegen die bürgerliche Liberalisierung nicht die erforderliche Beachtung geschenkt. Im Januar 1987 führte das Politbüro eine erweiterte Tagung durch, auf der Hu Yaobang für diese Versäumnisse kritisiert wurde. Die Tagung entsprach der Bitte von Hu Yaobang, ihn von der Funktion des Generalsekretärs zu entbinden. Zhao Ziyang wurde als amtierender Generalsekretär eingesetzt.

Ende 1985 wurde der 6. Fünfjahrplan allseitig übererfüllt. Während dieser fünf Jahre wuchs im Jahresdurchschnitt das Bruttoinlandsprodukt um 10 %, die individuelle Konsumtion um 8,7 %. Die wichtigsten volkswirtschaftlichen Proportionen hatten sich verbessert.

---

95 der materiellen und geistigen Zivilisation

2. Die anfängliche Herausbildung der Strukturen der Öffnung nach außen und die Regulierung der Außenbeziehungen

Die vier wirtschaftlichen Sonderzonen entwickelten sich erfolgreich. Vom 24.1. bis 15.2.1984 besuchte Deng Xiaoping die drei Sonderzonen Shenzhen, Zhuhai und Xiamen sowie das Metallurgische Kombinat Baoshan von Shanghai. Er bestätigte die Erfolge der Entwicklung der Sonderzonen. Im Mai 1984 beschlossen Zentralkomitee und Regierung die Öffnung von 14 Hafenstädten für die schrittweise Schaffung von wirtschaftlich-technischen Entwicklungsgebieten. Ab 1985 wurden im Delta des Changjiang (Yangzi), des Perlflusses und weiteren Gebieten wirtschaftliche Öffnungsgebiete eingerichtet, die Insel Hainan erhielt den Status einer Provinz und einer wirtschaftlichen Sonderzone. So wurde die Küstenregion mit über 200 Millionen Bewohnern zu einer vielschichtigen Struktur der Öffnung nach außen. Bis Ende 1989 wurden in den fünf Sonderzonen 4,1 Mrd. US$ ausländische Investitionen realisiert, der Export erreichte 3,85 Mrd. US$, 10% des Gesamtexportes. Das wurde die Region Chinas mit dem schnellsten Wachstum der Wirtschaftskraft.

Das ZK hat die internationale Politik reguliert. Das betrifft vor allem:

1. Nach der Zerschlagung der »Viererbande«, insbesondere nach der 3. Tagung des XI. ZK hat die Partei eine neue Einschätzung in der Frage von Krieg und Frieden erarbeitet. Die vordem vertretenen Auffassungen von der Unvermeidlichkeit eines Krieges und der Gefahr seines kurz bevorstehenden Ausbruches wurden korrigiert. Das war ein wichtiges Fundament für die Verlagerung des

Arbeitsschwerpunktes auf den wirtschaftlichen Aufbau. Deng Xiaoping betonte, es besteht die Möglichkeit, dass in einer relativ langen Periode kein großer Weltkrieg ausbricht. Die Erhaltung des Weltfriedens ist möglich. Im März 1985 erklärte er, Frieden und Entwicklung sind die beiden großen Fragen der Welt von heute, der Kampf gegen Hegemonismus und für die Erhaltung des Friedens muss fortgesetzt werden, um für unseren sozialistischen Aufbau und die Modernisierung eine lange Periode friedlicher internationaler und gutnachbarschaftlicher Verhältnisse zu erreichen.

Entsprechend der Beurteilung der internationalen Lage erfolgte eine strategische Veränderung der Orientierung für den Aufbau der Verteidigung. Im Juni 1985 erklärte die Regierung, die Streitkräfte um eine Million Mann zu reduzieren. Die Modernisierung der Streitkräfte wurde intensiviert.

2. Im taktischen Bereich der Außenpolitik wurde die vorher eine zeitlang eingeschlagene Strategie, auf der ganzen Linie gegen die Gefahr des sowjetischen Hegemonismus vorzugehen, verändert. An der unabhängigen, selbständigen Außenpolitik des Friedens wird festgehalten, in allem ist von den grundlegenden Interessen des chinesischen Volkes und der Völker der Welt auszugehen. Nach Recht und Unrecht ist die eigene Position und Politik unabhängig und selbstständig zu bestimmen. Entschieden ist auf der Seite der Kräfte des Friedens in der Welt zu stehen; wer Hegemonismus betreibt, gegen den sind wir, wer Kriege beginnt, gegen den sind wir. Wir beugen uns keinem Druck von außen, wir werden mit keiner Großmacht und keinem Staatenblock ein Bündnis eingehen. Wir werden daran festhalten, auf der Grundlage der 5 Prinzipien der friedlichen Koexistenz normale Beziehungen mit allen Ländern zu entwickeln. Wir sind konsequent gegen die

Verletzung der Souveränität und Einmischung in die inneren Angelegenheiten anderer Staaten unter dem Vorwand des Unterschiedes der gesellschaftlichen Ordnung, der Ideologie oder der Wertevorstellungen. Entsprechend dieser Linie wird China gleichzeitig mit der Sicherung der nationalen Unabhängigkeit und Souveränität durch aktive bi- und multilaterale diplomatische Aktionen, durch breite Teilnahme an der Tätigkeit internationaler Organisationen, durch die Intensivierung des diplomatischen Austausches und der Zusammenarbeit die Beziehungen mit vielen Staaten der Welt verbessern und entwickeln. Das ZK hat in Auswertung der Erfahrungen und Lehren der Beziehungen mit Parteien anderer Staaten die Position formuliert, nicht über die Ideologie und die gesellschaftliche Ordnung zu streiten, nach den Prinzipien der Unabhängigkeit und Selbstbestimmung, der vollständigen Gleichberechtigung, der gegenseitigen Achtung, der Nichteinmischung in die inneren Angelegenheiten zu handeln. Mit Parteien und Organisationen zahlreicher Länder wurden die Beziehungen wiederhergestellt und entwickelt.

3. Der XIII. Parteitag der KP Chinas, die Theorie und grundlegende Linie der Anfangsetappe des Sozialismus

Auf der Grundlage der Klärung des Weges für den Aufbau des Sozialismus chinesischer Prägung hat der XIII. Parteitag die Theorie und die grundlegende Linie für die Anfangsetappe des Sozialismus erarbeitet.

Der XIII. Parteitag der KP Chinas fand in der Zeit vom 25. 10. bis 1. 11. 1987 statt. Es nahmen 1 936 Delegierte teil, sie vertraten 46 Millionen Mitglieder der Partei. Der Parteitag bestätigte den von Zhao Ziyang im Namen des ZK gegebenen Bericht »Vorwärts auf dem Weg des Sozialismus chinesischer Prägung«, beschloss Veränderungen des Parteistatutes und wählte die führenden Organe der Partei.

Das hervorstechende Verdienst des Parteitages besteht darin, dass er die Theorie und Aufgaben der Anfangsetappe des Sozialismus relativ systematisch formulierte.

Der Parteitag betonte: die richtige Bestimmung, in welchem historischen Abschnitt sich die chinesische Gesellschaft befindet, ist erstrangige Aufgabe für den Aufbau des Sozialismus chinesischer Prägung. Die Feststellung, dass sich China in der Anfangsetappe des Sozialismus befindet, bedeutet: 1. die chinesische Gesellschaft ist bereits eine sozialistische Gesellschaft; wir müssen am Sozialismus festhalten und dürfen ihn nicht verlassen. 2. wir müssen von der Tatsache ausgehen, dass sich die sozialistische Gesellschaft unseres Landes noch in der Anfangsetappe befindet, die nicht übersprungen werden kann. Das ist eine spezifische Etappe, die unser Land angesichts der Rückständigkeit der Produktivkräfte und des niedrigen Standes der Entwicklung der Warenwirtschaft beim sozialistischen Aufbau notwendigerweise durchlaufen muss. Von der im Wesentlichen verwirklichten sozialistischen Umgestaltung des Privateigentums an Produktionsmitteln bis zur Verwirklichung der sozialistischen Modernisierung werden mindestens über 100 Jahre benötigt.

In der Anfangsetappe des Sozialismus besteht der Hauptwiderspruch in der Nichtübereinstimmung zwischen den ständig wachsenden materiellen und kulturellen Bedürfnissen und der rückständigen gesellschaftlichen Produktion.

Klassenkampf kann in bestimmtem Maße noch existieren, aber er ist nicht der Hauptwiderspruch. Die Hauptaufgabe von Partei und Regierung besteht in der Entwicklung der Produktivkräfte, der sozialistischen Modernisierung. Die grundsätzliche Linie der Partei in der Anfangsetappe des Sozialismus ist: das Volk aller Nationalitäten zu führen und zusammenzuschließen, mit dem wirtschaftlichen Aufbau als zentrale Aufgabe an den 4 Grundprinzipien sowie den Reformen und der Öffnung nach außen konsequent festzuhalten, gestützt auf die eigenen Kräfte, durch harte Arbeit Neues zu schaffen, für den Aufbau unseres Landes zu einem reichen und starken, demokratischen, zivilisierten modernen sozialistischen Staat kämpfen.

Das Aufwerfen der Frage der Theorie der Anfangsetappe des Sozialismus ist ein weiterer wichtiger Beitrag der KP Chinas für die Theorie des wissenschaftlichen Sozialismus.

Entsprechend der Vorschläge von Deng Xiaoping legte der Parteitag die Strategie der wirtschaftlichen Entwicklung in drei Schritten fest: der erste Schritt – Verdoppelung des Bruttoprodukts im Vergleich zu 1980, Lösung der Frage von Bekleidung und Ernährung; der zweite Schritt – bis zum Ende des XX. Jahrhunderts nochmalige Verdoppelung der gesellschaftlichen Bruttoproduktion, Erreichung eines bescheidenen Wohlstandes des Volkes; der dritte Schritt – bis Mitte des XXI. Jahrhunderts Erreichung des Niveaus des pro-Kopf-Bruttoprodukts der mittleren entwickelten Länder, das Leben des Volkes wird relativ reich sein, die Modernisierung ist im wesentlichen realisiert.

Der Parteitag formulierte, das sozialistische System der geplanten Warenwirtschaft muss ein in sich geschlossenes System von Plan und Markt sein. Der grundlegende Unterschied der sozialistischen und der kapitalistischen

Warenwirtschaft besteht in der Ungleichheit der Eigentumsformen. Plan und Markt umfassen die gesamte Gesellschaft, der Staat steuert den Markt, der Markt lenkt die Betriebe.

Der Parteitag stellte die Aufgabe, die politischen Systeme zu reformieren. Die Reform des politischen Systems ist ein langfristiges Ziel, es muss ein politisches System des Sozialismus mit hoher Demokratie, vollständiger Rechtsordnung, hoher Effektivität und voller Vitalität geschaffen werden. Das kurzfristige Ziel besteht in der Schaffung eines Leitungssystems, das der Erhöhung der Effektivität, der Stärkung der Vitalität und der Mobilisierung allseitiger Aktivität dient.

Der XIII. Parteitag würdigte die große Bedeutung des mit der 3. Tagung des XI. ZK eingeleiteten Kurses der Errichtung des Sozialismus chinesischer Prägung.

Die 1. Tagung des XIII. ZK wählte Zhao Ziyang zum Generalsekretär des ZK, Li Peng[96] wurde in den Ständigen Ausschuss des Politbüros gewählt, Deng Xiaoping wurde als Vorsitzender der Zentralen Militärkommission und Chen Yun als Vorsitzender der Zentralen Beraterkommission bestätigt.

Im März und April 1988 fand die 1. Tagung des VII. Nationalen Volkskongresses statt. Yang Shangkun wurde zum Vorsitzenden der VR China gewählt, Li Peng zum Ministerpräsidenten ernannt.

Deng Xiaoping wurde nicht mehr in den Ständigen Ausschuss des Politbüros gewählt, er verlies die erste Linie der zentralen Führungsfunktionen. Aber als Architekt der sozialistischen Reformen, Öffnung und Modernisierung

---

96 geb. 1928; 1948–1955 Studium in der UdSSR; 1988–1998 Ministerpräsident der VR China; 1998–2003 Vorsitzender des Ständigen Ausschusses des NVK

Chinas, als wichtigster Begründer der Theorie des Aufbaus des Sozialismus chinesischer Prägung verfolgte er nach wie vor mit hohem historischen Verantwortungsgefühl die Reformen, Öffnung und Modernisierung, er entfaltete für die weitere Entwicklung des Aufbaus des Sozialismus chinesischer Prägung unter Führung der Partei eine orientierende Rolle.

4. Die Gesamtregulierung der Wirtschaft und die Bewährung bei inneren und äußeren politischen Zwischenfällen

Von 1984 bis 1988 entwickelte sich die Wirtschaft in schnellem Tempo. Der Außenhandelsumsatz erreichte 102,79 Mrd. US$, die ausländischen Investitionen betrugen 10,226 Mrd. US$. Im Prozess der Beschleunigung traten einige Fragen auf. Das betraf insbesondere: relativ starke Preisschwankungen, verstärkte Inflation, Doppelinvestitionen, überhitzte Wirtschaftsentwicklung. 1984 bis 1988 stieg das Nationaleinkommen um 70 %, die gesamtgesellschaftlichen Anlageninvestitionen stiegen um 214 %, das Geldeinkommen der Bewohner in Stadt und Land stieg um 200 %. Es waren große Disproportionen zwischen dem Wachstum der Investitionen und des Verbrauchs sowie dem Nationaleinkommen entstanden. Im Sommer 1988 wurde die Freigabe großer Teile der Warenpreise verkündet. Aber bei dieser Entscheidung wurde die Akzeptanzfähigkeit des Staates, der Betriebe und der Massen nicht richtig eingeschätzt. Das Ergebnis waren Panikkäufe im ganzen Land, die gesellschaftliche Stabilität wurde beeinträchtigt. Auf der 3. Tagung des XIII. ZK im September 1988 wurde beschlossen, das wirtschaftliche Umfeld zu regulieren, um die übermäßige Preissteigerung zu bremsen. Der Staatsrat ergriff Maßnahmen zur Senkung der Investitionen und des gesellschaftlichen Verbrauchs, zur Kontrolle der Preise, zur Überwindung von Unordnung in der Wirtschaft, insbesondere in der Zirkulation. Aber im Prozess der Regulierung wurden die Reformen und die Öffnung, der wirtschaftliche Aufbau ernsthaft gestört.

Seit langer Zeit betrieben politische Kräfte einiger westlicher Staaten planmäßig über verschiedenste Kanäle ideologische und politische Zersetzung der sozialistischen Länder, nach Kräften unterstützen und initiieren sie verschiedenste antikommunistische und antisozialistische Aktionen. Ende der 80er Jahre begannen in einigen sozialistischen Ländern Osteuropas Unruhen. Westliche feindliche Kräfte intensivierten ihre Strategie des friedlichen Wandels, machten auf verschiedenen Wegen Einfluss auf China geltend und ermunterten die inneren Kräfte, die eine bürgerliche Liberalisierung anstrebten. Weil zu einer bestimmten Zeit eine kleine Zahl führender Genossen, während sie Reform und Öffnung voranbrachten und mit aller Kraft die Wirtschaft entwickelten, beim Festhalten an den 4 Grundprinzipien nicht konsequent waren, die Stärkung der Partei und den Aufbau der sozialistischen geistigen Zivilisation vernachlässigten, wurde die politisch-ideologische Arbeit geschwächt. Bei einer kleinen Zahl von Kadern entwickelten sich relativ ernste Erscheinungen der Korruption; das beschädigte die Autorität der Partei unter den Massen und das Bild des Sozialismus in den Augen und Herzen der Menschen. So kam es nochmals zu einem Ausufern der bereits verschwundenen Strömung der bürgerlichen Liberalisierung. Im Frühjahr und Sommer 1989 missbrauchte eine Minderheit antikommunistischer und antisozialistischer Elemente Fehler in der Arbeit der Partei und die Unzufriedenheit der Volksmassen mit dem Ansteigen der Preise, insbesondere mit den Erscheinungen von Korruption bei einigen Kadern und wiegelten zu Aktionen gegen die Führung der Partei, gegen die sozialistische Ordnung auf. Sie nutzten die Trauerbekundungen des Volkes zum Ableben von Hu Yaobang aus, verbreiteten in großem Maße Gerüchte und entfachten einen geplanten, organisierten, vorsätzlichen politischen Aufruhr. Im Raum Beijing wurden Leute, die die Dinge nicht klar beurteilen konnten, aufgewiegelt, den Tian-An-Men-Platz zu besetzen, die sensiblen Bereiche der Partei- und Staatsführung anzugreifen, einen konterrevolutionären Putsch herbeizuführen. In einer Situation, in der es um die Existenz von Partei und Staat ging, beging der Generalsekretär des ZK, Zhao Ziyang, den ernsten Fehler der Unterstützung der Revolte und der Spaltung der Partei. Mit entschiedener und kraftvoller Unterstützung Deng Xiaopings und anderer Revolutionäre der alten Generation ist das Politbüro, gestützt auf das Volk und klar Flagge zeigend gegen den Putsch vorgegangen und hat mit entschiedenen Maßnahmen am 4.6.1989 den konterrevolutionären Putsch niedergeschlagen, die sozialistische Staatsmacht verteidigt und die grundlegenden Interessen des Volkes geschützt.

Am 9.6.1989 traf Deng Xiaoping mit Führungsoffizieren der Truppen des Ausnahmezustandes in Beijing zusammen. Er erklärte: Dieser Zwischenfall musste früher oder später kommen. Er ist bestimmt von der internationalen Großwetterlage und der Kleinwetterlage Chinas. Deng Xiaoping forderte, dass die Partei mit klarem Kopf die

Vergangenheit überdenkt und über die Zukunft nachdenkt. An dem Richtigen muss festgehalten werden, das Falsche ist zu korrigieren, bei Unzureichendem muss man sich mehr anstrengen. Mit aller Entschiedenheit nannte er die zu jenem Zeitpunkt eindeutig zu beantwortende Frage: der Weg, die Richtung, die Politik und die Entwicklungsstrategie, die von der 3. Tagung des XI. Parteitages festgelegt wurden, sind nicht falsch, die auf dem XIII. Parteitag gegebene Orientierung ist nicht falsch. Wenn man von Fehlern spricht, dann heißt das, dass an den 4 Grundprinzipien nicht konsequent genug festgehalten wurde, sie wurden nicht zu den Grundideen der Erziehung des Volkes, der Erziehung der Studenten, der Erziehung aller Kader und Mitglieder der Kommunistischen Partei. Die von uns ursprünglich festgelegte grundsätzliche Linie, Richtung und Politik müssen wir entschlossen weiter verfolgen

Am 23. und 24. Juni 1989 fand die 4. Tagung des XIII. ZK statt. Aufgrund der schweren Fehler Zhao Ziyangs in der Phase, die für die Verhinderung eines Putsches von entscheidender Bedeutung war, und der schweren Schäden, die seit der Übernahme der Verantwortung für die Arbeit des ZK durch ihn aufgrund seiner Passivität beim Festhalten an den 4 Grundprinzipien für die Sache der Partei eingetreten waren, beschloss das ZK, ihn von all seinen leitenden Funktionen in der Partei abzulösen. Es wurden außerdem in einzelnen führenden Bereichen personelle Veränderungen vorgenommen. Jiang Zemin[97] wurde zum Generalsekretär des ZK gewählt. Das ZK machte deutlich, die grundlegende Linie der Partei und die Beschlüsse des

---

97 geb. 1926; ab 1943 in der illegalen Arbeit der KP Chinas; 1955 zur Ausbildung in der UdSSR; 1985 Bürgermeister und Parteisekretär von Shanghai, 1989–2002 Generalsekretär des ZK der KP Chinas, Vorsitzender der Volksrepublik China. Repräsentant der dritten Führungsgeneration der KP Chinas

XIII. Parteitages dürfen auch durch einen solchen politischen Zwischenfall nicht erschüttert werden. Vor und nach der 4. Tagung des XIII. ZK erklärte Deng Xiaoping: jetzt muss eine neue dritte Führungsgeneration geschaffen werden. Das Führungskollektiv der dritten Generation muss einen Kern haben, der bewusst geschützt wird, das ist Genosse Jiang Zemin. Das A und O der Probleme Chinas besteht darin, dass die KP Chinas ein gutes Politbüro, insbesondere einen guten Ständigen Ausschuss des Politbüros haben muss. Nur wenn dort keine Probleme entstehen, wird China fest wie der Berg Tai stehen. Es ist sehr ungesund, sehr gefährlich, das Schicksal eines Landes auf dem Prestige von ein oder zwei Personen zu gründen. Die neue Führung muss alle Verantwortung tragen, die Zügel selbst in die Hand nehmen. »Das ist meine politische Übergabe«.

Am 4. September 1989 richtete Deng Xiaoping an das Politbüro offiziell die Bitte, ihn von der Funktion des Vorsitzenden der Zentralen Militärkommission zu entbinden. Die 5. Tagung des XIII. ZK entsprach im November 1989 dieser Bitte und übertrug diese Funktion an Jiang Zemin.

In der Zeit von der 4. bis zur 5. Tagung des XIII. ZK erfolgte die reibungslose Übergabe des Führungskollektivs der zweiten Generation mit Deng Xiaoping als Kern an das Führungskollektiv der dritten Generation mit Jiang Zemin als Kern. Die Stabilität und Kontinuität der Politik der Partei, die Stabilität des Staates wurden gewährleistet. Die Weiterführung der sozialistischen Reformen und Öffnung, der Modernisierung war gesichert. Das ist Beweis für die hohe politische Reife und organisatorische Stärke der Partei.

Zu den wichtigsten nächsten Schritten gehörte die ziel-
strebige Entwicklung des Gebietes Pudong von Shanghai
ab April 1990. Bis 1991 wurden die wirtschaftlichen Probleme, die 1988 zu der Regulierung führten, im Wesentlichen gelöst. Die Inflation wurde unter Kontrolle gebracht, die Warenzirkulation wurde stabilisiert, die Landwirtschaft erzielte gute Ernten. 1991 erreichten die ausländischen Direktinvestitionen 11,977 Mrd. US$. Im Außen-
handel wurde ein Exportüberschuss erwirtschaftet.

In den internationalen Beziehungen hat China erfolgreich die Machenschaften internationaler antichinesischer
Kräfte abgewehrt, die sozialistische Richtung Chinas um-
zuwenden. Nach dem politischen Zwischenfall im Übergang vom Frühjahr zum Sommer 1989 führten die westlichen Staaten mit den USA an der Spitze »Sanktionen«
gegen China durch, es wurde vielseitiger Druck ausgeübt.
Anfang der 90er Jahre fanden in Osteuropa drastische Veränderungen statt, die Sowjetunion löste sich auf, der Sozialismus war im Weltmaßstab auf dem Tiefstand. Die bisherige Struktur der Welt war zerschlagen, die neue Struktur
der Welt hatte sich noch nicht herausgebildet. Das Kräfteverhältnis in der Welt war ernsthaft aus dem Gleichge-
wicht gekommen, China stand unter großem Druck und
vor einer großen Prüfung. Angesichts dieser komplizierten,
kritischen internationalen Lage formulierte Deng Xiaoping
folgende strategische und taktische Linie: mit kühlem Kopf
beobachten, die eigenen Kampflinien sichern, besonnen
reagieren, sein Licht unter den Scheffel stellen und den
richtigen Moment abpassen, in der Deckung bleiben, sich
nicht an die Spitze stellen, das Machbare nicht unterlassen.
Besonders betonte er, China muss die eigenen Kampflinien
sichern, ernsthaft und tatsächlich die Reformen und die

Öffnung weiterführen. Wenn wir unter dem Druck der internationalen Meinung stehen, müssen wir das mit Fassung tragen, unsere Unabhängigkeit und Selbstbestimmung verteidigen, dürfen nicht auf falsche Theorien hereinfallen, keine Furcht vor teuflischen Erscheinungen haben. Wenn wir den von uns selbst gewählten sozialistischen Weg bis zu Ende gehen, kann uns niemand zerbrechen.

Entsprechend dieser Orientierung hat China im internationalen Rahmen seine Prinzipien gewahrt, dem Druck widerstanden, Widersprüche ausgenutzt, viel Arbeit geleistet, kraftvoll die staatliche Souveränität und Würde gewahrt und eine neue Situation in der Arbeit nach außen eingeleitet. Auf der Grundlage der fünf Prinzipien der friedlichen Koexistenz hat China gutnachbarliche Beziehungen mit den umliegenden Staaten, die traditionellen Beziehungen mit den Staaten der dritten Welt weiter entwickelt, einen reibungslosen Übergang von den chinesisch-sowjetischen zu chinesisch-russischen Beziehungen vollzogen und mit den ehemaligen Republiken der Sowjetunion und mit den osteuropäischen Staaten normale Beziehungen aufgebaut und entwickelt. Beginnend mit dem 2. Halbjahr 1990 begannen einige westliche Staaten, die Beziehungen mit der VR China zu verbessern. Im Juli 1990 stellte Japan die Kreditbeziehungen mit China wieder her. Danach haben einige Staaten Westeuropas die Regierungskredite für China, die wirtschaftliche Zusammenarbeit und die wissenschaftlich-technische Zusammenarbeit wieder aufgenommen. Im Oktober hat die Außenministerkonferenz der Europäischen Union die Beendigung der »Sanktionen« gegen China beschlossen. Auch die chinesisch-amerikanischen Beziehungen verbesserten sich schrittweise, die Außenminister beider Seiten führten gegenseitige

Besuche durch und erzielten Übereinstimmung in Fragen des Schutzes des geistigen Eigentums und der Öffnung der Märkte.

Bis 1992 stellte China mit 154 Staaten diplomatische Beziehungen her, mit über 200 Staaten und Gebieten wurden Handelsbeziehungen, wissenschaftlich-technische Zusammenarbeit und der kulturelle Austausch entwickelt. Letztendlich scheiterten die »Sanktionen« der westlichen Staaten. Sie erreichten nicht ihr Ziel, China gefügig zu machen und es zu isolieren. Im Gegenteil, China gewann ein noch günstigeres internationales und nachbarschaftliches Umfeld.

Im Ergebnis der Regulierung und der Vertiefung der Reformen wurde bis Ende 1990 der 7. Fünfjahrplan erfüllt. In den meisten Regionen des Landes wurde die Ernährungs- und Bekleidungsfrage gelöst und der Übergang zu einer Gesellschaft mit bescheidenem Wohlstand begonnen. Im Dezember 1990 wurde auf der 7. Tagung des XIII. ZK das 10-Jahresprogramm für die wirtschaftliche und gesellschaftliche Entwicklung sowie der Vorschlag für den 8. Fünfjahrplan[98] beschlossen. Nach Bewältigung der ernsthaften Prüfung geht das sozialistische China mit noch sicheren Schritten voran.

---

98 1991–1995

X. Beginn einer neuen Etappe der sozialistischen Reform, Öffnung und Modernisierung

1. Deng Xiaoping inspiziert den Süden und der XIV. Parteitag

Ende der 80er, Anfang der 90er Jahre befinden sich Partei und Staat wiederum in einer kritischen Phase.

Infolge der Auflösung der UdSSR und der drastischen Veränderungen in Osteuropa geriet die internationale sozialistische Bewegung in ein Tief. Das hatte enormen Einfluss auf China. Einerseits entstand die Tendenz der Multipolarisierung in der Welt, die westlichen Länder intensivierten ihr Ringen um die ehemaligen sozialistischen Länder und ihre Politik des Eindringens. Einige Entwicklungsländer nutzten die Beschleunigung der wirtschaftlichen Globalisierung zur kräftigen wirtschaftlichen Entwicklung. China hat zwar den »Sanktionen« der westlichen Länder eine Niederlage bereitet, aber die ernste Bedrohung existierte nach wie vor. Andererseits führte diese schwierige Lage bei relativ vielen Kadern und bei den Massen zu Pessimismus. Einige verloren den Glauben an die sozialistische Perspektive. Einige äußerten Zweifel an der Politik der Reformen und Öffnung – sind sie »sozialistisch« oder »kapitalistisch«. Es entstand Zweifel an der grundlegenden Linie der Partei. Deshalb wurde die Frage, ob angesichts des inneren und äußeren Druckes und der Schwierigkeiten ohne Schwankungen an der grundsätzlichen Linie der Partei festgehalten werden kann, ob die Reformen und die Öffnung, die sozialistische Modernisierung weiter voran gebracht werden können, zur wichtigen Frage, die in den 90er Jahren gelöst werden musste.

In dieser Phase führte Deng Xiaoping eine Inspektionsreise nach dem Süden durch.

In der Zeit vom 18.1. bis 21.2.1992 besuchte er Wuchang, Shenzhen, Zhuhai und Shanghai. Er betonte: die grundsätzliche Linie der Partei muss einhundert Jahre bestehen, es darf keine Schwankungen geben. Bei den Reformen und der Öffnung müssen wir etwas mehr Mut zeigen, wir müssen Experimente wagen. Der Maßstab der Beurteilung ist vor allem, was ist vorteilhaft für die Entwicklung der Produktivkräfte der sozialistischen Gesellschaft, was ist vorteilhaft für die Gesamtstärke des sozialistischen Staates, was ist vorteilhaft für die Erhöhung des Lebensniveaus des Volkes. Etwas mehr Plan oder etwas mehr Markt, darin besteht nicht der wesentliche Unterschied zwischen Sozialismus und Kapitalismus. Das Wesen des Sozialismus besteht in der Befreiung und Entwicklung der Produktivkräfte, in der Beseitigung der Ausbeutung, der Überwindung der Polarisierung zwischen Arm und Reich um schließlich gemeinsamen Wohlstand zu erreichen. Um die Überlegenheit des Sozialismus im Vergleich zum Kapitalismus zu erreichen, müssen alle von der Menschheit hervorgebrachten Früchte der Zivilisation mutig aufgenommen werden, einschließlich aller fortschrittlichen Leitungsmethoden der heutigen hoch entwickelten kapitalistischen Staaten, die die Gesetzmäßigkeiten der modernen vergesellschaftlichten Produktion widerspiegeln. China muss wachsam gegenüber Rechts sein, aber besonders »Links« vermeiden. Wir müssen uns beeilen, uns entwickeln, der Schlüssel ist die Entwicklung der Wirtschaft.

Nur die Entwicklung ist ein hartes Argument. Nur gestützt auf Wissenschaft und Technik, auf Bildung, kann die wirtschaftliche Entwicklung etwas schneller erfolgen. Im gesamten Prozess der Reformen und Öffnung müssen die 4 Grundprinzipien strikt befolgt werden. Große Bedeutung muss dem Kampf gegen Korruption, einer redlichen Regierungsarbeit beigemessen werden. Der Schlüssel dafür, ob die Dinge in China gut gelöst werden können, liegt im Subjektiven, um es auf den Punkt zu bringen, entscheidend ist, dass wir in der Kommunistischen Partei alles gut machen. Der Sozialismus wird nach einem langen Entwicklungsprozess notwendigerweise den Kapitalismus ersetzen. Das ist die unumkehrbare Tendenz der historischen Entwicklung der Gesellschaft. In einigen Ländern kam es zu ernsten Wendungen, zunächst betrachtet, wurde der Sozialismus geschwächt. Aber die Völker werden gestählt, sie ziehen die Lehren, der Sozialismus wird sich künftig in eine noch gesündere Richtung entwickeln. Unser Sozialismus ist erst wenige Jahrzehnte alt, er befindet sich noch in der Anfangsphase. Die Festigung und Entwicklung des Sozialismus erfordert harte Anstrengungen und Kämpfe der Menschen mehrerer Generationen, von über zehn Generationen, sogar dutzender Generationen. Von jetzt bis zur Mitte des nächsten Jahrhunderts ist eine entscheidende Periode, wir müssen hart arbeiten.

Das Politbüro vertrat die Auffassung, dass diese Äußerungen nicht nur wichtige Orientierung für die aktuellen Reformen, die gegenwärtige Entwicklung und die Vorbereitung des XIV. Parteitages, sondern für den Aufbau des Sozialismus und die Modernisierung insgesamt sind.

Vom 12. bis 18.10.1992 tagte der XIV. Parteitag der KP Chinas. Es nahmen 1989 Delegierte teil, sie vertraten über 51 Millionen Mitglieder der Partei. Der Parteitag bestätigte den Bericht von Jiang Zemin »Die Reformen, Öffnung und Modernisierung beschleunigen, noch größere Erfolge im Ringen um den Sozialismus chinesischer Prägung erreichen«.

Der Parteitag hat drei Entscheidungen von weitreichender Bedeutung getroffen.

1. Der Theorie Deng Xiaopings über den Aufbau des Sozialismus chinesischer Prägung wurde die orientierende Stellung in der Partei gegeben. Jiang Zemin hat in seinem Bericht die Praxis der 14 Jahre Reformen und Öffnung behandelt und betont, dass diese Theorie unter der historischen Bedingung, dass Frieden und Entwicklung die Hauptfragen der Zeit geworden sind, im Prozess der sozialistischen Reformen, Öffnung und Modernisierung in unserem Land, durch Verallgemeinerung der historischen Erfahrungen unseres Landes, in Auswertung der historischen Erfahrungen von Erfolg und Misserfolg des Sozialismus anderer Länder schrittweise herausgebildet und entwickelt wurde. Sie ist die erste relativ systematische Antwort darauf, wie in China, einem wirtschaftlich und kulturell relativ rückständigen Land, der Sozialismus errichtet, gefestigt und entwickelt werden kann. Sie ist Ergebnis der Verbindung der Grundprinzipien des Marxismus-Leninismus mit der chinesischen Praxis und den Merkmalen der Gegenwart, die Fortsetzung und Entwicklung der Mao-Zedong-Ideen, die Kristallisation der kollektiven Weisheit der ganzen Partei und des gesamten

Volkes, das wertvollste geistige Gut der KP Chinas und des chinesischen Volkes.

2. Es wurde geklärt, dass das Ziel der Reform des Wirtschaftssystems in unserem Land darin besteht, ein System der sozialistischen Marktwirtschaft zu schaffen. Der Parteitag forderte, bei der Schaffung des Wirtschaftssystems der sozialistischen Marktwirtschaft zu beachten, dass eine Gesamtplanung gesichert wird, dass planmäßig und schrittweise entsprechende Reformen der Strukturen und Regulierungen der Politik vorgenommen werden.

3. Die ganze Partei wurde aufgerufen, die günstigen Möglichkeiten zu nutzen, die Entwicklung zu beschleunigen, die Kräfte zu konzentrieren, um den Aufbau voranzubringen. Es wurde die Forderung gestellt, das Entwicklungstempo in den 90er Jahren von den ursprünglich vorgesehenen 6 % Jahreswachstum auf 8 – 9 % zu verändern, um zum Ende des XX. Jahrhunderts unsere gesamte Volkswirtschaft und die Gesamtstärke des Landes auf ein neues Niveau zu heben. Das Lebensniveau des Volkes ist nach der Lösung der Frage der Bekleidung und Ernährung zu einem bescheidenen Wohlstanz zu entwickeln.

Der Parteitag beschloss, keine neue Zentrale Beraterkommission zu wählen.

Die 1. Tagung des XIV. ZK wählte Jiang Zemin, Li Peng, Hu Jintao[99] u.a. als Mitglieder des Ständigen Ausschusses

---

99 geb. 1942; Mitglied der KP Chinas 1964; Studium an der Qinghua-Universität Beijing, Diplomingenieur für Wasserkraftwerksbau; in der »Kulturrevolution« Arbeiter einer Wohnungsbaubrigade; 1984–85 Erster Sekretär des Kommunistischen Jugendverbandes; 1988–1992 Sekretär des Parteikomitees des Autonomen Gebietes Tibet; ab 1982 Mitglied des Ständigen Ausschusses des Politbüros des ZK der KP Chinas; ab 2002 Generalsekretär des ZK, ab 2003 Vorsitzender der VR China

des Politbüros, Jiang Zemin zum Generalsekretär des ZK und zum Vorsitzenden der Zentralen Militärkommission.

Im März 1993 wurde Jiang Zemin von der 1. Tagung des VIII. Nationalen Volkskongresses zum Vorsitzenden der VR China gewählt. Li Peng wurde Ministerpräsident des Staatsrates.

2. Die erfolgreiche Durchführung der Makrosteuerung im Prozess der Errichtung des Systems der sozialistischen Marktwirtschaft

Im November 1993 fasste die 3. Tagung des XIV. ZK einen »Beschluss über einige Fragen der Errichtung des Systems der sozialistischen Marktwirtschaft«. Dort heißt es: die sozialistische Marktwirtschaft ist mit der sozialistischen Grundordnung verbunden, die Errichtung des Systems der sozialistischen Marktwirtschaft bedeutet, dass der Markt unter der Makrosteuerung des Staates eine wichtige Rolle bei der Verteilung der Rohstoffe spielt. Um dieses Ziel zu erreichen, muss an der Linie der gemeinsamen Entwicklung verschiedener Bestandteile der Wirtschaft mit dem Gemeineigentum als Hauptbestandteil festgehalten werden, muss der Verwaltungsmechanismus der Staatsbetriebe geändert werden.

Staatsrat und örtliche Organe wählten 2 700 Staatsbetriebe aus, in denen versuchsweise Gesellschaften gebildet und Aktiensysteme eingeführt wurden.

Gleichzeitig wurden Reformen in den Bereichen Finanzierung, Steuern, Banken, Außenhandel, Devisen, Planung, Investitionen, Preise, Zirkulation, Wohnraum und soziale

Absicherung durchgeführt. Die Preise für Getreide, Baumwolle, Speiseöl, Walzstahl und anderer wichtiger Produkte wurden schrittweise freigegeben. Die Funktion der Zentralbank wurde gestärkt, die Handelsbank wurde mit dem Ziel der Bildung eines Unternehmens reformiert. Die strukturellen Reformen im Außenhandel und der Devisenverwaltung kamen voran. Das System der staatlichen Makrosteuerung wurde schrittweise vervollkommnet.

Ab 1992 hat das ZK wiederum gewarnt, keine Erscheinungen der Überhitzung der Wirtschaft zuzulassen. Es mussten Probleme geklärt werden, die im Verlauf des Überganges von den alten zu den neuen Strukturen auftraten, wie ungeordnete Kreditierung. Es wurden Maßnahmen zur Kontrolle der Preise und der Investitionen ergriffen.

Im September 1995 beschloss die 5. Tagung des XIV. ZK den Vorschlag für den 9. Fünfjahrplan[100] der wirtschaftlichen und gesellschaftlichen Entwicklung sowie für die langfristigen Ziele bis 2010.

Nach dreijährigen Bemühungen wurden durch die Makrosteuerung wirksame Ergebnisse erzielt. Übermäßige Investitionen wurden unter Kontrolle gebracht, die Finanzordnung wurde verbessert, der Preisanstieg wurde deutlich gebremst, der Inflation wurde Einhalt geboten. Gleichzeitig wurde ein verhältnismäßig hohes Entwicklungstempo beibehalten.

Im Oktober 1996 fasste die 6. Tagung des XIV. ZK zur Stärkung der ideologischen Arbeit einen Beschluss über die sozialistische geistige Zivilisation. Es wurde die Aufgabe

---

100 1996–2000

formuliert, sozialistische Bürger mit hohen Idealen, hoher
Moral, Kultur und Disziplin zu erziehen.

3. Die Formel »Ein Land – zwei Systeme« und die Rückkehr von Xianggang[101] und Aomen[102] ins Heimatland

In der neuen historischen Etappe verstärkte sich die Forderung des chinesischen Volkes nach Vollendung der Einheit des Landes. Ausgehend vom grundlegenden Interesse
der chinesischen Nation und unter Beachtung der historischen Realitäten hat Deng Xiaoping in weiser Voraus-
sicht die Formel »Ein Land – zwei Systeme« geschaffen.
  Diese Formel war zunächst für die Taiwanfrage gedacht.
Sie ist das Ergebnis langer Beratungen im Zentralkomitee.
Bereits 1955 äußerte das ZK die Überlegung der Befreiung
Taiwans mit friedlichen Mitteln, nachfolgend wurde die
Bereitschaft geäußert, mit der Guomindang eine dritte Zusammenarbeit durchzuführen. Am 1. Januar 1979 richtete
der Ständige Ausschuss des Nationalen Volkskongresses
einen »Aufruf an die Landsleute auf Taiwan«. Darin wurde
das Gefühl der Verbundenheit der Bevölkerung des Festlandes mit den Landsleuten auf Taiwan zum Ausdruck gebracht, die Respektierung der realen Lage auf Taiwan und
das Streben nach Vereinigung des Heimatlandes mit friedlichen Mitteln bekundet. Es wurde vorgeschlagen, sich über
Flug- und Schiffsverkehr, Postverbindung und Handel zwischen beiden Ufern sowie über direkte Begegnungen von
Landsleuten beider Seiten zu verständigen. Am 30. 9. 1985

---

101 Hongkong
102 Macao

hat der Vorsitzende des Ständigen Ausschusses des NVK, Ye Jianying, in einer Rede neun Punkte für die friedliche Vereinigung des Heimatlandes genannt. Darunter: Vorschlag für gleichberechtigte Verhandlungen zwischen der KP Chinas und der Guomindang, Verwirklichung der dritten Zusammenarbeit; nach der Verwirklichung der Einheit des Landes kann Taiwan eine Sonderverwaltungszone mit hoher Autonomie werden, die bestehende gesellschaftliche und wirtschaftliche Ordnung bleibt unverändert, es kann seine Armee behalten usw. Danach hat Deng Xiaoping diese Linie in die klare Formel »Ein Land – zwei Systeme« komprimiert.

Die Formel »Ein Land – zwei Systeme« wurde zuerst erfolgreich bei der Lösung der Xianggang- und der Aomen-Frage angewandt. Xianggang und Aomen sind von alters her chinesisches Territorium. Später wurden sie von den britischen bzw. portugiesischen Kolonialisten mittels ungleicher Verträge besetzt. In den 80er Jahren war die Zeit für die Lösung der Xianggang- und der Aomen-Frage reif. Im Dezember 1984 unterzeichneten die Regierungen Chinas und Großbritanniens offiziell eine Gemeinsame Erklärung über die Wiederherstellung der Souveränität über Xianggang durch die Regierung der Volksrepublik China am 1.7.1997 und die Bildung der direkt der Regierung der VR China unterstehenden Sonderverwaltungszone Xianggang. Die Sonderverwaltungszone Xianggang hat ein hohes Maß an Autonomie, die bestehende gesellschaftliche und wirtschaftliche Ordnung bleibt unverändert, die Lebensweise bleibt unverändert. Danach hat der Nationale Volkkongress entsprechend den Prinzipien »Ein Land – zwei Systeme«, »Xianggang wird von Einwohnern Xianggangs regiert« und den Prinzipien einer hohen

Autonomie das »Grundgesetz für Sonderverwaltungszone Xianggang« ausgearbeitet und verabschiedet.

Ebenfalls entsprechend dem Prinzip »Ein Land – zwei Systeme« unterzeichneten die Regierungen Chinas und Portugals im April 1987 eine Gemeinsame Erklärung über die Aomen-Frage, sie erklärten, dass die VR China am 20.12.1999 die Souveränität über Aomen wiederherstellt. Danach hat der NVK das »Grundgesetz für die Sonderverwaltungszone Aomen« ausgearbeitet und verabschiedet.

Die Lösung der Xianggang- und der Aomen-Frage war nicht nur ein großer Schritt zur Herstellung der Einheit des Landes, sie schuf für die internationale Gesellschaft auch ein neues Muster für die Lösung historisch überlieferter Probleme zwischen den Staaten auf friedliche Weise.

Am 1.7.1997 wurde die Souveränität über Xianggang und am 20.12.1999 über Aomen wiederhergestellt. Damit wurde die Besetzung chinesischen Staatsterritoriums durch ausländische Mächte endgültig beendet. Das ist ein historischer Beitrag der KP Chinas für die chinesische Nation.

Danach wurden die Aufrufe an die Behörden von Taiwan intensiviert, dem Zustand der Abspaltung Taiwans vom Festland ein Ende zu setzen. Deutlich wurde gemacht: »zwei China« oder »ein China, ein Taiwan« ist nicht hinnehmbar, eine »Unabhängigkeit Taiwans« wird nicht akzeptiert. Am 30.1.1995 hat Jiang Zemin erneut Vorschläge für die Herstellung der Einheit des Landes unterbreitet. Die langjährige völlige Abschottung zwischen Insel und Festland wurde langsam beendet. Die Begegnungen zwischen den Menschen beiderseits der Taiwanstraße nahmen zu, es entwickelte sich der Austausch auf wirtschaftlichem, kulturellem und sportlichen Gebiet.

4. Der XV. Parteitag der KP Chinas und die Entwicklungsstrategie über die Jahrhundertwende

Das ursprünglich für den Zeitraum bis zum Jahr 2000 angestrebte Ziel, das gesellschaftliche Bruttoprodukt im Vergleich zu 1980 zu vervierfachen, wurde bereits 1995 erreicht. Auf dieser Grundlage wurde das Ziel gestellt, bis 2010 das gesellschaftliche Bruttoprodukt im Vergleich zu 2000 zu verdoppeln, ein verhältnismäßig vollständiges System der sozialistischen Marktwirtschaft sowie die Basis dafür zu schaffen, bis Mitte des XXI. Jahrhunderts die Modernisierung im Wesentlichen zu realisieren.

Am 19. Februar 1997 starb Deng Xiaoping, der Architekt der Reformen, Öffnung und Modernisierung in China. Vom 12.–18.9.1997 fand der XV. Parteitag der KP Chinas statt. Es nahmen 2 048 Delegierte teil, sie vertraten 58 Millionen Mitglieder der Partei. Der Parteitag bestätigte den Bericht Jiang Zemins »Unter dem Banner der Theorie Deng Xiaopings den Aufbau des Sozialismus chinesischer Prägung ins XXI. Jahrhundert tragen«.

Auf dem Parteitag wurde erstmalig der Begriff »Theorie Deng Xiaopings« gebraucht. Jiang Zemin betonte: im heutigen China können nur durch die Theorie Deng Xiaopings, die Verbindung des Marxismus mit der chinesischen Praxis und den Merkmalen der Epoche und durch keine andere Theorie die Fragen der Perspektive und des Schicksals des Sozialismus gelöst werden. Die Theorie Deng Xiaopings umfasst solche grundsätzlichen Fragen: was ist Sozialismus, wie kann der Sozialismus aufgebaut werden. Sie beantwortet zum ersten Mal relativ systematisch eine Reihe von Grundfragen des Aufbaus des Sozialismus in China, sie ist deshalb der heutige Marxismus Chinas, sie ist eine neue Etappe der Entwicklung des Marxismus in China. Im Statut der Partei wurde eindeutig formuliert: Der Kompass für das Handeln der Kommunistischen Partei Chinas ist der Marxismus-Leninismus, die Mao-Zedong-Ideen, die Theorie Deng Xiaopings. Der Parteitag orientierte darauf, die Aufgaben der Anfangsetappe des Sozialismus weiter konsequent zu erfüllen. Es wurde betont: die grundlegende wirtschaftliche Ordnung in der Anfangsetappe des Sozialismus besteht in der gemeinsamen Entwicklung verschiedener Eigentumsformen mit dem Gemeineigentum als Hauptbestandteil. Das Gemeineigentum beinhaltet das staatliche und kollektive Eigentum sowie den staatlichen und kollektiven Anteil an der Wirtschaft mit gemischtem Eigentum. Die leitende Rolle der staatlichen Wirtschaft kommt vor allem durch ihre Dominanz zum Tragen. Die Realisierungsformen des Gemeineigentums können verschiedenartig sein, der Teil der Wirtschaft, der sich nicht in Gemeineigentum befindet, ist ein wichtiger Bestandteil der sozialistischen Marktwirtschaft unseres Landes. Auf der Grundlage von Gesetzen das Land zu regieren ist Grundorientierung für die Führung des Volkes durch die Partei bei der Verwaltung des Landes.

Auf der 1. Tagung des XV. ZK wurde Jiang Zemin erneut zum Generalsekretär des ZK, Hu Jintao wurde zum Mitglied des Ständigen Ausschusses des Politbüros gewählt.

Im 2. Halbjahr 1997 brach in den Staaten Südostasiens die Finanzkrise aus, sie weitete sich schnell auf ganz Asien und andere Teile der Welt aus. Durch die Schrumpfung des internationalen Marktes ging der Umfang des Außenhandels unseres Landes zurück. Das führte zu wirtschaftlichen Schwierigkeiten. Durch zahlreiche Gegenmaßnahmen, u.a. zur Erhöhung des inneren Verbrauches, zur Stabilisierung der Währung, stieg das Wirtschaftswachstum nach 1997 wieder an, der Lebensstandard des Volkes verbesserte sich. Ab dem 2. Halbjahr 1999 erhöhte sich der Export deutlich, die Devisenreserven stiegen an. Durch diese Krise kam es zur wirtschaftlichen Rezession und zu starker Abwertung der Währung in zahlreichen Nachbarländern. China hielt sich an die Zusage, seine Währung nicht abzuwerten und hat damit Risiko übernommen und einen Preis gezahlt, um diesen, die ganze Welt beeinflussenden Sturm zu dämpfen. Die internationale Stellung Chinas erhöhte sich weiter.

Noch während der asiatischen Finanzkrise ereignete sich im Sommer 1998 in unserem Land wieder eine Hochwasserkatastrophe mit einem in der Geschichte seltenen Ausmaß. Von der Katastrophe waren 223 Millionen Menschen betroffen, über 300 000 Angehörige der Volksbefreiungsarmee und der bewaffneten Polizei wurden in das Katastrophengebiet entsandt.

Im Jahre 1999 wurden drei wichtige politische Kämpfe geführt: 1. Die spalterischen Kräfte Taiwans unter Führung von Li Denghui[103] haben die Beziehungen zwischen den beiden Ufern offen als »besondere zwischenstaatliche Beziehungen« bezeichnet. Dagegen wurde von der Partei eine gesamtstaatliche Debatte zur Kritik an der »zwei-Staaten-Theorie« ins Leben gerufen. 2. Gegen die Machenschaften

---

103 zu jener Zeit »Präsident« von Taiwan

einer Gruppe von Leuten, mit der »Falungong« das Volk
zu vergiften und die Stabilität der Gesellschaft zu zerstören,
wurde die Irrlehre der »Falungong« entlarvt und verurteilt,
die Organisation »Falungong« verboten und die Stabilität
der Gesellschaft gewährleistet. 3. Es wurde ein entschiedener Kampf gegen die barbarische Aktion der Bombar-
dierung der chinesischen Botschaft in Jugoslawien durch
den NATO-Pakt mit den USA an der Spitze geführt, die
Souveränität des Staates und die Würde der Nation wurden verteidigt.

5. Das neue große Projekt, den Parteiaufbau entsprechend den Anforderungen des »dreifachen Vertreters«[104] voranzubringen

Die wichtigste Voraussetzung für die Bewährung der Partei angesichts der komplizierten inneren und äußeren Verhältnisse Ende des 20. Jahrhunderts war die Stärkung des
Leitungssystems, die Verstärkung der politisch-ideolo-
gischen Arbeit.

Die 4. Tagung des XIV. ZK im November 1994 beschäftigte sich speziell mit Fragen des Parteiaufbaus. Die Anforderungen an die Kader, insbesondere an die Führungskader wurden erhöht. Viele junge und Kader mittleren
Alters wurden mit Leitungsfunktionen betraut, es wurde
viel getan, um einen reibungslosen Übergang zu jüngeren

---

104 Die Partei muss
  – Vertreter der Entwicklung fortgeschrittener gesellschaftlicher Produktivkräfte
    Chinas
  – Vertreter der fortschrittlichen Kultur Chinas
  – Vertreter der grundlegenden Interessen der überwiegenden Mehrheit des
    chinesischen Volkes sein.

Leitungskadern zu gewährleisten. Entsprechend den Forderungen des XV. Parteitages wurden ab November 1998 in den Leitungen der Partei und der Verwaltungsorgane Schulungen durchgeführt.

Im Frühjahr 2000 erklärte Jiang Zemin: Unsere Partei wird niemals auf den Platz des Verlierers geraten, wenn sie von Anfang bis Ende ein getreuer Vertreter der Forderung nach Entwicklung fortgeschrittener gesellschaftlicher Produktivkräfte Chinas, der fortschrittlichen Kultur Chinas und der grundlegenden Interessen der überwiegenden Mehrheit des chinesischen Volkes ist.

Diese drei Anforderungen sind eine weiterführende Antwort auf die Frage, wie die Partei beschaffen sein muss und wie sie aufzubauen ist. Das ist das Ergebnis von tiefgründigem Nachdenken über die historischen Erfahrungen der sozialistischen Weltbewegung und die 80jährigen historischen Erfahrungen unserer Partei. Das ist ein Beitrag zur marxistischen Lehre über den Aufbau der Partei. In der gesamten Partei wurden diese drei Anforderungen systematisch diskutiert und studiert.

6. Unter dem Banner der Theorie von Deng Xiaoping den Aufbau des Sozialismus chinesischer Prägung voranbringen

In den letzten 10 Jahren des XX. Jahrhunderts wurden eine Reihe wichtiger strategischer Entscheidungen für den Aufbaus des Sozialismus chinesischer Prägung getroffen:

– Die Deng-Xiaoping-Theorie wurde zur Orientierung für die gesamte Partei, sie wurde zum Kompass für das Handeln der Partei und des Staates.

– Es wurde an der allseitigen wirtschaftlichen und gesellschaftlichen Entwicklung mit dem Aufbau der
Wirtschaft als zentrale Aufgabe festgehalten. Dazu
gehören auch die neuen Orientierungen, «nach
außen gehen«[105] sowie die Strategie der Entwicklung
der westlichen Gebiete Chinas.

– Fortsetzung der Reformen und der Öffnung, um die
sozialistische Wirtschaftsordnung zu vervollkommnen. Bis Ende 2000 wurden die Schwierigkeiten der
meisten großen und mittleren staatlichen Verlustbe-
triebe überwunden. Die meisten großen und mittleren staatlichen Betriebe hatten erste Schritte zur
Schaffung eines modernen Betriebssystems getan.
Die Arbeiten zur Sicherung der Grundbedürfnisse
der Beschäftigten staatlicher Betriebe, die aus der
Arbeit ausgegliedert wurden sowie für deren Wie-
dereingliederung in den Arbeitsprozess wurden verstärkt. Die Landwirtschaft wurde als Grundlage der
Volkswirtschaft gestärkt, der langjährige Mangel
an Getreide und anderen wichtigen landwirtschaftlichen Erzeugnissen wurde überwunden, die Versorgung der armen Bevölkerung auf dem Lande mit
Nahrungsmitteln und Bekleidung wurde im Prinzip gelöst. Die langjährige Situation des Mangels an
Waren wurde überwunden.

– Das politische System des Sozialismus wurde reformiert und vervollkommnet. Die Systeme des
Nationalen Volkskongresses, der Mehrparteienzusammenarbeit und der politischen Konsultationen
unter Führung der Kommunistischen Partei wurden

---

105 eigene wirtschaftliche Aktivitäten im Ausland, darunter Investitionen weiterentwickelt, die patriotische Einheitsfront wurde gestärkt, der Aufbau der Basisdemokratie in Stadt und Land wurde intensiviert. Die Funktionen der Regierungsinstitutionen aller Ebenen wurden verändert, durch Vereinfachung wurde die Struktur der Verwaltungsorgane zweckmäßiger.

– Dem Aufbau der sozialistischen geistigen Zivilisation wurde große Aufmerksamkeit geschenkt. Im Juli 1991 betonte das Zentralkomitee, dass die Kultur des Sozialismus chinesischer Prägung vom Marxismus-Leninismus, den Mao-Zedong-Ideen geleitet sein muss, es darf keine Pluralisierung auf dem Gebiet der Leitideologie geben.

– Es wurde an der richtigen Nationalitäten- und Religionspolitik festgehalten. Die wirtschaftliche Entwicklung und der gesellschaftliche Fortschritt der Gebiete der nationalen Minderheiten wurde beschleunigt. Im Januar 1991 betonte das Zentralkomitee, dass die Politik der Festigung und Entwicklung gleichberechtigter, solidarischer, von gegenseitiger Hilfe gekennzeichneter, auf gemeinsame Entwicklung, gemeinsames Erblühen orientierter sozialistischer Nationalitätenbeziehungen konsequent fortgesetzt wird. Das ZK orientierte auf die Weiterführung und Vervollkommnung der Gebietsautonomie, die Beschleunigung der wirtschaftlichen Entwicklung und des gesellschaftlichen Fortschritts der Gebiete der nationalen Minderheiten. Ab 1994 beschloss das Zentralkomitee den Aufbau in Tibet und in anderen Gebieten der nationalen Minderheiten durch die Provinzen und Städte der Küstenregion gezielt zu unterstützen. Die Partei festigte die patriotische Einheitsfront mit den

Religionsgemeinschaften zum Erhalt der gesellschaftlichen Stabilität und der Solidarität der Nationalitäten.

- An der absoluten Führung der Armee durch die Partei
  wurde festgehalten, die Modernisierung der Armee
  wurde vorangebracht. Die Armee hat die Truppenstärke um 500 000 Mann reduziert.

- Am Kurs »Ein Land – zwei Systeme« wurde festgehalten. Das Erblühen und die Stabilität von Xianggang
  und Aomen wurden gewährleistet. In der Taiwan-
  Frage wurden eine Reihe von Maßnahmen ergriffen,
  die das Prinzip »ein China«, Taiwan ist Teil von China,
  nachdrücklich bekräftigten. Die Entwicklung der Beziehungen zwischen beiden Küsten wurde gefördert.

- An der friedlichen Außenpolitik der Unabhängigkeit
  und Selbstbestimmung, der Schaffung eines günstigen
  internationalen Umfeldes für die Modernisierung
  wurde festgehalten. Angesichts der komplizierten
  und sich schnell verändernden internationalen Situation wurde an der richtigen Schlussfolgerung, dass
  Frieden und Entwicklung die Hauptthemen der Zeit
  sind, festgehalten. Die Beziehungen freundschaftlicher Zusammenarbeit mit allen Staaten der Welt
  wurden aktiv entwickelt. Entschieden wurde die Einmischung ausländischer antichinesischer Kräfte in die
  inneren Angelegenheiten unseres Landes bekämpft.
  Es wurde eine effektive diplomatische Tätigkeit entfaltet, mit zahlreichen Staaten wurde das Prinzip
  der Entwicklung der Beziehungen mit Blick auf das
  XXI. Jahrhundert vereinbart. Die Schritte zur Betei-
  ligung an der WHO wurden beschleunigt. Es wurde
  dem Antlitz Chinas als Kraft der Sicherung des Friedens und der Stabilität in der Welt Geltung verschafft.

– An der führenden Rolle der Partei wurde festgehalten, wichtige Maßnahmen zur Verstärkung des Parteiaufbaus wurden ergriffen. Durch die ideologische Arbeit, die Erziehung und Bildung entsprechend dem Prinzip des »Dreifachen Vertreters« wurde die Qualität der Leitungskollektive der verschiedenen Ebenen deutlich verbessert. Durch den unablässigen Kampf gegen Korruption wurde die Selbstdisziplin der Kader entwickelt.

Nach über zehnjährigen großen Anstrengungen wurden bedeutende Erfolge erzielt. Durch die Verwirklichung der Ziele des 9. Fünfjahresplanes wurden die Produktivkräfte unseres Landes auf ein neues Niveau gehoben, die Gesamtstärke des Landes wurde verbessert. Das Leben des Volkes hat insgesamt das Niveau eines bescheidenen Wohlstandes erreicht. Das ist ein weiterer Meilenstein in der Geschichte der chinesischen Nation. Auf der 5. Tagung des XV. ZK im Oktober 2000 wurde der Vorschlag für den »10. Fünfjahrplan der wirtschaftlichen und gesellschaftlichen Entwicklung«[106] angenommen. Er orientierte besonders auf die Erhöhung des Lebensniveaus des Volkes. Der Plan wurde auf der 4. Tagung des IX. Nationalen Volkskongresses im März 2001 beschlossen.

Die Weiterführung des sozialistischen Aufbaus und der Modernisierung, die Vollendung der Einheit des Heimatlandes und die Erhaltung des Weltfriedens, die Förderung der gemeinsamen Entwicklung, das sind die drei Hauptaufgaben der KP Chinas im XXI. Jahrhundert.

---

106 2001–2005

Marx-Engels-Denkmal in Shanghai

Das »Manifest der Kommunistischen Partei« in China

Aus einem Artikel der Renmin Ribao vom 29.06.2006 von Wei Yunchuan, Professor an der Parteihochschule des ZK der KP Chinas
Übersetzung aus dem Chinesischen

Das »Manifest der Kommunistischen Partei« ist das Partei-programm, das Marx und Engels für den Bund der Kom-munisten entwarfen, es ist das programmatische Doku-ment des wissenschaftlichen Sozialismus. Das »Manifest« deckte die objektiven Gesetzmäßigkeiten der gesellschaft-lichen Entwicklung der Menschheit auf, es hat tief grei-fend Einfluss auf die Entwicklung der chinesischen Gesell-schaft genommen. In mehr als einem Jahrhundert brachte China drei repräsentative Persönlichkeiten hervor: Sun Yatsen, Mao Zedong, Deng Xiaoping, sie alle wurden vom Manifest beeinflusst und geprägt.

Als Sun Yatsen 1896 in England weilte, las er im Britischen Museum das »Manifest« und andere marxistische Werke. Er forderte die chinesischen Auslandsstudenten auf, das »Ka-pital« und das »Manifest« zu studieren. Im März 1899 ver-öffentlichte die Shanghaier »Wanguo Gongbao« die Über-setzung des Artikels eines englischen Gesellschaftswissen-schaftlers »Die Lehre der Großen Harmonie«, der sich mit dem »Manifest« beschäftigte. Ende 1905 hat der Vertreter des bürgerlich-revolutionären Flügels, Zhu Zhixin in der zweiten Nummer der offiziellen Zeitung der Chinesischen Revolutionären Liga (Tong Meng Hui)[1], »Volksblatt«, einen

---

1 Diese Organisation wurde 1905 in Tokio gegründet, Präsident der Liga war Sun Yatsen.

Artikel »Kurzbiographien deutscher Sozialrevolutionäre« veröffentlicht, in dem Leben und Lehren von Marx und Engels sowie erstmals Hintergrund der Entstehung, Hauptinhalt und historische Bedeutung des Manifest kurz gefasst dargestellt wurden. Gestützt auf die japanische und unter Zuhilfenahme der englischen Fassung des »Manifest« wurden einige Abschnitte ins Chinesische übersetzt. Der Autor übersetzte den Titel der Schrift mit »Manifest des Kommunismus«. Am 15.3.1908 veröffentlichte der Gelehrte Liu Shipei in der »Tian Yi Bao« einen Artikel unter dem Titel »Einführung zum ›Manifest der Kommunistischen Partei‹«. Es ist das erste Vorwort eines Chinesen zum »Manifest«. Danach erschienen zunehmend Artikel über das Manifest.

Der Sieg der russischen Oktoberrevolution 1917 inspirierte auch die progressiven Elemente in China. Vor und nach der »4.-Mai-Bewegung«[2] erschienen in China zahlreiche Artikel, in denen das Manifest vorgestellt und diskutiert wurde. Der Marxismus fand in China schnell Verbreitung. Im März 1920 initiierte Li Dazhao[3] die Bildung der »Gesellschaft zur Erforschung der Lehre von Marx an der Beijing-Universität«, im Kollektiv wurde der vollständige Text der deutschen Ausgabe des Manifest übersetzt, vervielfältigt und in wenigen Exemplaren unter fortschrittlichen Elementen verbreitet. Im August 1920 wurde mit Unterstützung der Kommunistischen Internationale von der Sozialistischen Forschungsgesellschaft Shanghai die erste Ausgabe der Übersetzung des »Manifest« von Chen Wangdao aus dem Japanischen und dem Englischen

---

2 4.5.1919, von Peking ausgegangene antiimperialistische, antifeudalistische Studentenbewegung, die zu einer landesweiten Bewegung der Studenten und Arbeiter wurde.
3 Professor Li Dazhao (geb. 1889, ermordet von der Tschiang Kaischek Soldateska 1927), Mitbegründer der Kommunistischen Partei Chinas

herausgegeben.[4] Die Übersetzung von Chen Wangdao wurde in den darauf folgenden 20 Jahren oft nachgedruckt und fand weite Verbreitung. Mao Zedong hat 1920 zum ersten Mal das Werk Kautskys, »Der Klassenkampf«, die Übersetzung des »Manifest der Kommunistischen Partei« von Chen Wangdao und die Schrift eines Engländers »Geschichte des Sozialismus« gelesen. Zhou Enlai sagte zu Chen Wangdao: »Wir kommen alle aus deiner Schule«.

Das Manifest hat zu jener Zeit großen Einfluss auf die im Ausland arbeitenden und lernenden jungen Leute ausgeübt. Anfang 1920 hat Cha Hesen in Frankreich das »Manifest«, »Die Entwicklung des Sozialismus von der Utopie zur Wissenschaft« und weitere wichtige Werke übersetzt und herausgegeben, sie fanden große Verbreitung unter den in Frankreich studierenden und arbeitenden chinesischen Jugendlichen. Deng Xiaoping hat ebenfalls als in Frankreich Arbeitender und Studierender das »Manifest« gelesen und den Marxismus angenommen. Später sagte er, mein Eintrittslehrer war das »Manifest der Kommunistischen Partei« und das »ABC des Kommunismus«.

Im Verlauf der Entwicklung der chinesischen Revolution stieg der Bedarf nach dem »Manifest« von Tag zu Tag. Von der ersten Ausgabe der chinesischen Übersetzung des »Manifest« bis zur Gründung der VR China 1949 gab es weitere fünf chinesische Übersetzungen, die Qualität wurde immer besser, es gab immer mehr Vorworte, die Auflagenhöhe stieg immer weiter.

Nach der Gründung des neuen China wurde im November 1949 in Beijing die Jubiläumsausgabe der sowjetischen Auslands-Verlagsgesellschaft zum hundertsten Jahrestag

---

4 Ein Exemplar der ersten chinesischen Ausgabe des »Manifest« befindet sich in der Gedenkstätte der Gründung der Kommunistischen Partei Chinas in Shanghai.

des »Manifest« mit allen sieben von Marx und Engels geschriebenen Vorworten gedruckt. 1958 wurde vom Übersetzungsbüro beim ZK der KP Chinas die chinesische Übersetzung des »Manifest« anhand des Originals überprüft und korrigiert und in den 4. Band der Marx-Engels Gesamtausgabe aufgenommen. Auf der Grundlage des deutschen Textes und unter Hinzuziehung der englischen, französischen, russischen und anderer Texte erfolgte 1964 eine nochmalige Überprüfung. Es wurde eine Einzelausgabe gedruckt, die die Ausgabe mit der größten Verbreitung in China wurde. Im Mai 1972 wurde eine Neuausgabe des 4. Bandes der »Ausgewählten Werke von Marx und Engels« verlegt. Dieser enthält den Text des »Manifest« und die von Marx und Engels geschriebenen sieben Vorworte. Im Juni 1995 kam die 2. Ausgabe der »Ausgewählten Werke von Marx und Engels« heraus. Hinsichtlich der in diese Ausgabe aufgenommenen Schriften erfolgten relativ große Veränderungen, die bisherigen Übersetzungen wurden nochmals überprüft. Der chinesische Volksverlag hat im August 1997 entsprechend dem Text im Band 1 der zweiten chinesischen Ausgabe der »Ausgewählten Werke von Marx und Engels« nochmals eine Einzelausgabe gedruckt. Es ist Teil der Reihe »Werke des Marxismus-Leninismus« und die jüngste Ausgabe des »Manifest« in China.

Das »Manifest« hat nicht nur einen bedeutenden Einfluss auf die chinesische Revolution ausgeübt, es spielt auch eine wichtige orientierende Rolle beim Aufbau eines modernen China.

Anmerkung des Übersetzers: Im Übersetzungsbüro des ZK der KP Chinas wird seit vielen Jahren an der Übersetzung und Herausgabe der Marx-Engels Gesamtausgabe gearbeitet.

Die Kommunistische Partei Deutschlands und die chinesische Revolution

Die vom proletarischen Internationalismus geprägte solidarische Unterstützung der chinesischen Revolution hat in der Politik der KPD stets eine große Rolle gespielt. Die KPD hat der chinesischen Revolution eine besonders wichtige Bedeutung für die gesamte internationale revolutionäre Entwicklung beigemessen.

Die wichtigsten Elemente der Beziehungen zwischen der KPD und der KP Chinas waren die direkten Aktionen der KPD, die enge Zusammenarbeit mit und Unterstützung der relativ großen Gruppe chinesischer Revolutionäre in Deutschland und die Arbeit deutscher Kommunisten in der Kommunistischen Internationale.

*

Als sich das chinesische Volk im Jahre 1900 gegen die imperialistische Aggressions- und Unterdrückungspolitik der europäischen Großmächte erhob, übernahm der deutsche Imperialismus bei der blutigen Niederschlagung des Volksaufstandes eine maßgebliche Rolle.

Bei der Verabschiedung der deutschen Strafexpedition nach China am 27.Juli 1900 in Bremerhaven hielt Wilhelm II. seine berüchtigte »Hunnenrede«, in der er erklärte: »Kommt Ihr vor den Feind, so wird derselbe geschlagen! Pardon wird nicht gegeben! Gefangene werden nicht gemacht! Wer Euch in die Hände fällt, sei Euch verfallen! Wie vor 1000 Jahren die Hunnen unter ihrem

König Etzel sich einen Namen gemacht, der sie noch jetzt in Überlieferungen und Märchen gewaltig erscheinen lässt, so möge der Name Deutscher in China auf 1000 Jahre durch Euch in einer Weise bestätigt werden, dass niemals wieder ein Chinese es wagt, einen Deutschen auch nur scheel anzusehen.« Die deutschen Truppen unter General Waldersee handelten nach diesem Befehl und verübten in China ungeheuerliche Grausamkeiten. In so genannten »Hunnenbriefen«, die in der deutschen Presse veröffentlicht wurden, rühmten sich deutsche Soldaten ihrer Verbrechen.

Es gehört zu den Verdiensten der deutschen Sozialdemokraten in dieser Zeit, den preußisch-deutschen Imperialismus entlarvt zu haben. August Bebel brandmarkte im Reichstag die imperialistische Gewaltpolitik gegen China und die Gräueltaten der deutschen Soldateska in China. Er bezeichnete diese Politik als »verhängnisvoll, … verderblich«, sie müsse »aufs alleräußerste« bekämpft werden und die deutschen Sozialdemokraten werden für sie keinen Mann und keinen Groschen bewilligen. Franz Mehring schrieb: Solche Raubkriege, wie sie der deutsche Imperialismus gegenwärtig in China führt, »züchten vor allen Dingen den einheimischen Despotismus, und jeder Arbeiter, der an dem Joche schmieden hülfe, das den Chinesen auf den Nacken gelegt werden soll, würde nur seine eigenen Ketten fester schmieden«.

Einer der wichtigsten Tagesordnungspunkte des Mainzer Parteitages der deutschen Sozialdemokratie im September 1900 war die Stellungnahme zur »Weltpolitik«, die in der imperialistischen Aggression gegen China handgreiflich

Gestalt angenommen hatte. Der Parteitag nahm eine Resolution an, in der die Aggression gegen China prinzipiell verurteilt und die nationale Unabhängigkeit Chinas verteidigt wurde.

Karl Liebknecht erklärte am 12.11.1900: »Es ist eine gewaltsame Verdrehung der Tatsachen, wenn die Chinapolitik damit begründet wird, China der Kultur erschließen zu wollen. Die Chinesen besitzen eine Jahrtausende alte Kultur...«

Der Sturz der Kaiserdynastie in China durch die Revolution 1911 und die Gründung der Republik 1912 wurde von den progressiven Kräften in Deutschland begrüßt.

Aber die rechten Reichstagsabgeordneten der Sozialdemokratie, wie Gustav Scheidemann, stimmten 1912 für eine Regierungsanforderung von 650 000 Reichsmark zur Unterstützung imperialistischer Interessen in China, angeblich zum Schutze deutscher Staatsbürger.

*

Für die Entwicklung der chinesischen Revolution war die Bewegung des 4. Mai 1919 von besonderer Bedeutung. Der Versailler Vertrag beinhaltete die Übergabe der deutschen Rechte und Besitzungen in der Provinz Shandong an Japan, nicht an China. Die Studenten in Beijing demonstrierten dagegen und leiteten so eine neue Etappe der chinesischen Revolution, die Neudemokratische Revolution, ein.

Über erste Kontakte der an der Jahreswende 1918/1919 gegründeten KPD und der am 1. Juli 1921 gegründeten

KP Chinas sind dem Autor keine Dokumente bekannt. Die in den Folgejahren sich stürmisch entwickelnde chinesische Revolution fand bei den deutschen Kommunisten starken Widerhall.

1924 kam es zur ersten Einheitsfront zwischen der Guomindang unter Führung von Sun Yatsen und der KP Chinas. Zum Tode von Sun Yatsen (12.3.1925) sandte das ZK der KPD am 17.3.1925 eine Kondolenzadresse an die Guomindang, in der es heißt: »Die Befreiung der Welt von der Zwangsherrschaft des Großkapitals ist nur möglich durch den solidarischen Kampf der Werktätigen des Ostens und des Westens, Asiens und Europas. Es wird für alle Zeiten das entscheidende Verdienst Dr. Sun Yatsens bleiben, dass er die Notwendigkeit dieser internationalen Solidarität erkannte. Die deutsche Arbeiterschaft wird auch weiterhin alles tun, um den Befreiungskampf der chinesischen Werktätigen zu fördern.«

Die revolutionären Ereignisse in China 1925 erregten bei den klassenbewussten deutschen Arbeitern starke Aufmerksamkeit. Als am 30. Mai 1925 Arbeiter und Studenten in Shanghai gegen Repressalien protestierten, die gegen streikende Arbeiter japanischer Textilfabriken ergriffen wurden und antiimperialistische Kundgebungen durchführten, eröffneten britische Polizisten das Feuer gegen die Demonstranten. Die Kommunistische Partei Chinas rief das Volk auf, das brutale Vorgehen der Imperialisten zu beantworten. Am 1. Juni begann in Shanghai ein Generalstreik, der auch in anderen Städten, insbesondere in Guangzhou (Kanton), Unterstützung fand. Nachdem in Deutschland die Nachrichten von der »Bewegung des 30. Mai« eingetroffen waren, fanden auf Initiative der KPD, des Roten Frontkämpferbundes, der Internationalen Arbeiterhilfe und der Roten Hilfe Deutschlands Versammlungen und Kundgebungen statt, auf denen die chinesische Revolution unter der Losung »Hände weg von China! China den Chinesen!« der Solidarität der deutschen Arbeiterklasse versichert wurde. Die »Internationale Arbeiterhilfe« organisierte Sammlungen für die hungernden und kämpfenden chinesischen Arbeiter. Am 24. Juni 1925 führte die Bezirksorganisation Berlin der KPD gemeinsam mit dem Roten Frontkämpferbund (RFB) eine Großkundgebung durch, an der auch über 100 in Berlin lebende Chinesen teilnahmen und auf der ein chinesischer Vertreter sprach. Ernst Thälmann bekräftigte die Solidarität mit der chinesischen Arbeiterklasse und verdeutlichte die Gemeinsamkeit des Kampfes in beiden Ländern. Der X. Parteitag der KPD 1925 übermittelte in einer Resolution brüderliche Grüße an die Klassengenossen in China. Der Vertreter der KP Chinas hielt auf dem Parteitag eine Grußansprache.

1927 brach Tschiang Kaischek die Einheitsfront zwischen der Guomindang und der KP Chinas und eröffnete den weißen Terror gegen die Kommunisten. Auf ihrem 3. Reichstreffen von 80 000 Mitgliedern des Roten Frontkämpferbundes schworen die Teilnehmer, dem Militarismus unversöhnlich entgegen zu treten und die Sowjetunion und die chinesische Revolution standhaft zu verteidigen.

In diesen Monaten erreichte in der deutschen Arbeiterbewegung die Welle der Sympathie für die chinesische Volksrevolution einen Höhepunkt. Unter der Losung »Hände weg von China« fanden in den Großstädten und anderen Orten Versammlungen und Kundgebungen statt, auf denen die Teilnehmer den Verrat des von Tschiang

Kaischek geführten reaktionären Flügels der Guomindang an den Interessen des chinesischen Volkes verurteilten und gegen die militärische Intervention US-amerikanischer und britischer Truppen in China protestierten.

Eine der vielen Solidaritätsveranstaltungen, auf der Wilhelm Pieck und Ernst Thälmann zu 20 000 Teilnehmern sprachen, fand im April 1927 im Berliner Sportpalast statt. Dort sprach auch der Vertreter der chinesischen Kommunisten, Hsieh Yun San (nach heutiger Transkription wahrscheinlich Xie Yunshan). Sein Sohn, Han Sen, schreibt darüber in seinem autobiographischen Buch folgendes: »1925 trat mein Vater in den Kommunistischen Jugendverband ein, 1926 wurde er Mitglied der chinesischen kommunistischen Partei – dies war auch in Deutschland möglich, da hier viele revolutionär gesinnte junge Chinesen lebten. Von ihr bekam er die Aufgabe, im Ausland die chinesische revolutionäre Bewegung zu propagieren und die Verbindung der chinesischen kommunistischen Partei mit den kommunistischen Parteien Europas zu fördern. Auf einem der wenigen Bilder, die aus dieser Zeit erhalten geblieben sind, ist er zusammen mit Ernst Thälmann zu sehen. Es ist das Jahr 1927, im Berliner Sportpalast findet eine kommunistische Massenkundgebung mit zehntausend Teilnehmern statt zur Unterstützung der chinesischen Revolution und gegen den imperialistischen Massenmord in China. Nach seiner Rede überreichte mein Vater Ernst Thälmann eine Fahne des allchinesischen Gewerkschaftsverbandes – ein Geschenk des Kantoner Streikkomitees – und eine Fahne des chinesischen Bauernverbandes.«[1]

---

1 Han Sen: Ein Chinese mit dem Kontrabass, München: List, 2003

Am 13. April 1927 erschien im Zentralorgan des ZK der KPD »Die Rote Fahne« der bedeutende Artikel von Ernst Thälmann »Die chinesische Revolution und die Aufgaben der Arbeiterschaft«. Es seien aus diesem Artikel einige

Hsie Yun San (Xie Yunsahn) überreicht Ernst Thälmann eine Fahne des chinesischen Gewerkschaftsbundes – ein Geschenk des Kantoner Streikkomitees, 5. April 1927 in Berlin

Stellen von prinzipieller Bedeutung, auch unter heutigen Aspekten, zitiert:

»Kaum zehn Jahre nach der russischen Revolution ist das Weltproletariat wiederum Zeuge einer Umwälzung von weltgeschichtlicher Bedeutung. Die Augen der ganzen Menschheit sind auf China gerichtet, wo das älteste und größte Kulturvolk der Erde die imperialistischen Fesseln sprengt, in die es ein Jahrhundert lang geschlagen war. ...

Diese ungeheure Gefahr haben die Imperialisten erkannt. Sie wissen, dass die Einigung Chinas den Anfang vom Ende der Imperialistenherrschaft über die Kolonialvölker bedeutet. Sie wissen, dass der Sieg der chinesischen Revolution das Ende der relativen Stabilisierung in den kapitalistischen Ländern bedeuten wird. Sie wissen, dass er die europäische Revolution überaus beschleunigen muss. ...

Nur das Proletariat der Sowjetunion und die kommunistische Vorhut der Arbeiterklasse in der Welt erkennen richtig und rechtzeitig die Bedeutung der Ereignisse in China. Deshalb holt der Imperialismus unter britischer Führung zu einem entscheidenden Stoß aus, der die chinesische und die russische Revolution vereinzelt schlagen soll.«

*

Zu der großen Gruppe chinesischer Kommunisten und fortschrittlicher Intellektueller in Deutschland gehörten vor allem Zhou Enlai, Leiter der Parteizelle der KP Chinas in Westeuropa und Zhu De, für den Zhou Enlai die Bürgschaft bei der Parteiaufnahme übernahm. Zhu De wurde mehrfach von der deutschen Polizei verhaftet und 1925 ausgewiesen. Seine Tochter, Zhu Ming, die in einem sowjetischen Kinderheim lebte, wurde beim Überfall der deutschen Faschisten auf die Sowjetunion gefangen genommen und im KZ Königsberg eingekerkert, aber nicht als Tochter von Zhu De erkannt.

Über den Aufenthalt chinesischer Revolutionäre in Deutschland gibt es noch keine vollständige Darstellung. Während des Besuches von Erich Honecker in China im Oktober 1986, bei dem er auch mit Zhu Ming zusammentraf, erinnerte Deng Xiaoping daran, dass auch er 1923 kurze Zeit in Berlin weilte. Auch die Ehefrau von Sun Yatsen, die spätere Ehrenvorsitzende der VR China, Song Qingling, hielt sich Anfang 1928 bis zum Frühsommer 1929 illegal in Berlin auf. 1930 weilte sie erneut mehrere Wochen in Berlin.

In der KPD existierte eine »chinesischsprachige Gruppe« in der zahlreiche chinesische Kommunisten organisiert waren. Sie war der Delegation der KP Chinas bei der Kommunistischen Internationale in Moskau und dem ZK der KPD zugeordnet. Ab 1932 wurde diese Gruppe von Wang Bingnan geleitet. Er war später Mitarbeiter von Mao Zedong, zuletzt Stellvertretender Außenminister und dann Präsident der Gesellschaft des chinesischen Volkes für Freundschaft mit dem Ausland. Ein Artikel über seine Begegnung mit Ernst Thälmann im Jahre 1932 wurde 1986 veröffentlicht (siehe nächstes Kapitel).

Besondere solidarische Unterstützung durch die KPD erfuhr die Kantoner Kommune im Dezember 1927. Scharfer Protest folgte der brutalen Niederschlagung dieses Aufstandes. Am 29. Dezember 1927 fand in den Sälen am Märchenbrunnen in Berlin Friedrichshain eine Kundgebung gegen imperialistischen Massenmord in Kanton statt – unter der Losung »Ehrt die Tausenden ermordeten Kommunarden

Kantons«. Der chinesische Vertreter erklärte: »Wenn die bürgerliche und sozialdemokratische Presse behauptet, die chinesische Revolution sei tot, so sagen die Kämpfenden der ganzen Welt, dass die chinesische Revolution mehr denn je lebt und die Kämpfer geloben, das von Lenin, Liebknecht und Luxemburg begonnene Werk der Befreiung der Unterdrückten in China zum Siege zu führen«.

1931/32 entstand im Jinggang Shan das erste Sowjetgebiet Chinas, das auch die Unterstützung der KPD erfuhr. Die KPD veröffentlichte eine von Ernst Schneller verfasste Broschüre »Kochendes Wasser«, in der die Unterdrückung des chinesischen Volkes und sein Befreiungskampf geschildert wurden.

»Die Rote Fahne« veröffentlichte am 14.11.1931 die Grußadresse »An den ersten Sowjetkongress Chinas!«. Dort heißt es: «Im Namen der Arbeiterklasse Deutschlands entbietet das Zentralkomitee der Kommunistischen Partei Deutschlands dem ersten Sowjetkongress der Sowjetrepubliken Chinas revolutionäre brüderliche Kampfesgrüße. Die Kommunistische Partei erblickt in der chinesischen Sowjetregierung die einzig rechtmäßige Regierung des chinesischen Volkes...

Das Zentralkomitee der Kommunistischen Partei Deutschlands ruft die Arbeiterklasse und alle Werktätigen Deutschlands auf zum Kampf für die Verteidigung der chinesischen Revolution.«

Die Presse der KPD entlarvte die deutschen Waffen- und Munitionstransporte für die chinesische Konterrevolution. Die Losung »Hände weg von China« wurde ergänzt durch die Forderung: »Keine Waffen nach China«.

Der deutsche Militarismus beginnt zudem mit der Entsendung von Militärinstrukteuren für die Guomindang Tschiang Kaischeks. Siebzig deutsche Generalstabsoffiziere unterstützten Tschiang Kaischek gegen die Kommunistische Partei Chinas. Im November 1930 richtete das ZK der KP Chinas einen Aufruf an die Werktätigen Deutschlands zum Kampf gegen die Unterstützung von Tschiang Kaischek durch deutsche Offiziere.

Im November 1931 richtete das ZK der KPD ein Grußschreiben an den ersten Sowjetkongress in China. Es rief die Arbeiterklasse und alle Werktätigen Deutschlands zur Verteidigung der chinesischen Revolution auf.

Die Ausweitung der japanischen Aggression gegen China 1931/32 stieß auf die schärfsten Proteste der KPD. Die Reichstagsfraktion der KPD forderte eine Behandlung der Aggression im Reichstag. Die Hamburger Hafenarbeiter entlarvten die Kriegstransporte nach China. Der Appell von Song Qingling, internationale antiimperialistische Aktionen gegen die bewaffnete japanische Invasion durchzuführen, erfuhr breiten Widerhall. Der Appell wurde von Friedrich Wolf, Ludwig Renn, Lion Feuchtwanger, Wieland Hertzfelde, inhaftierten Arbeitern und zahlreichen Organisationen unterstützt.
Arbeiterkorrespondenten entlarvten die Lieferung von Sprengstoffen und Giftgas der IG Farben an die japanischen Invasoren. Die Lieferung von Kriegsflugzeugen von Junkers an die Japaner und die Guomindang-Regierung wurde aufgedeckt. In einer flammenden Rede auf der Tagung des ZK der KPD am 19.2.1932 rief Ernst Thälmann die deutschen Arbeiter auf, Kriegsproduktion

und die Kriegstransporte für die japanischen Invasoren in China zu verhindern.

Walter Ulbricht erklärte in seiner Rede im Reichstag am 23.2.1932: »Aber so wenig es den Mördern der chinesischen Revolution möglich war, die Errichtung weiterer Sowjetgebiete in China zu verhindern, ebenso wenig wird es den imperialistischen Mächten gelingen, die chinesische Revolution niederzuschlagen«. In der Broschüre der KPD »Krieg in China« heißt es: »Die werktätigen Massen Deutschlands wählen nicht Hindenburg, den Generalfeldmarschall des letzten Weltkrieges, den Kandidaten der deutschen Verbündeten des japanischen Imperialismus, den Kandidaten der Kriegsaktionäre und Waffenlieferanten, sie wählen den Kandidaten der roten Einheitsfront, den Kandidaten der Bundesgenossen der revolutionären Massen Chinas, den Arbeiter Ernst Thälmann.« Der Wahlkampf in Deutschland war eng mit der Unterstützung des chinesischen Volkes verbunden.

Das Zentrale Exekutivkomitees der Chinesischen Sowjetrepublik, richtete am 6.9.1933 einen von Mao Zedong, dem Vorsitzenden des Zentralen Exekutivkomitees unterzeichneten Appell an die Arbeiter, Bauern, Intellektuellen der USA, Englands, Japans, Frankreichs und Deutschlands. Darin heißt es: »Die deutsche faschistische Regierung entsandte 70 Militärspezialisten mit von Seeckt an der Spitze nach Nanjing, die von Tschiang Kaischek zu einer besonderen Sektion beim Generalstab in Nanchang zur Leitung der Kriegsoperationen gegen die Rote Armee organisiert wurden. Von Seeckt hat mit Hilfe der deutschen Generale Wetzell und Kriebel den ganzen Plan des sechsten

Feldzuges Tschiang Kaischeks ausgearbeitet«. Im Appell wird zur machtvollen Unterstützung des Kampfes des chinesischen Volkes aufgerufen.

Die Chinesische Liga für Menschenrechte, geleitet von Frau Song Qingling, protestierte im Juni 1933 in einer Erklärung scharf gegen den faschistischen Terror in Deutschland: »Im Namen des menschlichen, sozialen und kulturellen Fortschritts und im Bemühen, die sozialen und kulturellen Errungenschaften der Menschheit zu erhalten, protestiert die Liga für Menschenrechte Chinas aufs Energischste gegen die Gräuel in Deutschland. Wir protestieren gegen diesen schreckensvollen Terror gegen die deutsche Arbeiterklasse und gegen fortschrittliche Denker, gegen einen Terror, der das soziale, intellektuelle und kulturelle Leben Deutschlands verkrüppelt.«

Als während des Langen Marsches im Januar 1935 Truppen der Roten Armee Chinas wiederholt von feindlichen Einheiten umzingelt waren, wurde dort eine Ehrung für Karl Liebknecht und Rosa Luxemburg durchgeführt, auf der Marschall Zhu De sprach.

Auf dem 13. Parteitag der KPD im Oktober 1935 sprach auch ein Vertreter des Zentralkomitees der KP Chinas, der Parteitag entsandte ein Grußschreiben an das ZK der KP Chinas.

*

Zahlreiche Genossen der KPD spielten bei der Unterstützung der chinesischen Revolution eine besondere Rolle, zum Teil waren sie auch in Auseinandersetzungen über die

Strategie und Taktik des revolutionären Kampfes verwickelt.

Heinz Neumann, Mitglied des Politbüros und Sekretär des ZK der KPD, enger Kampfgefährte Ernst Thälmanns, war 1927 bis Ende Januar 1928 Vertreter der Kommunistischen Internationale in China.

1927 hatte Tschiang Kaischek die erste Einheitsfront mit der KP China gebrochen und den weißen Terror gegen die KP China entfesselt. Die Kommunistische Internationale orientierte auf die Bildung von Sowjets und bewaffnete Aufstände in China. Heinz Neumann hat an der Erarbeitung und Realisierung dieser Orientierung mitgewirkt. Er war in den Aufstand vom 1. 7. 1927 in Nanchang (dieser Aufstand wurde zur Geburtsstunde der Chinesischen Volksbefreiungsarmee) und in den Aufstand von Shanghai 1927 einbezogen und er war maßgeblich an dem Aufstand von Guangzhou, der Kantoner Kommune (11.–14. 12. 1927), beteiligt.

Die Analyse der Ursachen der Niederlage dieser Aktionen ergab, dass Fehler bei der Einschätzung des Charakters der damaligen Etappe der chinesischen Revolution, hinsichtlich des Tempos des Hinüberwachsens der bürgerlich-demokratischen in die sozialistische Revolution und bei der Einschätzung der Klassensituation, der Möglichkeiten der Arbeiter zu Aktionen und der Rolle der Landbevölkerung zugelassen wurden.

Nach der Niederlage der Kantoner Kommune, die mit großen Opfern verbunden war, wurde Heinz Neumann nach Moskau zurückberufen und arbeitete in der Kommunistischen Internationale im Bereich China.

Richard Stahlmann (Artur Illner) leistete 1927–1928 illegale Arbeit für das Exekutivkomitee der Kommunistischen Internationale in China. In dem Buch: »Aus dem Leben eines Berufsrevolutionärs – Erinnerungen an Richard Stahlmann« (Offizin Andersen Nexö Leipzig 1986), heißt es:

»Im Frühjahr reiste Richard nach Shanghai und Kanton. Die Lage in China war aufs Äußerste gespannt. Nach dem Tode Sun Yatsens hatten in der Guomindang und in der nationalrevolutionären Armee die rechten Kräfte zunehmend an Einfluss gewonnen und einen blutigen Terrorfeldzug gegen die revolutionären Arbeiter eröffnet. Kurz bevor Richard in Shanghai eintraf, hatte Tschiang Kaischek erfolgreich gegen die nationalrevolutionäre Regierung geputscht, eine Militärdiktatur errichtet und den Widerstand der Arbeiterklasse im Blut erstickt. Chinesische Konterrevolutionäre und russische Weißgardisten beherrschten die Straßen. Sie entfesselten eine wüste antisowjetische Hetze und verübten Terroranschläge gegen sowjetische Einrichtungen in China.

Auch Richards Anlaufstelle, das Haus der sowjetischen Schifffahrt in Shanghai, stand bei seinem Eintreffen in der Stadt in Flammen. Nach diesem Anschlag versuchte der konterrevolutionäre Mob auch zur sowjetischen Botschaft vorzudringen. Die Genossen der Botschaft ließen jedoch keinen Zweifel daran, dass sie notfalls gewillt waren, sich im Falle eines Sturms auf die Botschaft mit Maschinengewehren zur Wehr zu setzen.«

Über sein Eintreffen und seine Tätigkeit in China berichtete Richard:

»Über die Beschimpfung und Bedrohung unserer sowjetischen Genossen war ich zutiefst empört. Ich konnte meine Empörung kaum niederringen. Planlos lief ich durch die Straßen Shanghais. Wie sollte ich nun meinen Verbindungsmann

finden? In die Botschaft konnte ich aus den genannten Grün-
den nicht gehen. Ich war verzweifelt. Aber wie so oft in der ille-
galen Arbeit spielte der Zufall eine Rolle. Es ist kaum zu glau-
ben, aber ich traf in dieser großen Stadt auf der Straße plötzlich
einen Genossen, den ich von der Arbeit in der Komintern kannte
und der sogar mit der sowjetischen Botschaft Kontakt hatte. Er
erzählte mir, dass sich die Genossen der Botschaft schon Gedan-
ken gemacht hätten, wo der Genosse umherirrt, der im Haus
der sowjetischen Schifffahrt anlaufen sollte. Nun wurde endlich
durch diesen Zufall alles in Ordnung gebracht. Mit sowjetischen
Freunden fuhr ich nach Kanton und führte in Vorbereitung und
während des Kantoner Aufstandes Teilaufträge durch. Beson-
ders schmerzlich war der Mangel an Waffen. Unter den revo-
lutionären Truppen herrschte zwar große Begeisterung, aber sie
waren ungenügend bewaffnet. Da ich in der Herstellung von
Waffen mit einfachsten Mitteln ausgebildet war, half ich, wo ich
konnte. So zeigte ich unseren chinesischen Freunden, wie man
Rohre oder auch Aluminiumflaschen mit Sprengstoff füllt und
wie man die Zünder anlegt. Ich schickte gut bewaffnete Kämpfer
in die Kasernen, um die Soldaten für die Teilnahme an den re-
volutionären Kämpfen zu gewinnen. Viele Soldaten gingen samt
Waffen und Munition auf unsere Seite über und reihten sich in
unsere Front ein.

Trotz des heldenhaften Kampfes endete der Kantoner Auf-
stand mit einer Niederlage. In Kanton wütete der weiße Terror.
Ich musste mit ansehen, wie viele unserer chinesischen Genossen
zusammen getrieben und massenweise erschossen wurden, nach-
dem sie sich ihr Grab selbst ausgehoben hatten.«

In dieser komplizierten Situation erhielt Richard durch
das Exekutivkomitee der Komintern den Auftrag, führende
Genossen der KP Chinas, die sich in dem von den reaktionären Truppen abgeriegelten »chinesischen Viertel« ver-

borgen hielten, sicher zum VI. Weltkongress der Komintern nach Moskau zu bringen, der vom 17. Juli bis 1. September 1928 tagte.

Wie aber sollte er in das »Chinesische Viertel« gelangen, das von den konterrevolutionären Truppen umzingelt war? Wie sollte er eine Verbindung zu den chinesischen Genossen herstellen und ihnen den Auftrag der Komintern zur Teilnahme am Kongress überbringen? Und wie sollte er die Genossen aus dem »Chinesischen Viertel« herausbringen? Wie in so vielen anderen Fällen so fand Richard auch hier eine Lösung. Chinesische Genossen verkleideten ihn als ambulanten Händler. Sie setzten ihm einen großen, flachen und breiten Hut auf, gaben ihm entsprechende Kleidung und einen Bauchladen mit Waren und schminkten ihn so, dass er von einem echten Chinesen kaum zu unterscheiden war. So gerüstet, gelangte er in das »Chinesische Viertel« und überbrachte Zhou Enlai die Nachricht aus Moskau. Anschließend verkleidete sich Richard als reicher Ausländer und lies sich in einer Rikscha von Zhou Enlai und den anderen chinesischen Genossen aus der Stadt fahren. Dann geleitete er die chinesischen Genossen nach Moskau und sorgte dafür, dass sie rechtzeitig und sicher am Konferenzort eintrafen.

Hier sei noch ergänzt.

Nach der Teilnahme an der Genfer Indochinakonferenz 1954 besuchte Zhou Enlai die Deutsche Demokratische Republik. Die Berliner Humboldt-Universität verlieh ihm den Titel Doktor h. c. Auf dem Empfang, den Wilhelm Pieck und Otto Grotewohl zu Ehren von Zhou Enlai gaben, erkannte dieser seinen lebensrettenden »Rikschagast« aus Kanton wieder. Richard Stahlmann war einer der führenden Mitarbeiter des gerade gebildeten Ministeriums für Staatssicherheit der DDR. Zhou Enlai umarmte Richard mit großer Herzlichkeit und verkündete, auch zum Erstaunen der Anwesenden: »Dieser Genosse hat mir das Leben gerettet.«

Von 1931 bis Anfang 1934 war *Manfred Stern*[2] als Militäraufklärer und Vertreter der Komintern mehrmals in China, zunächst im Nordosten Chinas (im Zusammenhang mit der japanischen Invasion) und später als Hauptmilitärberater beim illegalen Büro des ZK der KP Chinas in Shanghai. Ruth Werner erwähnt in ihren Erinnerungen ein Treffen in Shanghai im Jahre 1933, bei dem neben Manfred Stern auch Richard Sorge und Otto Braun anwesend waren. Das Fernostbüro des EKKI stand zu jener Zeit unter Leitung des deutschen Kommunisten *Arthur Ewert.*

Otto Braun (1900–1974), seit Gründung Mitglied der KPD, war 1932 bis 1939 Militärberater der Komintern beim ZK der KP Chinas (in China bekannt unter dem Namen Li De). Otto Braun arbeitete zunächst in Shanghai, später im ersten Zentralen Sowjetgebiet im Jinggang Shan, war dann Teilnehmer des Langen Marsches (er war der einzige ausländische Teilnehmer des Langen Marsches) und lebte bis zu seiner Rückkehr nach Moskau 1939 im Stützpunkt des ZK der KP Chinas Yanan.

Otto Braun war stärker als alle anderen nach China entsandten Vertreter der Komintern in die Auseinandersetzungen um die Strategie der KP Chinas im revolutionären Kampf eingebunden.

---

2 1896–1937; in Spanien als General Kleber bekannt

1930 und 1931 führte Tschiang Kaischek mehrere militärische Aktionen gegen die Basen der Revolution, die
von den Truppen der KP Chinas unter Leitung von Mao
Zedong und Zhu De zurückgeschlagen wurden. Infolge
eines weiteren Angriffes von Tschiang Kaischek mit über
500 000 Soldaten und durch Auseinandersetzungen in
der Parteiführung der KP Chinas über das weitere Vorgehen musste im Oktober 1934 das Sowjetgebiet im
Jinggang Shan aufgegeben werden. Es begann der Lange
Marsch. Auf der Zunyi-Konferenz der Führung der KP
Chinas im Januar 1935 fiel eine Entscheidung in den Auseinandersetzungen in der Parteiführung, die die von Otto
Braun vertretene Linie der Komintern korrigierte und die
von Mao Zedong vertretene Orientierung für den erzwun-
genen Langen Marsch bestätigte. Otto Braun verblieb in
China, hatte jedoch keinen Einfluss mehr auf die Entscheidungen der chinesischen Partei- und Armeeführung.

*

Eine besondere Rolle spielte *Hans Grzyb* (auch: Hans
Shippe), geb. 1897 in Krakow, Mitglied der KPD seit 1919.
Er war im Zusammenhang mit den Auseinandersetzungen
mit Fischer/Maslow aus der KPD ausgeschlossen worden.
Er arbeitete als Journalist, kam 1925 nach Guangzhou, die
Zentrale der Zusammenarbeit zwischen der KP Chinas
und der Guomindang, trat in die gemeinsamen Streitkräfte der Einheitsfront ein und arbeitete in ihrem Über-
setzerbüro. Während seiner mehrfachen, längeren Aufent-
halte in China hatte er enge Beziehungen zur Kommunistischen Partei und ihren führenden Vertretern. Er schrieb
zahlreiche Artikel und mehrere Bücher über China und

die chinesische Revolution, insbesondere über die Lage auf dem chinesischen Dorf. Oft benutzte er das Pseudonym »Asiatikus«. 1941 hielt er sich in dem revolutionären Stützpunkt des antijapanischen Widerstandskrieges in der

Grabstätte und Denkmal Hans Grzybs,
Märtyrerfriedhof bei Lin Yi, Provinz Shandong

Provinz Shandong auf, er schrieb Artikel über den Widerstandskampf und griff gegen angreifende japanische Truppen selbst zur Waffe. Hans Grzyb fiel am 30.11.1941 in Shandong. Auf dem Heldenfriedhof Lin Yi in Shandong ist er bestattet, ein Denkmal und eine Ausstellung wurden ihm zu Ehren errichtet.

Hans Grzyb ist meines Wissens der einzige deutsche Kommunist, der im bewaffneten revolutionären Kampf des chinesischen Volkes ums Leben kam.

*

Noch ein Zusatz aus dem Beginn der Beziehungen zwischen der Deutschen Demokratischen Republik und der Volksrepublik China:

Zum 70. Geburtstag Stalins weilte auch Wilhelm Pieck im Dezember 1949 in Moskau. Er traf dort mit Mao Zedong zusammen, sie waren auch Tischnachbarn bei einem offiziellen Essen. Im Gespräch erkundigte sich Wilhelm Pieck nach der Versorgung in China. Mao Zedong gab ausführlich Auskunft und bemerkte dabei, dass es mit der Zuckerversorgung große Probleme gebe, weil der Anbau von Zuckerrohr im Süden des Landes für die große Bevölkerung nicht ausreiche. Wilhelm Pieck sprach sofort über die Zuckerrüben, die in der DDR angebaut werden. Daraus entwickelte sich das wahrscheinlich erste große Projekt der wirtschaftlichen Zusammenarbeit beider Länder. Heute ist der Anbau von Zuckerrüben im Norden Chinas weit verbreitet.

Wang Bingnan trifft Ernst Thälmann

**Ein Artikel von Wang Bingnan zum
100. Geburtstag von Ernst Thälmann**

Wang Bingnan (1909 – 1988) trat 1926 in die KP
Chinas ein, studierte in Berlin Politikwissenschaft.
Er war Vorsitzender der Antiimperialistischen Liga
der Auslandschinesen in Europa. 1945 Sekretär
von Mao Zedong bei den Verhandlungen mit der
Guomindang. Ab 1949 leitender Mitarbeiter im
Außenministerium, ab 1955 Botschafter in Polen, Leiter der
Verhandlungsdelegation mit den USA, Stellvertretender
Außenminister. Präsident der Gesellschaft des
chinesischen Volkes für Freundschaft mit dem Ausland.

Eine unvergessliche Begegnung

Der 14. 4. 1986 ist der hundertste Geburtstag des hervorra-
genden Führers der deutschen Arbeiterbewegung, des heldenhaften antifaschistischen Kämpfers Ernst Thälmann.
Am Tage des Gedenkens an Thälmanns Geburtstag drängt
sich mir eine bewegende Begegnung mit ihm im Herbst
1932 in Berlin in Erinnerung. Seine vom Geist des proletarischen Internationalismus und von Weitsicht geprägten
Äußerungen haben bei mir einen tiefen Eindruck hinterlassen, sie sind mir noch heute, 54 Jahre danach, in frischer
Erinnerung.

Ich kam im Frühjahr 1931 nach Berlin. Das damalige
Deutschland befand sich in einem revolutionären Auf-
schwung. Die Kommunistische Partei Deutschlands unter
Führung von Thälmann führte einen heldenhaften und

unbeugsamen Kampf für die nationale und soziale Befreiung des deutschen Volkes, für die Verhinderung der Machtergreifung des Hitlerfaschismus. Damals war die Kommunistische Partei Deutschlands legal, sie war die viertgrößte Partei des Landes. Die größte Partei war die Sozialdemokratische Partei Deutschlands. Aber die Kommunistische Partei Deutschlands war in der Hauptstadt Berlin und in der größten Hafenstadt Hamburg die größte Partei, deshalb wurden sie als »rotes Berlin« und »rotes Hamburg« bezeichnet. Obwohl die faschistischen Kräfte zu jener Zeit bereits recht stark ihr Unwesen trieben, hatte die Kommunistische Partei Deutschlands unter den Arbeitermassen Deutschlands nach wie vor großen Einfluss. Zum Beispiel erhielt der Präsidentschaftskandidat der KPD, Genosse Thälmann, im März 1932 bei den letzten Präsidentschaftswahlen vor der Machtergreifung Hitlers 5 Millionen Stimmen.

Damals war ich in Deutschland Mitglied der KPD. Wir chinesischen Genossen waren in der chinesischsprachigen Gruppe organisiert. Die chinesischsprachige Gruppe war doppelt unterstellt, einerseits wurde sie von der Delegation des ZK der KP Chinas bei der Kommunistischen Internationale in Moskau und andererseits vom ZK der KPD geleitet. Als ich nach Deutschland kam waren die Genossen Zhang E und Cheng Fangwu die Verantwortlichen der chinesischsprachigen Gruppe. Kurze Zeit darauf verließen sie Deutschland und gingen nach Moskau bzw. in das zentrale Sowjetgebiet in China. An ihre Stelle trat Genosse Xie Weijin als Sekretär der chinesischsprachigen Gruppe. Nach den Ereignissen vom 18. September 1931 (Beginn des umfassenden Angriffs der japanischen Truppen auf

Nordchina – d. Ü.) entwickelte sich die Bewegung des Widerstandes gegen Japan und zur Rettung des Landes sehr schnell. Unter den Auslandsstudenten haben wir dazu aktiv beigetragen. Damals haben wir in Deutschland die »Antiimperialistische Allianz«, die »Gesellschaftswissenschaftliche Forschungsgesellschaft« und die »Vereinigung zum Widerstand gegen Japan und für die Rettung des Landes« sowie weitere Massenorganisationen gegründet. Im Sommer 1932 entsandte die Delegation des ZK der KP Chinas bei der Kommunistischen Internationale Genossen Yang Xiufeng nach Berlin, um die Arbeit der chinesischsprachigen Gruppe zu kontrollieren. Aufgrund der Erfordernisse der revolutionären Arbeit setzte Genosse Yang Xiufeng mich als Sekretär der Gruppe ein, Genossen Jiang Long wurde die Verantwortung für die Agitation übertragen. Hinzu kam noch Genosse Xin Anshi, der aus Frankreich gekommen war. Kurz nach der Formierung unserer Führungsgruppe informierte der Verbindungsmann des ZK der KPD zu unserer Gruppe, Genosse »Otto«[1], dass Genosse Thälmann die neuen Führungsmitglieder der chinesischsprachigen Gruppe treffen möchte.

Diese Mitteilung hat uns sehr bewegt. Obwohl wir Genossen Thälmann zuvor auf Massenkundgebungen im Berliner Lustgarten oftmals gesehen und seine Reden gehört hatten, aber wir hofften immer, Gelegenheit zu haben, diesen Führer der deutschen Arbeiterklasse persönlich zu treffen und seine Hinweise entgegenzunehmen. Darüber hinaus war der Klassenkampf in Deutschland zu jener Zeit sehr hart. Dass Genosse Thälmann, der mit tausend Dingen

---

1 Name ist nicht bekannt

beschäftigt war, uns chinesische Genossen empfängt, dieser hohe Geist des proletarischen Internationalismus hat uns alle sehr bewegt.

Eines Tages im August/September 1932 hat der Vorsitzende des ZK der KPD, Genosse Thälmann, uns in der Redaktion des Zentralorgans der KPD, »Rote Fahne«, empfangen. Genosse Thälmann zeigte sein großes Interesse an der revolutionären Bewegung in China. Gleich zu Beginn erkundigte er sich nach der Revolution in China. Er sagte, die deutsche Arbeiterklasse verfolgt mit großem Interesse jeden Schritt der Entwicklung der chinesischen Revolution. Die KPD werde künftig mit aller Kraft die chinesische Revolution solidarisch unterstützen. In diesem Sinne gab die KPD die Losung »Hände weg von China« heraus. Er betonte, China ist ein großes Land, der revolutionäre Kampf Chinas wird künftig international einen großen Einfluss ausüben. Weiter hob er hervor: Napoleon hat gesagt, das asiatische China ist wie ein schlafender Löwe, lassen wir ihn fest schlafen. Wenn dieser Löwe erwacht, wird er die Welt erschüttern. Dann sagte Genosse Thälmann voller Leidenschaft, jetzt hat die Kommunistische Partei Chinas diesen schlafenden chinesischen Löwen wachgerüttelt! Weiter sagte Genosse Thälmann, soweit er informiert ist, hat die chinesische Revolution die Kantoner Kommune geschaffen und vor kurzem eine chinesische Räteregierung gebildet, unter Führung der Kommunistischen Partei Chinas hat der bewaffnete Kampf des chinesischen Volkes bereits bedeutende Erfolge erzielt. Er meinte, auch wenn die chinesische Revolution kleine Erfolge erzielt hat oder wenn sie kleine Rückschläge erlitt, kann das für den revolutionären Kampf des deutschen

Volkes und anderer Völker nur lehrreich sein. Deshalb schlug er vor, dass die chinesischen Genossen der chinesischsprachigen Gruppe, wenn sie an Versammlungen der Straßengruppen teilnehmen, den deutschen Genossen die Entwicklung, Erfahrungen und Lehren der chinesischen Revolution erläutern. Genosse Thälmann erklärte weiter, obwohl sich die heutige Situation der KPD von der der KP Chinas unterscheide, die KPD ist gegenwärtig legal, sie führt einen legalen Kampf, aber die faschistischen Kräfte Hitlers führen Böses im Schilde. Heute ist unsere Partei eine legale Partei, sie führt einen legalen Kampf, aber künftig muss sie vielleicht in die Illegalität gehen, illegal kämpfen. Deshalb sollten die chinesischen Genossen die Erfahrungen des illegalen Kampfes der KP Chinas erläutern, damit sich die deutschen Genossen ideologisch vorbereiten können. Genosse Thälmann schlug weiterhin vor, dass die chinesischsprachige Gruppe einen Verantwortlichen benennt, der für die »Rote Fahne« Artikel über die chinesische Revolution schreibt.

Genosse Thälmann äußerte in der Unterhaltung, dass ein chinesischer Genosse, der aus Deutschland nach China zurückgekehrt ist, jetzt eine wichtige Leitungsaufgabe in der KP Chinas übernommen hat. Ich sagte ihm, dass es sich um Genossen Zhu De handelt, er hat auf der Universität Göttingen studiert. Gegenwärtig leitet Genosse Zhu De gemeinsam mit Genossen Mao Zedong im Jinggang Shan die chinesische Revolution.

Zum Schluss erkundigte sich Genosse Thälmann nach unserem Studium und unseren Lebensbedingungen. Er sagte, wenn es irgendwelche Probleme gibt, sollten sie dem Verbindungsmann Genossen »Otto« mitgeteilt werden, er werde alles Mögliche für eine Lösung tun.

Seit diesem Treffen mit Genossen Thälmann ist bereits über ein halbes Jahrhundert vergangen. Aber ich kann niemals diesen hohen proletarisch internationalistischen Geist dieses Führers der deutschen Arbeiterklasse, seine tiefe Anteilnahme an der Revolution in unserem Lande und gegenüber unserem Volk vergessen. Heute arbeitet und kämpft unser Volk unter Führung der Kommunistischen Partei Chinas für die Erhaltung des Weltfriedens, den Aufbau des Sozialismus mit chinesischer Prägung und schließlich die Errichtung der kommunistischen Ordnung. Mit dem Erfolg dieses großen Kampfes würdigen wir den Freund des chinesischen Volkes, Genossen Thälmann.

Quelle: »Materialien zur Geschichte der chinesisch-deutschen Beziehungen«, Zhongguo Jianshi Chuban She, 1987; Übersetzung aus dem Chinesischen

Richard Sorge und eine wichtige Phase der chinesische Revolution

Im Rahmen der Berichterstattung zum 60.Jahrestag des Sieges über die japanischen Aggressoren im Zweiten Weltkrieg, die Befreiung des chinesischen Volkes vom japanischen Joch, hat die Renmin Ribao (Volkszeitung) einen umfangreichen Artikel über die Gruppe Ramsay und den »Helden des antifaschistischen Geheimdienstes«, Richard Sorge, veröffentlicht.

Darin wird auch sein Beitrag zur Unterstützung der chinesischen Revolution behandelt.

Vor seinem Einsatz in Tokio wurde Richard Sorge Anfang 1930 nach Shanghai entsandt. Hier lernte er die progressive amerikanische Journalistin und Autorin Agnes Smedley kennen. Diese hatte einen sehr breiten Bekanntenkreis und war auch mit Lu Xun[1] und Song Qingling[2] befreundet. Smedley führte Sorge in ihren Kreis ein. Auf diesem Wege entwickelte Sorge auch enge Kontakte zu dem leitenden Mitarbeiter des ZK der KP Chinas, Wang Xuewen und dem im ZK für den Geheimdienst verantwortlichen Funktionär, Chen Hansheng. Das tiefe Verständnis Sorges für Fragen des Fernen Ostens und seine erfolgreiche Kundschaftertätigkeit in China stehen in engem Zusammenhang mit seiner Verbindung zu den chinesischen Genossen.

Zur Gruppe von Sorge gehörte auch eine junge Deutsche namens Ruth Werner, schreibt der Autor. Sie ist es,

---

1 Lu Xun (1881–1936), bedeutender chinesischer Schriftsteller und Revolutionär.
2 Song Qingling (1893–1981), Ehefrau von Sun Yatsen, bedeutende Persönlichkeit in der chinesischen Revolution, zuletzt Ehrenvorsitzende der VR China.

die Lu Xun in seinem Tagebuch mehrfach als »die vornehme Hamburger Dame« erwähnte. Nach dem II. Weltkrieg kehrte Ruth Werner nach Deutschland zurück und wurde eine berühmte Schriftstellerin. Sie publizierte das Buch »Sonjas Rapport« (Sonja war der ihr von Sorge gegebene Deckname), in welchem sie erstmals offenbarte, dass Sorge in Shanghai gemeinsam mit chinesischen Genossen Geheimdienstarbeit leistete.

Im Sommer 1932 erhielt Sorge über das Büro der deutschen Militärberatergruppe bei der Guomindang-Armee in Nanjing Zugriff zu dem Plan Tschiang Kaischeks für den 4. Einkreisungs- und Vernichtungsfeldzug gegen das befreite Gebiet an der Grenze der Provinzen Hubei, Henan, Anhui, seine Angriffsrichtung, Truppenstärke, Ort und Zeitpunkt der Truppenkonzentration sowie die »Bunkerstrategie«, mit der vergeblich versucht wurde, die Rote Arbeiter- und Bauern-Armee zu vernichten. Sorge übergab diese Information unverzüglich an Chen Hansheng, der über Song Qingling für die sofortige Weiterleitung an das Sowjetgebiet sorgte. Die militärischen Hauptkräfte dieses Sowjetgebietes standen unter dem Kommando von Xu Xiangqian[3]. Nach Erhalt dieser Nachricht führten seine Truppen eine geordnete Umgruppierung durch, so dass die Guomindang-Truppen ins Leere stießen. Die Rote Armee erzielte nach zweimonatigem Kampf einen bedeutenden Sieg über die Guomindang-Truppen, sie drangen in den Norden von Sichuan ein und errichteten das befreite Gebiet in der Grenzregion von Sichuan und Shaanxi.

Nach dem bisher freigegebenen Material hielt sich Sorge fast drei Jahre in Shanghai auf. In dieser Zeit schickte er

---

3 Xu Xiangqian (1901–1990), Mitbegründer der Chinesischen Volksbefreiungsarmee, Marschall der Volksrepublik China, einer der bedeutendsten chinesischen Heerführer.

597 telegraphische Informationen nach Moskau. 335 davon übermittelte er auch direkt an die chinesische Arbeiter- und Bauern-Armee und die chinesische Sowjetregierung.

Ergänzend weist der Autor darauf hin, dass zwei japanische Studenten der Shanghaier Ostasiatischen Universität in den zwanziger und dreißiger Jahren des vorigen Jahrhunderts von Wang Xuewen zu Mitgliedern der KP Chinas japanischer Nationalität herangebildet und mit Sonderaufgaben der Zentrale betraut wurden. Als Berater der japanischen Aggressionstruppen oder als japanische Journalisten haben sie an der geheimen Front, die von der KP Chinas geführt wurde, in engem Zusammenwirken mit der Gruppe Ramsay die japanische Politik des »Vordringens nach dem Süden« aufgeklärt. Auf der Grundlage einzelner Informationen wurde 1941 die Einschätzung getroffen, dass der 8. 12. 1941 der Beginn des Krieges im Pazifik ist. Dies war eine gelungene Operation von beispielgebender Bedeutung in der Geschichte des Geheimdienstes.

Im Artikel wird die achtjährige Tätigkeit von Richard Sorge und seiner Gruppe in Japan gewürdigt. Er wurde im Oktober 1941 verhaftet und am 7. November 1944 ermordet. 1964 wurde in der Sowjetunion von offizieller Seite das Geheimnis von Richard Sorge offenbart, ihm wurde postum der Titel »Held der Sowjetunion« verliehen. Eine Straße in Moskau und ein sowjetischer Öltanker erhielten den Namen »Richard Sorge«.

Quelle: »Renmin Ribao« vom 26. 7. 2005; Übersetzung aus dem Chinesischen

Das Programm der Kommunistischen Partei Chinas[1]

Statut der Kommunistischen Partei Chinas

(teilweise abgeändert auf dem XVII. Parteitag der KP Chinas, angenommen am 19. Oktober 2007)

Allgemeines Programm

Die Kommunistische Partei Chinas ist die Vorhut der chinesischen Arbeiterklasse und zugleich die Vorhut des chinesischen Volkes und der ganzen chinesischen Nation. Sie ist der führende Kern der Sache des Sozialismus chinesischer Prägung, vertritt die Forderung nach Entwicklung fortgeschrittener gesellschaftlicher Produktivkräfte in China, einer fortschrittlichen Kultur in China, sie ist Vertreter der grundlegenden Interessen der überwiegenden Mehrheit des chinesischen Volkes. Das höchste Ideal und das endgültige Ziel der Partei ist die Verwirklichung des Kommunismus.

Der Marxismus-Leninismus, die Mao-Zedong-Ideen, die Theorie Deng Xiaopings, die wichtigen Ideen des »Dreifachen Vertreters«[2] sind Kompass für das Handeln der Kommunistischen Partei Chinas.

Der Marxismus-Leninismus hat die allgemeingültigen Gesetzmäßigkeiten der historischen Entwicklung der menschlichen Gesellschaft aufgedeckt. Seine Grundsätze sind richtig, er ist von starker Lebenskraft. Das von

---

1 Das Programm der KP Chinas ist der erste Teil des Statutes der KP Chinas
2 Vergleiche auch S. 222 dieses Buches

den chinesischen Kommunisten angestrebte höchste Ideal des Kommunismus kann nur auf der Grundlage der vollen Entwicklung und hohen Entfaltung der sozialistischen Gesellschaft verwirklicht werden. Die Entwicklung und Vervollkommnung der sozialistischen Ordnung ist ein langer historischer Prozess. Durch das Festhalten an den Grundprinzipien des Marxismus-Leninismus, das Beschreiten des vom chinesischen Volk frei gewählten, den Bedingungen Chinas entsprechenden Weges wird die sozialistische Sache Chinas letztendlich siegreich sein.

Die chinesischen Kommunisten, deren hauptsächlicher Vertreter Genosse Mao Zedong war, haben die Grundprinzipien des Marxismus-Leninismus mit der konkreten Praxis der chinesischen Revolution verbunden, sie haben die Mao-Zedong-Ideen hervorgebracht. Die Mao-Zedong-Ideen sind die Anwendung und Entwicklung des Marxismus-Leninismus in China, sie sind die zusammengefassten Erfahrungen und richtigen theoretischen Prinzipien, die sich in der Praxis der Revolution und des Aufbaus in China bestätigt haben, sie sind das Ergebnis der kollektiven Weisheit der Kommunistischen Partei Chinas. Geleitet von den Mao-Zedong-Ideen hat die Kommunistische Partei Chinas alle Nationalitäten des Landes im langen revolutionären Kampf gegen Imperialismus, Feudalismus, bürokratisches Kapital geführt, den Sieg in der Neudemokratischen Revolution errungen, die Volksrepublik China als demokratische Diktatur des Volkes gegründet. Sie führte nach Gründung des Staates die sozialistische Umgestaltung erfolgreich durch, vollendete den Übergang von der Neuen Demokratie zum Sozialismus, errichtete das grundlegende System des Sozialismus, entwickelte die sozialistische Wirtschaft, Politik und Kultur.

Seit der 3. Tagung des XI. ZK[3] haben die chinesischen Kommunisten mit Genossen Deng Xiaoping als hauptsächlichem Vertreter die positiven und negativen Erfahrungen seit Gründung der Volksrepublik China zusammengefasst, das Denken befreit, sich auf den Boden der Tatsachen gestellt und den wirtschaftlichen Aufbau in den Mittelpunkt der Arbeit der ganzen Partei gestellt, Reformen und Öffnung durchgeführt, eine neue Etappe der Entwicklung der Sache des Sozialismus eingeleitet, schrittweise die Linie, Richtung und Politik für den Aufbau des Sozialismus chinesischer Prägung geformt sowie die Grundfragen der Errichtung des Sozialismus in China, der Festigung und Entwicklung des Sozialismus formuliert, die Theorie Deng Xiaopings entwickelt. Die Theorie Deng Xiaopings ist das Ergebnis der Verbindung der Grundprinzipien des Marxismus-Leninismus mit der heutigen Lage in China und den Bedingungen unserer Zeit, sie ist die Weiterführung und Entwicklung der Mao-Zedong-Ideen unter den neuen historischen Bedingungen, sie ist eine neue Etappe der Entwicklung des Marxismus in China, sie ist der Marxismus des heutigen China, sie ist die Kristallisation der kollektiven Weisheit der Kommunistischen Partei Chinas, sie weist den Weg für das Voranschreiten der sozialistischen Modernisierung unseres Landes.

Seit der 4. Tagung des XIII. Zentralkomitees der KP Chinas[4] haben die chinesischen Kommunisten mit Genossen Jiang Zemin als ihrem hauptsächlichen Vertreter im Prozess der Errichtung des Sozialismus chinesischer Prägung die Erkenntnisse darüber, was ist Sozialismus, wie ist der

---

3 Dezember 1978
4 im Juni 1989

Sozialismus aufzubauen, sowie darüber, welche Partei ist zu schaffen, wie ist diese Partei aufzubauen, gesammelt. Es wurden neue wertvolle Erfahrungen gewonnen, wie die Partei und der Staat zu gestalten sind, es entstand die wichtige Idee des »Dreifachen Vertreters«. Die wichtige Idee des »Dreifachen Vertreters« ist die Fortsetzung und Entwicklung des Marxismus-Leninismus, der Mao-Zedong-Ideen, der Theorie Deng Xiaopings, sie ist Ausdruck der neuen Anforderungen an die Arbeit der Partei und des Staates, die sich aus der Veränderung der Lage in der Welt und in China ergeben, sie ist eine machtvolle theoretische Waffe für die Stärkung und Verbesserung des Aufbaus der Partei, für die Vervollkommnung und Entwicklung des Sozialismus unseres Landes, sie ist Ergebnis der kollektiven Weisheit der Kommunistischen Partei Chinas, sie ist ein Leitgedanke, an dem die Partei lange Zeit festhalten muss. Die Durchsetzung der Position des »Dreifachen Vertreters« ist die Basis für den Parteiaufbau, das Fundament der Regierungsfähigkeit, der Kraftquell unserer Partei.

Seit dem XVI. Parteitag[5] hat das Zentralkomitee der Partei an der Theorie Deng Xiaopings und der wichtigen Idee des »Dreifachen Vertreters« festgehalten und entsprechend den Anforderungen der neuen Entwicklung die Weisheit der gesamten Partei konzentriert und das wissenschaftliche Entwicklungskonzept, in dessen Mittelpunkt der Mensch steht und das eine allseitig koordinierte nachhaltige Entwicklung beinhaltet, formuliert. Das wissenschaftliche Entwicklungskonzept ist eine wissenschaftliche Theorie, die mit dem Marxismus-Leninismus, den Mao-

---

5 November 2002

Zedong-Ideen, der Theorie Deng Xiaopings und der wichtigen Idee des »Dreifachen Vertreters« die gleiche Herkunft hat und unserer Zeit gerecht wird, sie ist eine wichtige Richtlinie für die wirtschaftliche und gesellschaftliche Entwicklung unseres Landes, sie ist eine wichtige Strategie der Entwicklung des Sozialismus chinesischer Prägung.

Die grundlegende Ursache für all unsere Erfolge und Fortschritte, die wir seit Beginn der Reform und der Öffnung erzielt haben besteht zusammengefasst in folgendem: Wir haben den Weg des Sozialismus chinesischer Prägung gebahnt, das theoretische System des Sozialismus chinesischer Prägung geschaffen. Alle Genossen der Partei sollen diesen Weg und dieses theoretische System, das die Partei mit viel Kraft und unter großen Schwierigkeiten geschaffen hat, in Ehren halten, langfristig daran festhalten und ständig weiterentwickeln, das Banner des Sozialismus chinesischer Prägung hoch halten und für die drei großen historischen Aufgaben kämpfen: Voranbringen der Modernisierung und des Aufbaus, Vollendung der Einheit des Vaterlandes, Verteidigung des Weltfriedens und Förderung der gemeinsamen Entwicklung.

Unser Land befindet sich in der Anfangsetappe des Sozialismus und es wird sich lange Zeit in dieser Etappe befinden. Das ist ein historischer Abschnitt, der beim sozialistischen Aufbau und der Modernisierung in dem wirtschaftlich und kulturell rückständigen China nicht übersprungen werden kann. Dafür ist ein Zeitraum von über hundert Jahren erforderlich. Beim Aufbau des Sozialismus muss man von der Situation in unserem Land ausgehen, wir müssen den Weg des Sozialismus chinesischer Prägung beschreiten. In der gegenwärtigen Etappe besteht der Hauptwiderspruch in der Gesellschaft unseres Landes im Widerspruch zwischen den ständig wachsenden materiellen und kulturellen Bedürfnissen des Volkes und der Rückständigkeit der gesellschaftlichen Produktion. Auf Grund innerer Faktoren und des internationalen Einflusses gibt es noch lange Zeit in bestimmtem Maße Klassenkampf, er kann sich unter bestimmten Bedingungen auch zuspitzen, aber er ist bereits nicht mehr der Hauptwiderspruch. Die grundlegende Aufgabe des sozialistischen Aufbaus in unserem Land besteht darin, die Produktivkräfte weiter zu befreien und zu entwickeln, die sozialistische Modernisierung schrittweise zu verwirklichen und dafür die Elemente der Produktionsverhältnisse und des Überbaus zu reformieren, die der Entwicklung der Produktivkräfte nicht entsprechen. Wir müssen an der grundlegenden Wirtschaftsordnung der gemeinsamen Entwicklung der Wirtschaft verschiedener Eigentumsformen mit dem Gemeineigentum als Hauptbestandteil festhalten und sie vervollkommnen, am Verteilungssystem mit dem Nebeneinanderbestehen verschiedener Verteilungsformen und der Verteilung nach der Leistung als Hauptbestandteil festhalten und vervollkommnen, wir müssen einigen Gebieten und einem Teil der Menschen ermöglichen, zuerst zu Wohlstand zu kommen, wir müssen schrittweise die Armut überwinden und gemeinsam zu Wohlstand kommen. Auf der Grundlage der Entwicklung der Produktion und des Wachstums des gesellschaftlichen Reichtums müssen wir die ständig wachsenden materiellen und kulturellen Bedürfnisse des Volkes befriedigen, die allseitige Entwicklung der Menschen fördern. Entwicklung ist die vorrangige Aufgabe der Partei bei der Politik für das Aufblühen des Landes.

Zentraler Ausgangspunkt und Prüfstein für alle Arbeiten sind der Nutzen für die Entwicklung der Produktivkräfte der sozialistischen Gesellschaft, der Nutzen für das Wachstum der Potenzen des sozialistischen Staates, der Nutzen für die Erhöhung des Lebensniveaus des Volkes. Arbeit, Wissen, Talente, Schöpfertum sind zu achten. Die Entwicklung muss für das Volk sein, sich auf das Volk stützen, die Früchte der Entwicklung gehören dem Volk.

Mit Beginn des neuen Jahrhunderts ist unser Land in eine neue Entwicklungsetappe eingetreten, den umfassenden Aufbau einer Gesellschaft mit bescheidenem Wohlstand und der beschleunigten Entwicklung der sozialistischen Modernisierung. Es ist erforderlich, entsprechend der Gesamtkonzeption der Sache des Sozialismus chinesischer Prägung den wirtschaftlichen, politischen, kulturellen und gesellschaftlichen Aufbau allseitig voranzutreiben. Das strategische Ziel der wirtschaftlichen und gesellschaftlichen Entwicklung in der neuen Phase des neuen Jahrhunderts besteht darin, das bereits erreichte anfängliche Niveau des bescheidenen Wohlstandes zu festigen und zu entwickeln, bis zum 100. Jahrestag der Gründung der Partei[6] zum Wohle der eine Milliarde und mehreren hundert Millionen Menschen eine Gesellschaft bescheidenen Wohlstandes auf noch höherem Niveau zu schaffen; bis zum 100. Jahrestages der Gründung der VR China[7] soll das pro-Kopf Bruttoinlandsprodukt das Niveau der entwickelten Länder mit mittlerem Entwicklungsstand erreichen, die Modernisierung soll im wesentlichen realisiert sein.

---

6 01.07.2021
7 01.10.2049

Die grundlegende Linie der Kommunistischen Partei Chinas in der Anfangsetappe des Sozialismus ist: Führung und Zusammenschluss aller Nationalitäten des Volkes unseres Landes, im Mittelpunkt steht der wirtschaftliche Aufbau, Festhalten an den vier Grundprinzipien[8], an den Reformen und der Öffnung; gestützt auf die eigene Kraft und aufopferungsvolle, schöpferische Arbeit für den Aufbau unseres Landes zu einem wohlhabenden, starken, demokratischen, zivilisierten, harmonischen modernen sozialistischen Staat zu kämpfen.

Die Kommunistische Partei Chinas muss bei der Führung der sozialistischen Sache daran festhalten, dass der wirtschaftliche Aufbau im Mittelpunkt steht, alle anderen Arbeiten müssen sich dieser zentralen Frage unterordnen und ihr dienen. Wir müssen die gegebenen Möglichkeiten gut nutzen, die Entwicklung beschleunigen, eine Strategie des Erblühens des Landes durch Wissenschaft und Technik, des Erstarkens des Landes durch Talente sowie eine Strategie der nachhaltigen Entwicklung des Landes durchsetzen. Wir müssen die Rolle von Wissenschaft und Technik als Produktivkraft Nr. 1 voll zur Wirkung bringen, uns auf den wissenschaftlich-technischen Fortschritt stützen, die Qualifikation der Werktätigen erhöhen, Effektivität und Qualität erhöhen und die gute und schnelle Entwicklung der Volkswirtschaft fördern.

Das Festhalten am sozialistischen Weg, das Festhalten an der demokratischen Diktatur des Volkes, das Festhalten an der Führung durch die Kommunistische Partei Chinas, das Festhalten am Marxismus-Leninismus, den Mao-Zedong-

---

8 siehe auch weiter unten

Ideen, diese vier Grundprinzipien sind die Grundlage für die Existenz unseres Staates. Im gesamten Verlauf des Aufbaus des Sozialismus und der Modernisierung muss an diesen vier Grundprinzipien festgehalten und die bürgerliche Liberalisierung bekämpft werden.

Das Festhalten an den Reformen und der Öffnung ist der Weg zur Stärkung unseres Landes. Diejenigen Wirtschaftsstrukturen, die die Entwicklung der Produktivkräfte hemmen, müssen grundsätzlich reformiert werden, am System der sozialistischen Marktwirtschaft muss festgehalten und es muss vervollkommnet werden. Damit in Übereinstimmung muss eine Reform der politischen Strukturen und in anderen Bereichen erfolgen. Wir müssen an der grundlegenden Staatspolitik der Öffnung nach außen festhalten, alle von der menschlichen Gesellschaft hervorgebrachten Errungenschaften der Zivilisation aufnehmen und nutzen. Bei den Reformen und der Öffnung müssen wir mutig forschen, es wagen, Neuland zu erschließen, die Wissenschaftlichkeit der Entscheidungsfindung bei den Reformen erhöhen, die Reformmaßnahmen müssen besser aufeinander abgestimmt sein, in der Praxis müssen neue Wege geöffnet werden.

Die Kommunistische Partei Chinas führt das Volk bei der Entwicklung der sozialistischen Marktwirtschaft. Die gemeineigene Wirtschaft wird konsequent gefestigt und entwickelt, die Entwicklung der nichtgemeineigenen Wirtschaft wird konsequent ermutigt, unterstützt und gelenkt. Die fundamentale Rolle des Marktes bei der Verteilung der Rohstoffe wird zur Geltung gebracht, ein vollkommenes System der makroökonomischen Steuerung wird geschaffen. Die Planung ist auf ein ausgewogenes Verhältnis der Entwicklung von Stadt und Land, der Regionen, der wirtschaftlichen und sozialen Entwicklung, der harmonischen Entwicklung von Mensch und Natur, der inneren Entwicklung und der Öffnung nach außen sowie auf die Verbesserung der Struktur der Wirtschaft und die Veränderung der Art und Weise der wirtschaftlichen Entwicklung gerichtet. Es wird das neue sozialistische Dorf errichtet, es wird ein neuer Weg der Industrialisierung chinesischer Prägung beschritten, ein innovatives Land, eine Ressourcen sparende und umweltfreundliche Gesellschaft aufgebaut.

Die Kommunistische Partei führt das Volk bei der Entwicklung der sozialistischen demokratischen Politik. Indem an der Einheit von Führung durch die Partei, Herrschaft des Volkes, Regieren auf der Grundlage von Gesetzen festgehalten wird, beschreiten wir den Entwicklungsweg der sozialistischen Politik chinesischer Prägung, erweitern wir die sozialistische Demokratie, vervollkommnen wir die sozialistische Rechtsordnung, schaffen wir einen sozialistischen Rechtsstaat, festigen wir die demokratische Diktatur des Volkes, schaffen wir die sozialistische politische Zivilisation. Das Volkskongress-System, das System der Mehrparteienzusammenarbeit und der politischen Konsultation unter Führung der Kommunistischen Partei Chinas, das System der regionalen Autonomie der Nationalitäten und der örtlichen Selbstverwaltung werden beibehalten und vervollkommnet. Mit effektiven Maßnahmen wird das Recht des Volkes garantiert, die Angelegenheiten des Staates und der Gesellschaft zu verwalten, die Wirtschaft und Kultur zu leiten. Die Menschenrechte werden geachtet und garantiert. Freie Meinungsäußerung wird gefördert. Es sind Strukturen und Verfahren zur Vervollkommnung

demokratischer Wahlen, demokratischer Entscheidungs-
prozesse, demokratischer Verwaltung und demokratischer
Kontrolle zu schaffen. Die Gesetzgebung und die Durchsetzung der Gesetze des Staates sind zu verstärken. Alle
Arbeiten des Staates haben im Rahmen der Gesetze zu
erfolgen.

Die Kommunistische Partei Chinas führt das Volk bei
der Entwicklung der sozialistischen fortgeschrittenen Kultur. Die sozialistische geistige Zivilisation wird errichtet, die Leitung des Staates auf der Grundlage von Gesetzen wird mit der Leitung auf der Grundlage moralischer
Prinzipien verbunden. Das ideologische und moralische
Niveau sowie das wissenschaftliche und kulturelle Niveau der ganzen Nation werden erhöht. Damit wird der
Reform und Öffnung, der sozialistischen Modernisierung
eine starke ideologische Garantie, Motivation und intellektuelle Unterstützung gegeben. Am Marxismus als Leitideologie wird festgehalten; wir machen uns das gemeinsame Ideal des Sozialismus chinesischer Prägung zu eigen,
wir entfalten das Nationalbewusstsein mit seinem Kern,
dem Patriotismus, das Bewusstsein der Epoche mit seinem Kern, den Reformen und der Innovation, wir haben
den sozialistischen Ehrbegriff initiiert. Wir stärken das
Nationalbewusstsein der Selbstachtung, des Selbstvertrau-
ens und des unermüdlichen Voranstrebens. Wir wenden
uns gegen die Zersetzung durch die dekadente bürgerliche und feudalistische Ideologie. Wir werden verschiedene
hässliche gesellschaftliche Erscheinungen ausmerzen. So
wird unser Volk zu einem Volk mit hohen Idealen, moralischer Integrität, guter Bildung und hoher Disziplin. Darüber hinaus müssen die Mitglieder der Partei im Sinne
der hohen Ideale des Kommunismus erzogen werden. Das

Bildungswesen, die Wissenschaft und Kultur sind stark zu entwickeln, die besten Traditionen der nationalen Kultur sind zu pflegen, die sozialistische Kultur ist zu entwickeln und zum Erblühen zu bringen.

Die Kommunistische Partei Chinas führt das Volk bei der Gestaltung der sozialistischen harmonischen Gesellschaft. In Übereinstimmung mit den allgemeinen Erfordernissen von Demokratie und Recht, Gleichheit und Gerechtigkeit, Aufrichtigkeit und Kameradschaft, Kraft und Vitalität, Stabilität und Ordnung, harmonischem Nebeneinander von Mensch und Natur sowie dem Prinzip, dass alle Menschen eine harmonische sozialistische Gesellschaft gestalten, konzentriert sich die Partei auf die Verbesserung des Lebensniveaus, auf die Lösung der die Menschen am meisten bewegenden Fragen, auf die Dinge, die die Interessen der Menschen am direktesten, am unmittelbarsten betreffen um aktiv für die Herbeiführung einer Situation zu arbeiten, in der das ganze Volk jeder nach seinen Fähigkeiten, jedem nach seiner Leistung und alle harmonisch zusammenleben.

Die ihrem Wesen nach unterschiedlichen Widersprüche, die antagonistischen Widersprüche und die Widersprüche im Volke müssen genau unterschieden und korrekt behandelt werden. Die öffentliche Sicherheit muss uneingeschränkt gesichert werden, auf der Grundlage der Gesetze ist gegen jegliche kriminellen Handlungen und kriminelle Elemente, die die Sicherheit und Interessen des Staates, die gesellschaftliche Stabilität und die wirtschaftliche Entwicklung gefährden, vorzugehen; die Stabilität der Gesellschaft ist langfristig zu sichern.

Die Kommunistische Partei Chinas hält an der Führung der Volksbefreiungsarmee und der anderen bewaffneten Kräfte des Volkes fest. Der Aufbau der Volksbefreiungsarmee wird verstärkt, es wird gewährleistet, dass die Volksbefreiungsarmee ihre historische Mission im neuen Jahrhundert, in der neuen Zeit erfüllt, dass die Volksbefreiungsarmee ihre Rolle bei der Stärkung der Landesverteidigung, der Verteidigung des Heimatlandes und bei der Mitwirkung beim Aufbau eines modernen Sozialismus erfüllt.

Die Kommunistische Partei Chinas schützt und entwickelt die sozialistischen Beziehungen zwischen den Nationalitäten, die sich durch Gleichberechtigung, Solidarität, gegenseitige Hilfe und Harmonie auszeichnen. Sie qualifiziert aktiv Kader der nationalen Minderheiten und fördert sie, sie unterstützt die nationalen Minderheiten und die Gebiete der nationalen Minderheiten bei der Entwicklung der Wirtschaft, der Kultur und auf sozialem Gebiet, um durch vereinte solidarische Anstrengungen aller Nationalitäten gemeinsam Prosperität und Entwicklung zu verwirklichen. Die Grundlinie der Partei in der Arbeit in Bezug auf die Religion ist konsequent durchzusetzen, mit den Religionsgemeinschaften müssen wir uns zusammenzuschließen, um die wirtschaftliche und gesellschaftliche Entwicklung zu fördern.

Die Kommunistische Partei Chinas schließt sich mit den Arbeitern, Bauern und Intellektuellen aller Nationalitäten des ganzen Landes, mit allen demokratischen Parteien, den parteilosen Persönlichkeiten, den patriotischen Kräften aller Nationalitäten zusammen, sie entwickelt und stärkt die breitestmögliche patriotische Einheitsfront aller sozialistischen Werktätigen, Erbauer der sozialistischen Sache, aller Patrioten, die den Sozialismus unterstützen, aller Patrioten, die die Vereinigung des Landes unterstützen. Der Zusammenschluss des Volkes des ganzen Landes, einschließlich der Landsleute der Sonderverwaltungszonen Xianggang[9] und Aomen[10], der Landsleute von Taiwan und der Auslandschinesen ist ständig zu festigen. Entsprechend der Linie »Ein Land, zwei Systeme« wird die langfristige Prosperität und Stabilität von Xianggang und Aomen und die große Sache der Vollendung der Einheit des Landes gefördert.

Die Kommunistische Partei Chinas hält fest an der unabhängigen und selbständigen Außenpolitik des Friedens, am Weg der friedlichen Entwicklung, an der Strategie der Öffnung zum gegenseitigen Nutzen und gegenseitigen Vorteil, berücksichtigt gleichermaßen die innere und internationale Gesamtsituation, entwickelt aktiv die Beziehungen mit anderen Staaten, strebt intensiv nach einem günstigen internationalen Umfeld für die Reformen, die Öffnung, die Modernisierung und den Aufbau unseres Landes. In den internationalen Angelegenheiten schützt sie die Unabhängigkeit und Souveränität unseres Landes, ist gegen Hegemonismus und Gewaltpolitik, für den Schutz des Weltfriedens, für die Förderung des Fortschrittes der Menschheit, sie tritt aktiv für die Errichtung einer Welt des Friedens, der gemeinsamen Prosperität und der Harmonie ein. Auf der Grundlage der fünf Prinzipien der gegenseitigen Respektierung der Souveränität und territorialen Integrität, des gegenseitigen Nichtangriffs, der gegenseitigen Nicht-

9 Hongkong
10 Macao

einmischung in die inneren Angelegenheiten, der Gleichberechtigung und des gegenseitigen Vorteils, der friedlichen Koexistenz entwickelt sie die Beziehungen zwischen
unserem Land und allen Ländern der Welt. Sie entwickelt
die gutnachbarlichen Beziehungen zwischen unserem Land
und den umliegenden Ländern, sie verstärkt die Solidarität
und Zusammenarbeit mit den Entwicklungsländern. Entsprechend den Prinzipien der Unabhängigkeit und Selbstbestimmung, der völligen Gleichberechtigung, der gegenseitigen Achtung und der gegenseitigen Nichteinmischung
in die inneren Angelegenheiten entwickelt sie die Beziehungen zwischen unserer Partei und den kommunistischen
Parteien sowie anderen politischen Parteien anderer Länder.

Um das Volk aller Nationalitäten des Landes bei der Verwirklichung des großen Zieles der sozialistischen Modernisierung zu führen, muss sich die Kommunistische Partei
Chinas exakt an die grundlegende Linie der Partei halten,
ihre Regierungsfähigkeit und ihren progressiven Charakter
stärken, mit dem Geist der Reformen und Innovation die
großen neuen Aufgaben des Aufbaus der Partei voranbringen. Festzuhalten ist daran, dass die Partei für das Volk da
ist, dass die Partei im Interesse des Volkes regiert, dass die
Partei ihrer Verantwortung für sich selbst nachkommt und
an sich selbst hohe Anforderungen stellt, ihre besten Traditionen und ihren besten Arbeitsstil pflegt, das Führungs-
niveau und das Regierungsniveau ständig erhöht, ihre
Fähigkeit zur Abwehr von Korruption und Vermeidung
von Risiken erhöht, ständig die Klassenbasis und die Massenbasis der Partei stärkt, ständig die Schöpferkraft, ihre
Fähigkeit zur Verallgemeinerung, ihre Kampfkraft erhöht,

um sich zum stets vorangehenden Kern, der das Volk des ganzen Landes auf dem Weg des Sozialismus chinesischer Prägung führt, zu formen.

Beim Parteiaufbau müssen folgende vier Grundforderungen konsequent durchgesetzt werden:

1. *Festhalten an der prinzipiellen Linie der Partei.* Die gesamte Partei muss auf der Grundlage der Theorie Deng Xiaopings, der wichtigen Ideologie des »Dreifachen Vertreters«, der prinzipiellen Linie der Partei, das Denken vereinheitlichen und geschlossen handeln, das wissenschaftliche Entwicklungskonzept tiefgründig erfassen und es ohne zu schwanken langfristig in die Tat umsetzen. Reformen und Öffnung müssen mit den 4 Grundprinzipien eine Einheit bilden, das muss die prinzipielle Linie der Partei, das Grundsatzprogramm, bilden, das die Partei in der Anfangsetappe des Sozialismus durchsetzt, jeglichen »linken« oder rechten falschen Tendenzen muss entgegengetreten werden, wir müssen vor rechts wachsam sein, aber vor allem »links« vermeiden. Wir müssen den Aufbau der Leitungsorgane der verschiedenen Ebenen verstärken, Kader auswählen und einsetzen, die sich in der Reform, der Öffnung, beim sozialistischen Aufbau und der Modernisierung bewährt haben und die das Vertrauen der Massen genießen. Wir müssen viele Millionen Fortsetzer der Sache des Sozialismus heranbilden, um so organisatorisch die Gewähr für die Sicherung der grundlegenden Theorie, des prinzipiellen Weges und des grundlegenden Programms der Partei zu sichern.

2. *Daran festhalten, das Denken zu befreien, die Wahrheit in den Tatsachen zu suchen, mit der Zeit Schritt zu halten.*

Die ideologische Linie der Partei besteht darin, von der Realität auszugehen, Theorie und Praxis zu verbinden, die Wahrheit in den Tatsachen zu suchen, in der Praxis die Wahrheit zu prüfen und zu entwickeln. Die ganze Partei muss gestützt auf diese ideologische Linie aktiv Neues erkunden, mutig Experimente durchführen, schöpferisch arbeiten, neue Situationen analysieren, neue Erfahrungen verallgemeinern, neue Fragen lösen, den Marxismus in der Praxis bereichern und entwickeln, die Verbindung des Marxismus mit China fördern.

3. *An dem Prinzip festhalten, mit Herz und Verstand dem Volk zu dienen.* Außer den Interessen der Arbeiterklasse und der breitesten Volksmassen hat die Partei keine eigenen Sonderinteressen. Zu jeder Zeit stellt die Partei die Interessen der Volksmassen an die erste Stelle, teilt Freud und Leid mit den Massen und gewährleistet die engste Verbindung mit ihnen. Keinem Parteimitglied ist es erlaubt, sich von den Massen zu lösen, sich über die Massen zu stellen. In ihrer Arbeit beschreitet die Partei die Massenlinie, alles für die Massen, alles gestützt auf die Massen, aus den Massen kommen, in die Massen gehen, die richtigen Auffassungen der Partei zur bewussten Aktion der Massen machen. Die Frage des Arbeitsstils der Partei, der Verbindung mit den Volksmassen, ist die Lebensfrage der Partei. Die Partei hält an der Linie fest, Ursachen und Symptome von Problemen gleichzeitig zu behandeln, sie komplex zu lösen. Es muss sowohl Bestrafung als auch Vorbeugung erfolgen wobei die Vorbeugung Vorrang hat. Es ist ein System zur Bestrafung von Korruption und

ihrer Vorbeugung zu schaffen und zu vervollkommnen. Der Kampf gegen Korruption ist konsequent zu
führen, die Entwicklung des Arbeitsstils der Partei
und einer redlichen Verwaltung ist zu verstärken.

4. *Festhalten am Prinzip des demokratischen Zentralismus.* Das Prinzip des demokratischen Zentralismus
ist die Verbindung von Zentralismus auf demokratischer Grundlage mit Demokratie unter zentraler
Leitung. Er ist sowohl das grundlegende Organisa-
tionsprinzip der Partei als auch die Anwendung der
Massenlinie im Leben der Partei. Es gilt, die innerparteiliche Demokratie voll zu entfalten, die demokratischen Rechte der Parteimitglieder zu gewährleisten, die Aktivität und das Schöpfertum der Parteiorganisationen aller Ebenen und der Parteimitglieder zu entfalten. Es muss ein korrekter Zentralismus gesichert werden, der die Einheit und Geschlossenheit der Partei, ihr einheitliches Handeln,
die unverzügliche und effektive Durchführung ihrer
Beschlüsse gewährleistet. Organisiertheit und Disziplin sind zu verstärken, vor der Disziplin der Partei
sind alle gleich. Die Kontrolle über die Führungsorgane der Partei und die führenden Funktionäre, die
Parteimitglieder sind, muss verstärkt, dass parteiinterne Kontrollsystem muss ständig vervollkommnet werden. Die Partei entfaltet in ihrem politischen
Leben auf richtige Weise Kritik und Selbstkritik, in
prinzipiellen Fragen werden ideologische Auseinandersetzungen geführt. An der Wahrheit ist festzuhalten, Fehler sind zu korrigieren. Wir müssen eine lebendige politische Atmosphäre schaffen, die durch
Zentralismus und Demokratie, durch Disziplin und

Freiheit, durch einheitlichen Willen und auch persönliches Wohlbefinden gekennzeichnet ist.

Die Führung durch die Partei ist vor allem politische, ideologische und organisatorische Führung. Entsprechend den Erfordernissen von Reform und Öffnung sowie des sozialistischen Aufbaus und der Modernisierung muss die Partei am Leitungsstil auf wissenschaftlicher, demokratischer und gesetzlicher Grundlage festhalten, ihre Führungstätigkeit verstärken und qualifizieren. Die Partei muss nach dem Prinzip ihrer Gesamtverantwortung und der allseitigen Koordinierung ihre führende Rolle gegenüber allen Ebenen und allen Organisationen entfalten. Die Partei muss sich auf die Führung des wirtschaftlichen Aufbaus konzentrieren, allseitig die Kräfte organisieren und koordinieren, gemeinsame Anstrengungen für den wirtschaftlichen Aufbau organisieren, die allseitige wirtschaftliche und gesellschaftliche Entwicklung fördern. Die Partei muss eine demokratische und wissenschaftliche Entscheidungsfindung gewährleisten, eine richtige Linie, Richtung und Politik festlegen und durchführen, die Organisationsarbeit und die ideologische Erziehungsarbeit gut durchführen und die Rolle aller Parteimitglieder als Avantgarde und Vorbild entfalten. Die Partei muss im Rahmen der Verfassung und der Gesetze handeln. Die Partei muss gewährleisten, dass die staatlichen Organe für Gesetzgebung, Rechtsprechung und Administration, die Wirtschafts- und Kulturorganisationen und die Massenorganisationen aktiv, selbständig, eigenverantwortlich und koordiniert arbeiten. Die Partei muss die Führung gegenüber der Gewerkschaft, dem Kommunistischen Jugendverband, dem Frauenbund und anderen Massenorganisationen verstärken und deren Rolle voll zur Geltung bringen. Entsprechend der Entwicklung der Lage und der Veränderung der Situation muss die Partei ihr Führungssystem vervollkommnen und ihre Führungsmethoden verbessern, ihre Regierungsfähigkeit verstärken. Die Mitglieder der Kommunistischen Partei müssen mit den Massen außerhalb der Partei eng zusammenarbeiten, gemeinsam für den Aufbau des Sozialismus chinesischer Prägung kämpfen.

Anhang

Statistischer Jahresbericht über die volkswirtschaftliche und gesellschaftliche Entwicklung in der VR China im Jahre 2008

Amt für Statistik der VR China

26. Februar 2009

veröffentlicht in »Renmin Ribao« 27. 2. 2009

(Auszüge)

Generell:

Bruttoinlandprodukt 30 067,0 Mrd. Yuan +9%[1]
(2003: 13 582,3 Mrd. Yuan)
Anteil der Sektoren:
Primärer Sektor[2]: 11,3 % (11,7 %)
Sekundärer Sektor[3]: 48,6 % (49,2%)
Tertiärer Sektor[4]: 40,1 % (39,1%)

Anstieg der Verbraucherpreise: 5,9 % (2007 +4,8 %),
darunter Lebensmittel: 14,3 % (2007 +12,3 %)

Beschäftigte am Ende des Jahres: 774,89 Mill. +4,9 Mill.
Beschäftigte in Städten und Gemeinden: 302,1 Mill. +8,6 Mill.

Devisenreserven am Ende des Jahres: 1 946,0 Mrd. US$[5] +417,8 Mrd. US$
(Devisenreserven 2003: 403,3 Mrd. US$)

Landwirtschaft:

Getreideanbaufläche 106,70 Mill. ha +1,06 Mill. ha
Getreideproduktion 528,50 Mill. t +5,4 %
(2003: 430,7 Mill. t)

---

1 Angaben zu Veränderungen, in Prozent oder absolut, beziehen sich auf das Vorjahr
2 Land- und Forstwirtschaft, Fischerei, Bergbau
3 Produzierendes und verarbeitendes Gewerbe
4 Dienstleistungs- und Handelsgewerbe
5 Kurs am Jahresende: 1 US$ = 6,8346 Yuan RMB (Jahresende 2007: 1 US$ = 7,3046 Yuan RMB)

Baumwolle	7,50 Mill. t	+1,6 %
Ölsaaten	29,50 Mill. t	+14,8 %
Zuckerpflanzen	130,00 Mill. t	+6,7 %
Tee	1,24 Mill. t	+6,4 %
Fleisch	72,69 Mill. t	+5,9 %
		(Schweinefleisch +7,6 %)
Milch	36,51 Mill. t	+3,6 %
Eier	26,38 Mill. t	+4,3 %
Holz	78,94 Mill. m³	+13,2 %

Industrie und Bauwesen:

Industrieller Sektor gesamt:
Wertzuwachs   12 911,2 Mrd. Yuan   +9,5 %

Davon Wertzuwachs bei Betrieben
mit einem Produktionsvolumen über 5 Mill. Yuan
Insgesamt   +12,9 %
davon:
Staatseigene und Betriebe
    mit staatlicher Aktienmehrheit   +9,1 %
Kollektive Betriebe   +8,1 %
Aktiengesellschaften   +15,0 %
Betriebe mit ausländischem und Kapital
    aus Hongkong, Macao und Taiwan   +9,9 %
Privatbetriebe   +20,4 %

Wichtige Industrieprodukte:
Primärenergie	2,6 Mrd. t	Standardkohle	+5,2 %
Rohkohle	2,793 Mrd. t	+4,1 %	
Rohöl	190 Mill. t	+2,2 %	
Erdgas	76,08 Mrd. m³	+9,9 %	

Elektroenergie	3 466,88 Mrd. kWh	ι 5,6 %
darunter:		
Wärmekraftwerke	2 790,08 Mrd. kWh	+2,5 % (80,5 % der E-Energie)
Wasserkraftwerke	585,19 Mrd. kWh	+20,6 % (16,9 % der E-Energie)

Rohstahl	500,915 Mill. t	+2,4 %
Walzstahl	584,881 Mill. t	+3,4 %
Zement	1 400 Mill. t	+2,9 %
Chemischer Dünger	60,127 Mill. t	+3,2 %
Stromerzeugungsausrüstungen		
	133,194 Mill. KW	+2,5 %

Kraftfahrzeuge	9,345 Mill. Stück	+5,1 %
darunter: PKW	5,037 Mill. Stück	+5,0 %
Farbfernseher	90,33 Mill.	+6,5 %
Haushaltskühlschränke	47,57 Mill.	+8,2 %
Raumklimaanlagen	82,31 Mill.	+2,7 %

Gewinne:

Industriebetriebe mit einem Produktionsvolumen über 5 Mill. Yuan,
Januar bis November: (zum gleichen Vorjahreszeitraum)

Gesamt   2 406,6 Mrd. Yuan   +4,9 % (Vorjahr +36,7 %)
Staatseigene und Betriebe mit staatlicher Aktienmehrheit
                798,5 Mrd. Yuan   -14,5 %
Kollektive Betriebe
                68,7 Mrd. Yuan   +29,5 %
Aktiengesellschaften
                1 346,7 Mrd. Yuan   +11,4 %
Betriebe mit ausländischem und Kapital aus Hongkong, Macao und Taiwan
                6 374,7 Mrd. Yuan   -3,1 %
Privatbetriebe
                549,5 Mrd. Yuan   +36,6 %

Das Bauwesen erzielte einen Wertzuwachs von
                1 707,1 Mrd. Yuan   +7,1 %

Anlageinvestitionen:

gesamt: 17 229,1 Mrd. Yuan   +25,5 % (2003: 5 556,7 Mrd. Yuan)
darunter:
Städte und Gemeinden
                14 816,7 Mrd. Yuan   +26,1 %
Landgebiete   2 412,4 Mrd. Yuan   +21,5 %

Land-, Forstwirtschaft, Viehzucht, Fischwirtschaft
                146,6 Mrd. Yuan   +31,1 %

In Betrieb genommen wurden:
Neue Eisenbahnstrecken   1 719 km
Neue zweite Gleise   1 735 km
Neu elektrifizierte Strecken   1 955 km
Neue Straßen   99 851 km
    darunter: Autobahn   6 433 km

Binnenhandel:

Der Einzelhandelsumsatz bei Konsumgütern betrug
       10 848,8 Mrd. Yuan   +21,6 %   (2003: 5251,6 Mrd. Yuan)

Außenwirtschaft:

Außenhandelsumsatz 2561,6 Mrd. US$ +17,8 %
   Export   1 428,5 Mrd. US$ +17,2 %
   Import   1 133,1 Mrd. US$ +18,5 %
Außenhandelsüberschuss
           295,5 Mrd. US$ +32,8 Mrd. US$

Ausgewählte Exportgüter:
Kohle   45,4 Mill. t   -14,6 %
Stahl   59,7 Mill. t   -5,5 %

Ausgewählte Importgüter:
Getreide und Mehl   1,54 Mill. t   -1,0 %
Sojabohnen   37,44 Mill. t   +21,5 %
Pflanzliche Speiseöle 8,16 Mill. t   -2,6 %
Eisenerz   443,56 Mill. t   +15,9 %
Rohöl   178,88 Mill. t   +9,6 %
Erdölprodukte   38,85 Mill. t   +15,9 %
Stahl   15,43 Mill. t   - 8,6 %

Größte Handelspartner: (in Mrd. US$)

Land/Gebiet	Export	Zuwachs zu 2007	Import	Zuwachs zu 2007
EU	292,9	19,5 %	132,7	19,6 %
USA	252,3	8,4 %	81,4	17,4 %
China/Hongkong	190,7	3,4 %	12,9	0,9 %
Japan	116,1	13,8 %	150,7	12,5 %
ASEAN	114,1	20,7 %	117,0	7,9 %
Südkorea	74,0	31,0 %	112,2	8,1 %
Russland	33,0	15,0 %	23,8	21,0 %
Indien	31,5	31,2 %	29,3	38,7 %
China/Taiwan	25,9	10,3 %	10,3	2,3 %

Für 27 514 Unternehmen (ohne Finanzbereich) wurden ausländische Investitionen in China genehmigt (-27,3 % zum Vorjahr).
Realisierte ausländische Investitionen:
             92,4 Mrd. US$ +23,6 %.
Chinesische Investitionen im Ausland (ohne Finanzbereich):
             40,7 Mrd. US$ +63,6 %.

Tourismus:

Besucher in der VR China:	130,03 Mill.	-1,4 %
davon:		
Ausländer	24,33 Mill.	-6,8 %
Landsleute aus Hongkong, Macao, Taiwan		
	105,70 Mill.	-0,1 %
Reisende ins Ausland	45,84 Mill.	+11,9 %
davon Privatreisen	40,13 Mill.	+14,9 %
Inlandstouristen	1,71 Mrd.	+6,3 %

Spareinlagen der Bevölkerung:

2008:   21 788,5 Mrd. Yuan   (+26,3 %)

Bildung, Wissenschaft und Technik:

Hochschulen:

Neu immatrikulierte Studenten	6,077 Millionen	(2007 5,66 Millionen)
Gesamtzahl der Studenten	20,21 Millionen	(2007 18,85 Millionen)
Absolventen	5,12 Millionen	(2007 4,48 Millionen)

Oberschulen (Klassen 10–12):

Neuaufnahmen	8,37 Millionen	(2007 8,4 Millionen)
Gesamtschülerzahl	24,763 Millionen	(2007 25,22 Millionen)
Abiturienten	8,361 Millionen	(2007 7,88 Millionen)

Mittelschulen (Klassen 7–9):

Neuaufnahmen	18,562 Millionen	(2007 18,69 Millionen)
Gesamtschülerzahl	55,742 Millionen	(2007 57,36 Millionen)
Schulabgänger	18,629 Millionen	(2007 19,64 Millionen)

Grundschulen (Klassen 1–6):

Neuaufnahmen	16,957 Millionen	(2007 17,36 Millionen)
Gesamtschülerzahl	103,315 Millionen	(2007 105,64 Millionen)
Schulabgänger	18,650 Millionen	(2007 18,70 Millionen)

Sonderschulen:
Neuaufnahmen   62 000
Gesamtschülerzahl   417 000

Ausgaben für Forschung und Entwicklung (R&D)
             457 Mrd. Yuan +23,2 %.
Entspricht 1,52 % des Bruttoinlandproduktes (2007 1,49 %)

2008 wurden 11 Satelliten gestartet, das bemannte Raumschiff Shenzhou 7
absolvierte seinen Flug erfolgreich.

Kultur, Gesundheitswesen:

Anzahl der
Kunstensembles   2 575
Kulturhäuser   3 171
Öffentliche Bibliotheken 2 825
Museen   1 798
Rundfunksender   257
Fernsehsender   277
Rundfunk- und
    Fernsehstationen   2 069

Fernsehen kann auf einem Territorium empfangen werden, auf dem 97% der
Bevölkerung leben.

Auflagenhöhe gesamt
Zeitungen   44,5 Mrd. Exemplare
Periodika   3,0 Mrd. Exemplare
Bücher   6,9 Mrd. Exemplare

Zahl der
Ärzte und Assistenzärzte   2,05 Millionen
Schwestern und Krankenpfleger   1,62 Millionen
Betten in Krankenhäusern und Kliniken   3,69 Millionen

Bevölkerung und Lebensniveau:

Bevölkerungszahl am Jahresende
             1 328,02 Millionen +6,73 Millionen +5,08 ‰
Geburten   16,08 Millionen
In Städten und Gemeinden
             606,67 Millionen   45,7 %
In Dörfern   721,35 Millionen   54,3 %

Männlich	683,57 Millionen	51,5 %
Weiblich	644,45 Millionen	48,5 %

Über 65 Jahre   109,56 Millionen   8,3 %   (2007 8,1 %)

Geldeinkommen pro Kopf
Auf dem Lande   4761 Yuan   +8,0 % (preisbereinigt)
(2007 4140 Yuan)
In Städten und Gemeinden
                    15781 Yuan   +8,4% (real)
(2007 13768 Yuan)

Engelkoeffizient[6] :
Dorf   43,7 %   (2005: 45,5 %)
Städte und Gemeinden   37,9 %   (2005: 36,7 %)

Zahl der Menschen mit niedrigem Einkommen
auf dem Lande (unter 1196 Yuan):   40,07 Millionen.

Rentenversicherte (Städte und Gemeinden)
                    218,90 Millionen   +17,53 Millionen
Davon:
Lohn- und Gehaltsempfänger
                    165,97 Millionen
Rentner   52,93 Millionen

Krankenversicherte (Städte und Gemeinden)
                    316,98 Millionen   +93,87 Millionen
In Städten und Gemeinden krankenversicherte Bauernarbeiter
(»Wanderarbeiter«)   42,49 Millionen   +11,18 Millionen

91,5 % der Bauern beteiligen sich an dem neuen genossenschaftlichen System der gesundheitlichen Versorgung.

Beteiligte an der Arbeitslosenversicherung 124 Millionen   +7,55 Millionen
Empfänger von Arbeitslosengeld   2,61 Millionen
Empfänger von Sozialhilfe
(Städte und Gemeinden)   23,34 Millionen +620000
(auf dem Land)   42,91 Millionen +7,25 Mill.

In Pflegeeinrichtungen betreute Personen 1,89 Millionen

---

6 Prozentualer Anteil der für Lebensmittel notwendigen Ausgaben

Ressourcen, Umwelt, Produktionssicherheit:

Durch Bauarbeiten wurden 191 600 ha Ackerland in Anspruch genommen.
Durch Katastrophen wurden 24 800 ha Ackerfläche betroffen (2007 17 900 ha).
229 600 ha Ackerfläche wurden durch ökologische Maßnahmen zurückgewonnen.
Rückgang der Ackerfläche um 19 300 ha.

Die Wasserressourcen betrugen 2 712,7 Mrd. m³ (+7,4 %).
Pro Kopf betrugen die Wasserressourcen 2 048 m³ (+6,9 %).
Der Wasserverbrauch betrug 584 Mrd. m³ (+0,4 %).
Der Wasserverbrauch pro 10 000 Yuan BIP betrug 231,8 m³ (-7,9 %).

Es wurden neue Vorkommen erkundet:
Erdöl	1,34 Mrd. t
Erdgas	647,2 Mrd. m³
Kohle	23,11 Mrd. t

Aufgeforstet wurden 4,77 Mill. ha.

Energieverbrauch	2 850 Mill. t Standardkohle		+4 % (vorläufige Zahl)
Darunter:			
Kohle	2 740 Mill. t	+3 %	
Erdöl	360 Mill. t	+5,1 %	
Erdgas	80,7 Mrd. m³	+10,1 %	

Verbrauch von Elektroenergie   3 450,2 Mrd. kWh +5,6 %
Der Energieeinsatz für 10 000 Yuan BIP sank um 4,59 %

Die Kapazitäten der Abwasserreinigung in den Städten Ende 2008 betrug
82,95 Millionen m³ pro Tag (+16,1 %), das sind 65,3 % des anfallenden
Abwassers in den Städten.

Direkte wirtschaftliche Schäden durch Naturkatastrophen:
1 175,2 Mrd. Yuan, das Vierfache von 2007.
Besondere Schäden verursachten die Schnee- und Frostkatastrophe im Süden
und das Erdbeben mit der Stärke über 8 in der Provinz Sichuan.

Tote durch Arbeitsunfälle:
91 172 Personen   -10,2 %
Tote im Kohlebergbau:
1,182 Personen pro 1 Million t geförderter Kohle
(Rückgang um 20,4 %).

Zeittafel

1911, Oktober
Xinhai-Revolution,
Beendigung der
Kaiserherrschaft

1912, 1. Januar
Gründung der
Republik China

1919
4. Mai-Bewegung, Beginn
der neudemokratischen
Revolution

1921, 1. Juli
Gründung der KP Chinas,
Juli I. Parteitag der
KP Chinas in Shanghai

1922, 18.–23. Juli
II. Parteitag der
KP Chinas in Shanghai

1923, 10.–20. Juni
III. Parteitag der KP Chinas
in Guangzhou, Vorbereitung
der Einheitsfront mit
der Guomindang

1924, 20.–30. Januar
1. Parteitag der Guomindang,
Bildung der Einheitsfront
Guomindang–KP Chinas
in Guangzhou

1924–1927
»Große Revolution«

1925, 11.–23. Januar
IV. Parteitag der
KP Chinas in Shanghai

1925, 12. März
Ableben von Sun Yatsen

1925
Bewegung des 30. Mai,
Protestbewegung gegen
Imperialismus und die
ungleichen Verträge

1925, Mai
Gründung des Chinesischen
Gewerkschaftsbundes

1926, März
antikommunistische Aktionen
von Tschiang Kaischek

1926, Juli
Beginn des umfassenden
Nordfeldzuges

1927, 12. April
konterrevolutionärer
Putsch Tschiang Kaischeks
in Shanghai

1927, 28. April
Ermordung von
Li Dazhao in Beijing

1927, 27. April – 9. Mai
V. Parteitag der
KP Chinas in Wuhan

1927, 15. Juli
die Guomindang erklärte
offiziell den Bruch der
Zusammenarbeit mit der
KPCh; die Große Revolution
endete mit einer Niederlage

1927, 1. August
Aufstand in Nanchang,
Geburtsstunde der
Volksbefreiungsarmee

1927, 9. September
Beginn des
Herbsternteaufstandes unter
Führung von Mao Zedong

1927, 11. Dezember
Aufstand in Guangzhou
(Kantoner Kommune)

1928, 18. Juni – 11. Juli
VI. Parteitag der
KP Chinas in Moskau

1931, 7. – 20. November
Erster Sowjetkongress

1931, 18. September
Angriff der japanischen
Kuantung-Armee im
Nordosten Chinas

1932, Sommer
nach dem Waffenstillstand
zwischen der Guomindang
und Japan begann die
4. »Einkreisung und
Ausrottung« gegen die
Truppen der KP Chinas

1934, Mitte Oktober
die Organe des ZK der KPCh
und die Zentrale Rote Armee
mussten den Stützpunkt im
Jinggang Shan verlassen;
Beginn des Langen Marsches.

1935, 15.–17. Januar
Erweiterte Tagung
des Politbüros der
KP Chinas in Zunyi

1935, Juli
VII. Kongress der
Kommunistischen
Internationale

1935, Dezember
Beschluss des Politbüros
über die antijapanische
Einheitsfront

1936, Oktober
Erfolgreicher Abschluss
des Langen Marsches

1936, 12. Dezember
Zwischenfall von
Xian, Festnahme von
Tschiang Kaischek

1937, Januar
Verlegung der Leitungsorgane
der KP Chinas nach Yanan

1937, 7. Juli
Angriff der japanischen
Truppen an der Marco
Polo Brücke (Luguoqiao)
bei Beijing, Beginn
des gesamtnationalen
Widerstandes gegen die
japanische Aggression

1937, August/September
Vereinbarungen zwischen
der Guomindang und
der KP Chinas über eine
antijapanische Einheitsfront

1938
Reden Mao Zedongs über
den lang andauernden Krieg

1938, Oktober
Wuhan und Guangzhou
wurden von den japanischen
Truppen eingenommen

1938, Dezember
der projapanische Flügel der
Guomindang kapitulierte,
Wang Jingwei bildete eine
Marionettenregierung
in Nanjing

1940
Schrift Mao Zedongs
»Über die Neue Demokratie«

1941, Dezember
japanischer Angriff
auf Pearl Harbor

1942, Januar
Unterzeichnung des
»Manifest der Vereinten
Nationen«

1945, 23. April – 11. Juni
VII. Parteitag der
KP Chinas in Yanan

1945, 8. August
die UdSSR erklärt
Japan den Krieg

1945, 2. September
der Vertreter Japans
unterzeichnet die
Kapitulationsurkunde

1946, 26. Juni
die Guomindang-Armee
begann den Bürgerkrieg

1947, 19. März
Abbruch der Beziehungen
zwischen der Guomindang
und der KP Chinas

1949, 31. Januar
friedliche Befreiung
von Beijing

1949, 1. Oktober
Gründung der
Volksrepublik China

1950, Juni
Gesetz über die Bodenreform,
neudemokratische Reformen

1950 – 1953
Koreakrieg – Widerstand
gegen die USA und
Hilfe für Korea

1952
Wiederherstellung der
Volkswirtschaft abgeschlossen

1953
Beginn des 1. Fünfjahrplanes

1954
Beginn der Bildung
Landwirtschaftlicher
Produktionsgenossenschaften

1954, September
1. Tagung des I. Nationalen
Volkskongresses (Parlament),
Annahme der Verfassung

1956, 15.–27. September
VIII. Parteitag der KP Chinas
in Beijing, Vorschlag für
den 2. Fünfjahrplan

1957
Einleitung des
»Großen Sprunges«

1958, August
Beschluss über die Gründung
der Volkskommunen
auf dem Land

1959, Juli/August
Konferenz in Lushan

1961, Januar
9. Tagung des VIII. ZK,
faktischer Abbruch der Politik
des »Großen Sprunges«

1961–1965
Regulierung der
Volkswirtschaft

1962/1963/1964
scharfe ideologische Auseinandersetzungen zwischen
der KPdSU und anderen
Parteien einerseits und der
KP Chinas andererseits

Ende 1964/Anfang 1965
1. Tagung des III. Nationalen
Volkskongresses, Beschluss
über den 3. Fünfjahrplan
(1966–1970)

1966
Beginn der
»Kulturrevolution«

1969, 1.–24. April
IX. Parteitag der KP Chinas,
Bestätigung der Politik
der »Kulturrevolution«

1969, 12. November
Tod von Liu Shaoqi

1970, 13. September
Flucht von Lin Biao, er
stürzte mit dem Flugzeug ab

1973, 24.–28. August
X. Parteitag der KP Chinas,
Fortsetzung der Linie
des IX. Parteitages

1975, 13.–17. Januar
1. Tagung des IV. Nationalen
Volkskongresses,
Bestätigung von Zhou Enlai
als »Führungskern«
der Regierung

1976, 8. Januar
Ableben von Zhou Enlai

1976, 6. Juli
Ableben von Zhu De

1976, 9. September
Ableben von Mao Zedong

1976, 6. Oktober
Inhaftierung der Viererbande
um Jiang Qing,
Ende der »Kulturrevolution«

1977, Juli
Wiedereinsetzung
von Deng Xiaoping in
Führungsfunktionen

1977, 12.–18. August
XI. Parteitag der
KP Chinas, Beendigung der
»Kulturrevolution« verkündet

1978, Februar/März
1. Tagung des V. Nationalen
Volkskongresses,
Deng Xiaoping wurde
zum Stellvertretenden
Ministerpräsidenten ernannt

1978, 18.–22. Dezember
3. Tagung des XI. ZK,
Beschluss über die Politik
der Reformen und
Öffnung nach außen

1979, März
theoretische Konferenz,
Formulierung der
4 Grundprinzipien

1980, April
Beginn der Auflösung
der Volkskommunen

1981
6. Tagung des XI. ZK;
Beschluss über einige
historische Fragen der Partei
seit Gründung der VR China

1982, 1.–11. September
XII. Parteitag der
KP Chinas, Zielstellung der
wirtschaftlichen Entwicklung
bis zum Jahr 2000

1982, Dezember
5. Tagung des V. Nationalen
Volkskongresses, Veränderung
der Verfassung, Einführung
des Amtes des Vorsitzenden
der VR China (Präsident)

1987, 25.10.–1.11.
XIII. Parteitag der
KP Chinas; Erarbeitung
der grundsätzlichen Linie
für die Anfangsetappe
des Sozialismus

1989, 4. Juni
Niederschlagung des
konterrevolutionären Putsches

1989, 23. und 24. Juni
4. Tagung des XIII. ZK,
Ablösung Zhao Ziyangs als
Generalsekretär des ZK

1989, 4. September
Bitte Deng Xiaopings an das
Politbüro, ihn von der Funktion des Vorsitzenden der
Zentralen Militärkommis-
sion zu entbinden – plan-
mäßige Übergabe der Füh-
rungsverantwortung an
die nächste Generation.

1992, 12.–18. Oktober
XIV. Parteitag der KP Chinas.
Bericht des Generalsekre-
tärs Jiang Zemin über die
Beschleunigung der Re-
formen, Öffnung und Mo-
dernisierung, größere Erfolge
im Ringen um den Sozialismus chinesischer Prägung.

2002, 8.–14. November
XVI. Parteitag der KP Chinas

2007, 15.–21. Oktober
XVII. Parteitag der KP Chinas

2008, Mai
schweres Erdbeben in
der Provinz Sichuan

2008, August
Olympische Spiele in Beijing

Personenregister

X

Y

Z

Verlagsanschrift:
  Verlag Wiljo Heinen
  Franz-Mehring-Platz 1
  10243 Berlin

  www.verlag-wh.de

Bildnachweis: Rolf Berthold (S. 94, 252), Shanghai Municipal
  Government (S. 228), Kommunistische Partei Chinas
  (Umschlag, S. 32, 39, 45, 191). Die Urheber der historischen
  Fotos konnten trotz sorgfältiger Recherche nicht ermittelt
  werden.

Umschlag und Typografie: Wiljo Heinen
Gesetzt aus der Janson Text.
Druck und Weiterverarbeitung: UAB »AJS Spaustuvé«, Litauen
Printed in the EU.

»Chinas Weg« hat die
ISBN 978-3-939828-46-4

Bibliografische Information der Deutschen Nationalbibliothek
Die Deutsche Nationalbibliothek verzeichnet diese Publikation in der Deutschen
Nationalbibliografie; detaillierte bibliografische Daten sind im Internet
über http://dnb.d-nb.de abrufbar.